Appeler une chatte…

De la même auteure

Dictionnaire de citations du monde entier (avec Jeanne Matignon), Le Robert, coll. « Les usuels », 1979 ; dernière réédition : 2000.

Dictionnaire de proverbes du monde (avec Agnès Pierron et François Suzzoni), Le Robert, coll. « Les usuels », 1980 ; dernière édition : 1997.

Dictionnaire actif de l'école (en collab.), Nathan, 1984.

Dictionnaire de citations, Nathan, 1985.

Le XXe *Siècle des femmes,* Nathan, 1989 ; dernière réédition : 2001.

C'est quoi, aimer ?, Nathan, 1991.

Amours à vendre. Les dessous de la prostitution, Glénat, 1993.

Aimer. Un siècle de liens amoureux, Le Chêne, 1997.

Quand bien même je verrais (avec Sophie Massieu), Nil, 1998.

Pour comprendre la franc-maçonnerie [sous le pseudonyme de Dominique Dubois] (en collab.), Le Rocher, 1999, réédition : 2003.

Bienvenue dans la meute ! Réponses aux objections adressées à ces féministes, femmes et hommes, solidaires de femmes victimes d'insultes sexistes publiques, La Découverte, 2001.

Florence Montreynaud

Appeler une chatte...

Mots et plaisirs du sexe

Petite Bibliothèque Payot

à Gabriel, mon bon ange,
dont j'aime la langue
et qui inspire mon écriture

à mes enfants,
que j'écoute avec l'oreille de l'amour

à Maélis, ma première petite-fille,
à qui, le moment venu, j'apprendrai,
si elle le souhaite, les mots justes

« Mal nommer les choses, c'est ajouter au malheur du monde. »

Albert Camus,
Carnets

« L'amour des mots est en quelque façon nécessaire à la jouissance des choses. »

Francis Ponge,
Le Grand Recueil

Pour le plaisir

« M'dame, c'est quoi la différence entre sodomie et enculer ? » Merci à l'adolescent qui m'a lancé cette question, alors que j'intervenais récemment pour le Planning familial dans un lycée parisien !

Sans doute cherchait-il à faire rougir la dame bon genre – la cinquantaine, cheveux gris coupés court, robe au-dessous du genou. Raté ! J'en ai entendu bien d'autres ! Je lui ai répondu en souriant : « Ça veut dire la même chose, et c'est quoi, à ton avis ? »

Enfoncer quelque chose dans le trou entre les fesses. Sodomiser. Enculer. Trois façons, entre autres, de nommer la même action.

Quand, dans un lieu public ou chez des amis, on ne peut pas attendre pour satisfaire un « besoin naturel » fréquent, on demande en général où sont les toilettes. On ne veut pas risquer de choquer ou de déplaire en exprimant directement son urgence. Comment la nommer ? Pisser, faire pipi ou uriner ? Un amoureux de la langue, San-Antonio, explique : « On n'urine que dans un hôpital ; partout ailleurs, on pisse [1] »*. En effet, mais on le dit rarement.

---

* Les références bibliographiques et les remerciements particuliers se trouvent à la fin du volume. Les notes en bas de page contiennent des précisions sur le fond.

Pour parler avec précision de « ça », on dispose de trois langages : les gros mots, les mots d'enfant, les mots savants. Par exemple, bite, zizi, pénis. Quand on se sent mal à l'aise avec chacun d'eux, on reste dans le flou.

Chez le médecin, souvent on n'a pas les mots pour dire les choses. Certaines personnes, surtout des femmes mûres, ne connaissent pas les noms familiers ou vulgaires ; pour d'autres, « ces mots-là » sont impossibles à prononcer. D'où l'emploi de formules vagues, comme « le sexe », ou « les parties génitales ». D'où la gêne à entendre parler de ce qu'il y a entre les jambes, de ce qu'on ressent ou de ce qui s'y passe, même avec des mots propres, les mots justes, ceux qui sont dans le dictionnaire.

« J'appelle un chat un chat et Rollet un fripon[2] » : c'est le vers de Boileau qui m'a inspiré le titre de ce livre. L'idée de parler franchement, sans détour ni hypocrisie, est rendue depuis des siècles par cette expression populaire, où le mot chat a un double sens, l'un évident (l'animal), l'autre caché (le sexe féminin).

Je reprends à mon compte la déclaration de Zorzi Baffo, écrivain vénitien du XVIIIe siècle : « Je ne suis fort qu'en restant naturel, et autant vaudrait briser mon luth que de dire : chose, quand j'aurais à dire : vit [verge][3]. » J'écris en restant moi-même, à la fois une femme qui aime les plaisirs de la chair, et une féministe qui rêve de justice.

Dans cet ouvrage, j'explore des mots et des choses de la sexualité, avec le sérieux de la recherche et parfois la distance de l'humour. Je dénonce, dans la langue comme dans la vie, les ravages du machisme[4], ce système d'injustices et de violences dont sont victimes des femmes, et aussi des hommes non conformes au modèle dominant.

Je me suis assigné la mission de relever le mot con de l'ordure où je l'ai trouvé en venant au monde. Peu de francophones savent que con, injure banale en français, signifie à l'origine sexe de la femme : cela en dit long, et sur les lacunes de l'enseignement, et sur le mépris du féminin.

Ce livre est celui que j'aurais voulu lire, et qui n'existait pas. J'aurais aimé l'ouvrir à l'adolescence, quand j'étais déjà une « obsédée textuelle », avide d'informations dont l'accès m'était interdit. À la fois troublée par mon corps qui changeait, et fascinée par celui de l'autre, j'aurais désiré en savoir plus sur les mots du corps avant de passer aux choses de l'amour.

J'ai écrit ce livre, parce que j'aime l'amour, et tous ses mots, ceux des textes et ceux des rues, ceux de Rabelais et ceux de mes enfants, ceux du français et ceux d'autres langues. J'aime apprendre en m'amusant, m'instruire sur les mots, comprendre les choses, et expliquer l'ensemble d'une manière accessible au plus grand nombre. J'aime dire et entendre des mots d'amour, en découvrir, en inventer, et les partager.

Je suis une philologue, une amoureuse des mots, dans toutes les langues.

J'ai passé ma jeunesse dans la tour de Babel, étudiant dès le lycée le latin, l'allemand, le russe et le chinois. Je suis diplômée de russe, comme ma grand-tante.

J'ai appris l'anglais en lisant Gone with the Wind (Autant en emporte le vent)*, en voyageant à travers le monde, et en allant au cinéma.*

Je comprends l'italien des opéras, des musées et des films sous-titrés.

Je lis l'espagnol, je sais un peu d'alsacien, de grec ancien, de suédois, de polonais et de néerlandais.

J'ai suivi, au lycée, des cours d'arabe et d'hébreu.

Mon grand-oncle m'a enseigné les alphabets des nombreuses langues qu'il connaissait.

Mon père voulait que j'apprenne le quechua et le mongol, mais j'ai résisté !

Quant au français, de France et d'ailleurs, je le travaille chaque jour avec amour, comme une pâte : un jour, la pâte lève, et cela donne des livres…

CHAPITRE PREMIER

Vulgaire…

« Mange-moi la chatte ! »

« Mange-moi la chatte ! » lance la femme. Je sursaute. C'est une réplique de cinéma, dans une scène d'amour.

Gadjo Dilo, film de Toni Gatlif[1], raconte le séjour d'un jeune Français chez des Roms, des Tsiganes roumains. Au début, il n'est pas le bienvenu, et les femmes du groupe, qui n'ont pas leur langue dans leur poche, l'agressent en paroles. Il ne les comprend pas, et moi non plus, mais, comme les autres spectateurs, je bénéficie des sous-titres, par exemple : « Que ta tête gonfle et que ta bite rétrécisse ! »

Croisement de regards entre le héros et une jeune femme parlant un peu français. Ils se rencontrent de nouveau, et elle refuse de lui servir d'interprète. Une autre fois, en colère contre lui, elle soulève sa longue jupe, se tourne et lui montre ses fesses nues en criant : « Mange mon cul, sale Belge ! »

Peu à peu, ils s'apprivoisent, se parlent et coopèrent. Le jeune homme apprend des mots romanis. Entre eux, le désir monte. Un jour, sous une tente, commence la cérémonie de l'amour. Assis sur le sol, encore habillés, ils s'enlacent, puis ils s'interpellent en romani. C'est la femme qui mène le jeu.

– Mange-moi la chatte !

– Mange-moi la bite !
– Viens sentir les poils de mon cul !
– Viens sentir les poils de mes couilles !

Étrange façon de se préparer à faire l'amour, en utilisant les mêmes mots d'argot que ceux des injures ! J'imagine les réactions de ma grand-mère : « Ça, des mots doux ? C'est plutôt vulgaire ! »

Vulgaire ou chochotte

Ces « mots doux » semblent rudes en effet, mais le désir relève-t-il de la douceur ? Quant au « vulgaire », comment le délimiter objectivement ? Est-ce ce qui « brave l'honnêteté », comme on disait au XVIe siècle ? De nos jours, ceux qui emploient ce mot veulent protester contre ce qui les choque : est « vulgaire » ce qui heurte leur sensibilité, ce qui n'est pas à leur goût. Pourtant, leur goût est-il le seul à être bon, et même existe-t-il un « bon goût » dans le domaine sexuel ? « Quoi que vous écriviez, évitez la bassesse », recommande Boileau au XVIIe siècle, tout en ajoutant : « Le style le moins noble a pourtant sa noblesse »[2].

Vulgaire : n'est-ce pas plutôt un mot-bouclier qu'on utilise pour se défendre, pour se protéger de ce qu'on ressent comme laid ou grossier ? On reste dans les limites de sa propre délicatesse, on s'arrête à des formes. Affirmer que les manières ou les mots des autres sont vulgaires, ne serait-ce pas… prétentieux ? On juge, mais on veut surtout signifier qu'on se sent différent, et supérieur. Le mot « vulgaire » assigne les autres, dans sa propre échelle de valeurs, à une place plus basse.

Les mots doux qu'aimaient les dames « bon genre » d'autrefois, ceux des romans ou des chansons à la mode d'alors, étaient pour elles délicats et raffinés ; aujourd'hui, ils passeraient sans doute pour des minauderies de chochotte :

– Madeleine, très chère, vous me plaisez tant ! Je suis fou de vous !
– Mais, mon cher Édouard, vous allez trop vite !
– Je vous en prie, mon ange, laissez-vous faire !
– Attendez encore un peu, cher ami, je suis trop bouleversée !
– Je n'en peux plus ! Madeleine, vous m'enivrez…
– Je ne me sens plus forte… Je défaaaaaille… Aaaaaah ! Édouaaaaaaard…

Dans chaque culture, dans chaque groupe, les hommes et les femmes ont leurs façons d'exprimer, qui son désir, qui sa disponibilité, au moyen de regards, de paroles, de gestes, d'attitudes qu'ils ont appris en observant les autres. Deux personnes qui se plaisent commencent donc à tisser leur intimité selon les codes en vigueur dans leur milieu. Cela peut sembler étrange à ceux qui ignorent les habitudes de ce groupe : pourquoi en conclure que c'est vulgaire ou ridicule ?

Vulgaire vient du mot latin *vulgus*, qui signifie foule. Ceux qui emploient ce mot veulent souvent se distinguer de la masse, montrer qu'ils se situent au-dessus d'elle. Une foule est composée de personnes dont chacune aime et parle à sa façon, en employant les mots et les gestes qui lui conviennent. De quel droit une élite sociale pourrait-elle bannir « Mange ma chatte ! » de la liste des mots d'amour acceptables, sous prétexte que chatte est un « gros mot », un mot qui ne serait pas « convenable » ?

Le désir est une force de vie, un torrent d'énergie. La vie se moque bien des convenances ! La langue des Roms de ce film, verte, crue, drue, frappe fort, et elle peut donc heurter des oreilles sensibles aux mots « malpolis », mais elle sonne juste, car elle exprime une vérité – celle du désir réciproque – qui ne connaît que sa propre loi.

Mots sales et mots propres

Traditionnellement, les femmes et les filles, à l'exception de quelques insolentes ou marginales, ne connaissaient pas les mots du sexe, et c'est encore le cas pour la majorité des femmes dans le monde.

Ma mère, très pudique, appelait d'un nom étrange cette région du corps féminin ; quand, vêtue de ma robe courte de petite fille, je ne serrais pas assez les jambes, elle m'avertissait : « Attention ! On te voit jusqu'à la conscience ! »

Elle est peintre. Dans son atelier, où je dormais dans mon enfance, elle avait accroché au mur une reproduction du *David* de Michel-Ange, une photo de sa magnifique tête, qu'elle avait achetée à Florence. La première fois que je suis allée dans cette ville dont je porte le nom, j'ai découvert que la tête de la statue surmontait un corps non moins magnifique et beaucoup plus intéressant. Comment aurais-je pu m'imaginer, en contemplant le détail, que le héros était nu et offrait aux regards… mais quoi donc ? Comment le nommer ?

Autrefois, on avait peur des mots du sexe. Ce qu'il y a entre les jambes, c'était « ça », et en anglais *that* ou *that thing* (cette chose). On préférait les formulations vagues : « ces choses[3] », écrit Christiane Rochefort en 1958 ; *Cette chose-là* est le titre d'un livre pionnier de la médecin Hélène Michel-Wolfromm en 1970. De ce qui se passait « en bas », les femmes ne parlaient pas, ou alors à mots couverts, pour se plaindre que les hommes ne pensaient qu'à « ça » ; quant au désir ou au plaisir féminins, ils étaient encore plus secrets et cachés.

L'éducation sexuelle à l'école n'existe que depuis un demi-siècle et seulement dans quelques très rares pays du nord de l'Europe : filles et garçons y apprennent dès le plus jeune âge les mots propres, au sens de appropriés, adéquats. Ailleurs, c'est d'un côté le silence et l'ignorance, de l'autre la grossièreté, avec ces mots qu'on dit gros en français, sales en anglais, les *dirty words*. Parmi eux, il y a d'une part quelques mots d'une syllabe, ceux qu'on appelle en anglais *four-letter words* (mots de quatre lettres) ; ils sont parmi les plus anciens de la langue, et leur origine est souvent inconnue ; d'autre part, une multitude de mots imagés, par exemple carotte, trou ou enfiler : ils ne sont pas grossiers en eux-mêmes, mais leur double sens sexuel vient d'une association d'idées due à leur forme ou à leur fonction. Combien d'enfants, ou même de femmes, ont fait sourire en parlant innocemment de gland ou de poule, mots dont ils ne connaissaient que le sens premier !

En anglais, on définit souvent la pornographie comme « ce qui est sexuellement explicite », le mot *sex* et ses dérivés ayant un sens plus fort qu'en français. Partout, traiter avec clarté et précision de choses sexuelles dérange ceux – la majorité ! – pour qui mieux vaut en parler le moins possible. L'écrivain San-Antonio se moque ainsi des Anglais : « Tout ce qu'y savent de l'amour, ces gens-là, c'est juste pour dire de se r'produire, et encore : faut voir l'résultat[4] ! » Beaucoup de « ces gens-là » jugent encore indécent de désigner le ventre par le mot *belly* et lui préfèrent *stomach*, estomac, mot qu'employaient aussi les bourgeois français du XIXe siècle. De même, *thigh* (cuisse) semblant trop concret, on dit plutôt *leg* (jambe). En français « convenable », on prend un enfant sur ses genoux, pour éviter de nommer les cuisses, siège pourtant plus confortable, mais mot dérangeant, parce que trop proche du sexe. Pour parler des fesses, on dit postérieur ou derrière, et on méprise miches, joufflu, croupion, derche ou cul. C'est comme si la sexualité déteignait sur les mots du corps, ce qu'exprime un classique chinois : « D'avoir dépeint des palmes vertes, / Les mots eux-mêmes sont verdis[5]. »

Boileau écrivait, à propos du lecteur français : « Du

moindre sens impur la liberté l'outrage, / Si la pudeur des mots n'en adoucit l'image[6]. » C'est pourquoi on a pris soin de voiler, avec des mots choisis, l'« impureté » du corps.

D'où un double langage, celui des salons et celui de la rue, celui du « dessus du panier » et celui des « basses classes ».

Du bon côté, celui du bon goût, c'est-à-dire le goût de ceux qui estiment être la « bonne société », ou qui tiennent à parler correctement : une langue pauvre, avec des mots propres au sens de techniques, aseptisés, froids, anémiés et ennuyeux. Les gens « bien » ne s'en servent en public que si c'est indispensable, tout en tenant à distance, comme avec des pincettes, ces choses si « dégoûtantes », selon eux, qui se passent dans la zone sexuelle. Ils préfèrent l'habiller à leur mode en la voilant de mots convenables. Le mépris n'est pas réservé aux gens « de la haute », témoin cette histoire du client, dans un café, qui agite le bras et crie : « Hep ! Garçon ! C'est où que j'peux aller pisser ? » Et le garçon de répondre, pince-sans-rire : « Monsieur, vous descendez l'escalier. En bas, vous verrez une porte sur laquelle est écrit : "Gentlemen. Entrez quand même !" »

Du mauvais côté, le bas-côté, qui s'étend jusqu'à la racaille des « mauvais garçons » et des « filles de rien » : des mots que les gens « bien » disent sales, parce qu'ils viennent du dehors, de l'ordure, de la fange, de tout ce que la bourgeoisie croit voir et surtout sentir dans la rue, domaine du peuple. Des mots selon elle « cochons », et donc excitants parce qu'ils sont interdits, de « gros mots », grossiers, inconvenants ; des mots crus, drus, charnus, des mots qui expriment les désirs brutaux du corps plutôt que les raffinements de l'esprit. Des mots « chauds » : en anglais, *hot* signifie brûlant, épicé et, au sens figuré, excitant sexuellement. Des mots qui font chaud au cœur ou qui mettent « en chaleur » les animaux que nous sommes aussi. Des mots… « vulgaires » ? Sensuels plutôt, sanguins, et si goûteux quand on aime les richesses de la langue !

Les mots convenables, souvent aussi longs qu'imprécis, sont compris seulement par des gens « comme il faut », ayant acquis dès l'enfance les codes de ce langage : par exemple, membre ou membre viril, organe ou organe de la génération pour dire bite ou queue ; de même, péripatéticienne, du mot grec qui signifie se promener, permet aux bourgeois, quand cela les arrange, d'éviter de nommer prostituée ou putain une femme qui racole dans la rue.

Les autres mots sont prospères et bien vivants : « Bonne bourre ! » lancent les potes au veinard qui prend le train pour rejoindre sa petite amie ; « Ce mec, c'est un super coup », commente la nana délurée à ses copines. Néanmoins, il est plus rare et moins bien accepté que des femmes les emploient.

Ce sont pourtant des mots clairs, imagés, efficaces. Biner, bourrer, bourriquer, brosser, calcer, composter, enfiler, fourrer, grimper, limer, loncher, mettre, monter, niquer, planter, poinçonner, ramoner, sauter, secouer, tirer, tremper, tringler, trombiner, troncher, et bien d'autres… autrement dit baiser. Oui, le verbe baiser, le plus simple et le plus fort de tous, avec, depuis des siècles, un double sens : presser ses lèvres, par exemple sur une main ou sur un front, et aussi ce qu'on appelle aujourd'hui faire l'amour.

Des images pour dire le plaisir. Prendre son pied. S'envoyer en l'air, direction septième ciel en français, nuage n° 9 (*Cloud Nine*) en anglais. Ou encore le mot venir, *to come* en anglais, au sens de jouir. Ah ! jouir… ce mot aussi splendide que la chose qu'il désigne, avec ce long « oui » d'acceptation.

Des mots populaires, comme dans les chansons à boire des ivrognes qui rotent et pètent de bon cœur, ou dans les chansons lestes et moqueuses que les paysannes d'autrefois lançaient aux hommes pendant les travaux des champs. Mots forts, mots libres, mots insolents. Mots des Roms, mots de ceux qui résistent aux tentatives pour les museler.

Mots parfois aussi utilisés, en paroles seulement, par des hommes de la bourgeoisie, puis devenus passe-partout. Par exemple, foutre : à l'origine, c'est un verbe qui signifie, pour un homme, pénétrer sexuellement, c'est-à-dire faire entrer sa verge dans un vagin ou dans un autre orifice. C'est aussi un nom désignant le sperme, le liquide blanchâtre qui peut sortir de la verge après une excitation.

Foutre est devenu banal dans « j'm'en fous », autrement dit je m'en branle, je m'en bats les couilles, ou – version chic – ça me laisse de marbre, de glace. Mon compagnon se contente d'un « ça ne m'excite pas ».

À l'origine, le « je » de « j'm'en fous » était masculin, car il était le seul à disposer de foutre et de couilles. Quand des femmes parlent ainsi de nos jours, telle Isabelle Alonso, féministe à la langue bien pendue*, qui affectionne l'expression « ça m'en touche une sans bouger l'autre », cela prouve, selon certains, que « tout fout le camp » ! En effet, une femme à l'aise avec ces mots, et qui en apprécie sans gêne la saveur, peut choquer, car elle semble désinvolte, trop libre, ou pas assez féminine au sens traditionnel.

Encore plus fréquent en anglais, le verbe *to fuck*, qui correspond à foutre, à *ficken* en allemand ou à *joder* en espagnol. *Fuck*, mot correct jusqu'au XIXe siècle, signifie, soit baiser (au sens de faire l'amour, et aussi de tromper), soit coup (c'est-à-dire pénétration sexuelle, suivie d'éjaculation de sperme). *Fuck off!* est l'équivalent de « Va te faire foutre ! ».

Le dérivé *fucking* (foutrement) est utilisé pour donner plus de force à la phrase, comme putain en français, *cojones* (couilles) en espagnol, *cazzo* (bite) en italien, ou *bljad'* (putain) en russe. On souligne ainsi

---

* Que je remercie d'avoir contribué à délier la mienne.

un mot, soit positif (*fucking good*, vachement bien), soit négatif (*fucking bastard*, sale con). *Fuck, fucking* ou *fuck off!* ponctuent les paroles de chansons de rap nord-américain, et figurent dans environ la moitié des répliques des films réalistes britanniques, par exemple dans les scènes un peu vives chez Ken Loach ou Mike Leigh. Quand *Sweet Sixteen* (2002) fut censuré dans son pays, à cause de l'abondance de ces mots, Loach se défendit ainsi : « Vous vouliez que mes acteurs disent : "Bonté divine !"[7] ? »

S'éloignant de leur sens propre, ces mots ont gardé de leur origine entre les jambes une saveur qui peut encore effaroucher quelques personnes délicates. Banal aussi, le mot merde, qui ne sent même plus mauvais, tant il a perdu de sa valeur choquante ; ou encore le verbe chier (expulser de la « merde »), à peine plus efficace qu'un simple « ah non ! » accompagné d'un soupir de lassitude, dans « Va chier ! » ou « Fais chier… ». Mes filles les emploient sans agressivité particulière, par exemple : « Va chier ! J'te prête pas mon pull noir, lâche-moi ! » Quant à mon fils, s'il maugrée « Faiche*… » (abréviation de « Fais chier… »), quand je lui rappelle de descendre la poubelle, c'est que cela lui semble moins « nul » que de répondre platement : « Oui, maman ! »

---

* « Faiche », pluriel : « fonche », par exemple quand le sujet comprend les deux parents (*cf.* les bulles d'Agrippine, héroïne de la bande dessinée de Claire Bretécher).

CHAPITRE II
Double langage

Plaisir des mots

« Oh ! Un si vilain mot dans une si jolie bouche ! » se récriait ma grand-mère quand un « merde » malencontreux s'échappait de mes lèvres de petite fille. Chez elle, on n'entendait jamais un mot plus haut que l'autre, et le comble de l'exaspération s'exprimait par un « flûte ! » ou à la rigueur un « zut ! » discret, contrastant avec les « saperlipopette ! » sonores du vieil oncle à la recherche de ses lunettes. Lui, quand sa voiture refusait de démarrer, je l'entendais pester à grand renfort de « merde ! », « putain ! » ou « bordel ! » Lui, il avait droit aux gros mots, aux vilains mots sales. Mes cousins aussi, entre eux, car les hommes et les garçons bénéficiaient de tolérance. Pas moi.

C'est que la frontière entre les deux langages, séparant le propre du sale, le noble haut du corps du bas vulgaire, le correct du grossier, les gens « bien » du « peuple », passe aussi entre les femmes et les hommes, et à plus forte raison, dans les années soixante, entre les filles et les garçons. Moi, je faisais « pipi » ou « caca », « au petit coin », comme un bébé ; eux, ils allaient fièrement pisser aux « chiottes » ou aux « gogues ». Jeune fille, je demandais discrètement où aller « me laver les mains », alors que les jeunes gens, eux, « chiaient un bon coup » ou, tels des sculpteurs,

« coulaient un bronze ». Autour de moi, personne n'employait les mots précis, ceux que j'avais demandés au médecin de famille : pour le liquide, urine, uriner et miction (le fait d'uriner), pour le solide, fèces*, étron ou excréments, déféquer et défécation. C'est lui qui m'avait traduit le mot selles (caca), qui vient du mot désignant une sorte de siège, une chaise percée. L'expression aller à la selle est cachée dans la formule : « Comment allez-vous ? » De même, pour l'équivalent anglais *How do you do?* (mot à mot : « Comment faites-vous ? »).

Jusqu'à mon adolescence, je n'ai jamais entendu prononcer les mots règles, grossesse, enceinte ou accouchement. Quant aux explications sur ces sujets interdits, j'avais beau les chercher dans des livres, les réponses me restaient obscures. Autour de moi, on en parlait en restant dans le flou : au lycée, quand les filles étaient « indisposées », certaines en profitaient pour se faire dispenser de gymnastique ; quand une « dame » était dans un « état intéressant », c'est qu'elle attendait un bébé, ou plutôt l'« heureux événement » d'une naissance. Dans ma famille catholique, il fallait accepter les enfants que « Dieu envoyait » : à l'âge de vingt-six ans, mes parents avaient déjà quatre filles, une par année de mariage.

Jamais non plus je n'avais entendu prononcer les mots avortement, viol, ou inceste. Encore moins désir, plaisir sexuel, ou le pire de tous : jouir ! C'est en 1970, en m'engageant au Planning familial, qui bravait la loi en aidant des femmes à avorter, que j'ai découvert le mot contraception. Il était si dangereux autrefois ! Les militants qui depuis la fin du XIXe siècle diffusaient ces pratiques, illégales jusqu'à la loi Neuwirth (1967), lui préféraient une mystérieuse expression

---

* Ce mot se prononce comme fesses. Pour éviter la confusion, les médecins emploient plutôt matières fécales ou le mot latin *faeces*, dont le s final se prononce.

anglaise, *birth-control*, imparfaitement traduite par contrôle des naissances*.

J'ai toujours aimé les mots et les idées. Je voulais savoir et comprendre. Je lisais tout ce qui me tombait sous la main, et j'avais la chance d'avoir accès à beaucoup de livres, plus ou moins autorisés. Mes cousins « jouaient au docteur » ou « au papa et à la maman » ; je préférais dévorer des pages, et avec encore plus d'avidité si ces lectures m'avaient été refusées avec des « pas pour toi, pas de ton âge, plus tard, quand tu seras plus grande » : dans ce cas, c'était en cachette, ou la nuit.

J'aimais jouer avec les mots et avec les lettres. J'étais, et je suis toujours, fascinée par les rapprochements pleins de sens, comme les mots vierge et verge, vol et viol, où la lettre qui fait la différence a une forme si symbolique.

Quand j'étais enfant, les explications embrouillées des adultes sur « la petite graine du papa » m'avaient vite paru insuffisantes. J'avais soif d'informations plus précises, mais mes amis les dictionnaires me renvoyaient d'un mot à l'autre, noyant le poisson sans m'apporter de réponse satisfaisante. Où pouvait bien se trouver le mystérieux « membre » viril ? En quoi consistait ce que de vieux livres appelaient la « nature de la femme » ? Comment des héros de la mythologie grecque pouvaient-ils être engendrés par une pluie d'or ou par un cygne ?

Tant d'allusions m'échappaient ! Elles relevaient d'un code réservé aux adultes : plus on voulait m'empêcher de le déchiffrer, plus cela me le rendait attirant. Je m'agaçais de voir les autres sourire à une plaisan-

* Tandis que le mot français indique une idée de vérification après une action, l'anglais *control* est lié à la prévention, à la retenue : par exemple *self-control* (maîtrise de soi) ou *remote control* (télécommande).

terie que je ne comprenais pas, j'enrageais quand on s'amusait d'une histoire qu'on refusait de m'expliquer.

À l'adolescence, j'abordai le San-Antonio comme une langue étrangère, en décortiquant chaque mot ; je me perdais en hypothèses et en croquis sur ces figures de gymnastique en couple qu'il nomme « poulet à la broche », « brouette de Zanzibar » ou « bicyclette de mer ». J'aime et j'admire cet écrivain si riche, qui a osé déclarer : « Quand j'ai besoin d'un mot que ma langue me refuse, je l'invente [1] ! »

Dans les livres interdits, je lisais en frissonnant ces mots magiques – la « petite mort » – qui m'entrouvraient une porte secrète sur le plaisir et ses mystères. C'est bien plus tard que je compris leur sens. J'avais rencontré un traducteur, avec qui je lisais San-Antonio à livre ouvert : un jeune homme qui m'aimait. Il m'expliqua les mots de l'amour, et plus encore.

Curiosité bien placée

Depuis toujours, j'écoute parler les autres avec un filet à papillons en forme de carnet ; à table, en réunion, et aussi dans le métro, dans la rue, dans une file d'attente, j'attrape au vol des mots, je les savoure et je les note. La première fois que j'ai entendu « avoir un polichinelle dans le tiroir », j'ai trouvé cela bien plus amusant que « attendre un bébé » ; de même, « aspirateur à nanas » m'a semblé plus efficace que « voiture de sport », et « avoir dans la peau » plus expressif que « aimer très fort ».

Enfant, j'écoutais les conversations des « grandes personnes » entre elles, et je tendais l'oreille quand les voix baissaient, signe qu'on abordait des sujets interdits aux « petites personnes ». J'essayais de découvrir ce qu'on voulait tant me cacher : j'avais l'esprit « mal tourné », ce qui, dans les années soixante et pour une fille, signifiait curieux.

Cette curiosité était-elle « un vilain défaut », comme l'affirmaient le dicton et ma grand-mère ? Aujourd'hui, je la ressens comme un besoin normal de savoir, et donc comme un signe de santé ! Pourtant, cela n'était valorisé que chez les garçons. Il fallait à tout prix préserver l'innocence des filles ; c'était comme si leur virginité s'étendait jusqu'à leurs yeux et à leurs oreilles : une révélation brutale aurait pu détruire ce trésor fragile !

Les garçons pouvaient chercher à « voir sous les jupes des filles[2] », comme le chante Alain Souchon, ou à s'instruire avec des photos « cochonnes » : on n'imaginait rien d'équivalent chez les filles. Dans les musées, dans les contes, jamais de vieilles femmes épiant avec gourmandise un jeune homme nu se lavant, jamais de joli garçon surpris, comme l'héroïne de Racine, « dans le simple appareil / D'une beauté qu'on vient d'arracher au sommeil[3] ».

J'avais treize ans, mon corps changeait, et je me sentais bizarre, avec mes désirs contrariés de voir et de savoir. J'écoutais Peggy Lee chanter *Fever* (fièvre), et je percevais du sexe partout autour de moi, par exemple dans les danses et les musiques venues des États-Unis. Je découvrais le jazz et j'apprenais que le nom de cette musique très rythmée était lié à l'excitation sexuelle. Je pressentais que le mouvement du swing, cette danse dont le nom signifie balancer, allait bien au-delà de la balançoire des enfants. Je cherchais ce que voulait dire twist, le nom de la danse à la mode (*to twist* : tordre en anglais), et je me tortillais en m'entraînant à faire tourner autour de mes hanches un hula-hoop, un grand cerceau en plastique. Quant au rock ? roll – c'est-à-dire *to rock and to roll*, balancer et rouler –, Elvis Presley l'avait chanté avec des déhanchements suggestifs qui lui avaient valu le surnom d'*« Elvis the Pelvis »*. Pelvis ? Dans le dictionnaire, je lisais que ce mot latin désigne, en français comme en anglais, le bassin, la partie du corps comprise entre la taille et les jambes. Il s'agissait apparemment de mimer quelque chose qui se passait dans cette région, mais quoi donc ?

J'étais fascinée par les mouvements ondulants des garçons qui jouaient au flipper. Au bal, je regardais les couples danser des slows en bougeant à peine leurs pieds (*slow* signifie lent). Je les voyais se serrer, se frotter, se flairer. Quel bon moyen, me disais-je, de faire connaissance avec l'autre, mine de rien, en le touchant, en le humant ! Je m'imaginais dans les bras d'un bel inconnu, et j'apprenais à danser avec mes cousins qui me marchaient sur les pieds.

Au cinéma, quand venait enfin le moment du baiser sur la bouche, je scrutais l'écran en cherchant à découvrir comment les héros s'y prenaient pour éviter que leurs nez se cognent. Le mien m'inquiétait, en cas de baiser fougueux. J'observais que l'actrice renversait la tête et entrouvrait la bouche en attendant que l'homme avance la sienne. J'en concluais, soulagée, que c'était à lui de savoir s'y prendre, en présentant ses lèvres et donc son nez avec la bonne inclinaison. Quant à ce qui se passait ensuite, cela me restait mystérieux. Les amoureux des films fermaient les yeux dans un déchaînement de violons, et la scène suivante les montrait le lendemain au petit déjeuner, avec des étoiles dans les yeux.

L'« en bas »

Je rêvais de ce premier baiser sur la bouche, et du monde magique qu'il me révélerait. Ma mère, d'origine alsacienne, me traitait de *Backfisch*, un mot masculin qui désigne les filles à l'âge réputé ingrat de la puberté. J'essayais en cachette ses hauts talons, et j'attendais l'homme qui ferait de moi une « vraie femme », comme dans les livres : le prince de *La Belle au bois dormant*, éveillant la belle endormie, comme s'il était le seul à détenir la clef ouvrant le coffre secret de sa bouche ; ou encore l'amant des *Fleurs du mal*, celui qui me dévoilerait « le trésor des profondes caresses[4] », par des baisers de toutes sortes.

Baiser : j'aimais prononcer ce mot doux et lisse, en français où on entend les lèvres se réunir et se tendre, et aussi dans d'autres langues, le *kiss* anglais, le *Kuß* allemand, le *beso* espagnol, le *bacio* italien, le *potselouï* russe, le *kyss* suédois. Un baiser avec la langue ? Celle de la bouche, ou celle qu'on parle ? J'aimais découvrir les doubles sens, et je m'émerveillais de comprendre que le français embrasse dans le même mot l'organe et les mots qu'il produit. De même pour l'italien *lingua*, l'espagnol *lengua*, le russe *iazik*, l'anglais *tongue*. *Mother-tongue* (langue-mère) me semblait plus fort que langue maternelle en français. Je découvrais qu'en anglais, *language*, venu du latin, avait peu à peu pris la place de *tongue*, qu'en allemand *Zunge* et *Sprache* s'étaient séparés, et de même en suédois *tunga* et *språk*.

Je chantais sans malice une chanson à la mode : *« Besame, besame mucho. »* C'est bien plus tard que j'appris les autres sens du verbe baiser : l'au-delà de la bouche, comme dans le poème si direct de Louise Labé « Baise m'encor, rebaise-moi et baise[5] » ; la violence faite à l'autre, pour le dominer ou le tromper : « Je vais le baiser, ce salaud ! » ; et la distinction sexiste : « On fait l'amour avec sa petite amie ; les pétasses, on les baise. »

Comme tant de filles dont on voulait préserver l'innocence, j'ai été élevée dans l'ignorance des choses du sexe, des réalités du corps et même des mots pour les désigner. C'était « ça », « là », ou, à peine moins imprécis, « l'endroit stratégique ».

On me disait de me laver tous les jours « en bas » : aujourd'hui, j'entends dans ces mots « en bas » (et de même, dans l'anglais *down below*) un mépris pour le corps et ses réalités, une opposition entre sordide et sublime, entre chair et esprit, entre le bas-ventre et la tête noble, une distinction chrétienne entre ce bas monde et la gloire du paradis, tout là-haut. Je ne savais même pas que cet « en bas », entre mes cuisses, s'appelait une vulve, ni quel nom portaient ses replis de chair. Jamais je n'aurais osé me regarder moi-même « en bas », examiner dans un miroir le reflet de ma « conscience », comme disait ma mère. Nul besoin de me l'interdire ; c'était comme si mon propre corps ne m'appartenait pas. Quant aux miroirs, ils étaient rares, et les filles qui s'y regardaient trop étaient critiquées, la coquetterie étant un autre « vilain défaut ».

Bien plus tard, devenue féministe pratiquante, j'ai osé regarder. Me regarder moi-même au plus intime. J'ai compris alors le sens d'une expression qui m'avait semblé mystérieuse dans *Un amour de Swann*, « faire cattleya », que Swann et Odette emploient pour signifier, écrit Proust, « l'acte de la possession physique » : le cattleya est une orchidée, une fleur splendide aux pétales violets qui, selon lui, semblent être « en soie, en satin »[6]. J'ai ressenti le même trouble que devant les tableaux de fleurs de Georgia O'Keeffe, iris noir ou coquelicot, qui semblent représenter les pétales de chair des grandes et des petites lèvres.

Enfant, jamais je n'ai entendu le mot lèvres avec ce sens. Jamais je n'aurais imaginé que j'avais une autre bouche, « en bas », dont les lèvres se touchent, bougent et peuvent s'écarter. Bien d'autres filles ont témoigné d'un manque d'information, pire parfois, d'une volonté de tromper : « Les Frères [de l'école catholique] avaient si peur de l'impureté, raconte l'Irlandaise Katherine Behan, qu'ils appelaient certaines choses par des noms différents. Le derrière s'appelait la poitrine et le zizi le petit doigt[7]. » Son récit date de 1910 ; cinquante ans plus tard, dans une famille parisienne se jugeant sans doute évoluée, je ne recevais pas davantage de réponse satisfaisante à mes questions sur l'origine des bébés, et surtout à celle-ci : « Bon, d'accord, ils sortent du ventre de la maman, mais comment ils y sont entrés ? »

J'étais beaucoup plus ignorante dans ce domaine que des enfants moins protégés que moi. « Dans les milieux privilégiés, écrit Jane Hervé, on ne nomme pas les choses du sexe, et les enfants ont plus de mal à décrire des atteintes sexuelles que chez les pauvres[8]. » Ceux-ci savent très tôt ce qu'est une « pelle » (un baiser sur la bouche avec la langue) ; ils osent nommer la verge « bite » ou « zob », comme ils l'ont entendu dire autour d'eux. Les autres ne disposent pour s'exprimer que d'images, en mots ou en dessins ; c'est aux adultes d'interpréter une petite jambe, un bâton, un crayon ou un gros doigt ; de traduire « papa, il m'a mis son pitoune dans les fesses », ou « son gros pouce dans mon kiki et dans mon cucul »[9], ou « son devant dans mon derrière[10] ».

Révélations

Comme bien des petites filles, j'ai été terrorisée par un exhibitionniste. Pour aller à l'école, je passais par une petite rue déserte. Un jour, un homme, un choc. Pendait entre ses jambes ce que je pris pour une horrible méduse grisâtre, comme celle qui m'avait piquée dans la mer l'été précédent. J'avais neuf ans, l'épouvante me rendit muette, et je n'ai pas pu en parler avant des années. Écrire le mot méduse m'a rappelé le nom de ce monstre de l'Antiquité : moi aussi, j'ai été changée en pierre pour avoir regardé ce que je ne devais pas voir.

Bien plus tard, j'ai appris que les hommes exhibitionnistes sont obsédés par la peur de perdre leurs organes sexuels. Ils prennent leur plaisir dans la réaction de leurs victimes, dont la surprise et les cris les rassurent sur l'existence de leur sexe. Aujourd'hui, je sais cela et je me le répète, mais cette connaissance reste en surface. La deuxième fois que j'ai vu un exhibitionniste, j'avais cinquante ans. J'ai eu beau me raisonner en me répétant la définition des livres, la peur l'a emporté, et je me suis enfuie paniquée.

Qui n'a jamais croisé un exhibitionniste ? Quelle femme n'a pas eu à subir ce spectacle, au moins une fois dans sa vie, et souvent dans son enfance ? Cela arrive aussi à des petits garçons. Tant d'enfants choqués, pour qui la vision d'une verge d'adulte risque d'être durablement associée à l'effroi, au dégoût, à la répulsion !

Des femmes mieux élevées, mieux préparées, plus aguerries, mes filles par exemple, m'ont raconté leurs reparties quand l'un de ces hommes leur « montre sa boutique », ou « sa petite marchandise » : « C'est tout ? Il n'y a pas de quoi se vanter ! » Je suis ébahie par leur sang-froid, par leur aplomb.

Il faudrait aussi expliquer aux femmes terrifiées par des coups de téléphone orduriers que leur auteur est habité par la même obsession : combler un manque en lui. Pour l'homme qui exhibe des mots violents comme il brandirait sa verge, pour ceux qui dans la rue lancent des insultes comme des pierres, cette agression ne prend son sens que dans la réaction de l'autre : « Je lui fais peur, constatent-ils, donc j'existe. »

Jamais je n'avais eu, jusqu'à l'adolescence, l'occasion de regarder le corps nu d'une personne adulte de mon entourage. J'avais rôdé dans des parcs autour de statues de dieux antiques, en cherchant à apercevoir, sous la feuille de vigne, la mystérieuse « virilité » qu'elle dissimulait. J'avais examiné des tableaux représentant la Crucifixion : Jésus n'est jamais nu sur la croix, son bas-ventre est couvert d'un linge qui reste bien accroché, sans obéir à la loi de la gravité. Quant aux peintures de batailles classiques, je constatais à regret que les guerriers à la nudité majestueuse disposaient toujours d'un bouclier ou d'un fourreau d'épée providentiels cachant aux regards… mais quoi donc ? Enfin, le *David* que je vis à Florence m'apporta une partie de la réponse sous forme de petits sacs pendant entre ses jambes, mais cela ne dissipait pas ma perplexité sur le membre dit viril. Les autres membres, les bras, les jambes, sont longs et durs ; pourquoi nommer membre ces rondeurs ?

Quant à la nudité féminine, j'admirais les statues romaines de *Vénus pudique*, avec l'arrondi des bras de la déesse de l'amour « faisant semblant de cacher[11] », de la main droite, la noble, ses seins, et de la main gauche, impure, son sexe. Je scrutais les tableaux de femmes nues du XIXe siècle : des corps blancs et mous comme du saindoux, l'entrejambe réduit à une surface lisse et continue. Au bas du ventre, rien. Le vide. Le pubis, ce triangle de chair orné chez l'adulte, homme ou femme, d'une broussaille de poils, était-il donc encore à cette époque une zone inconnue de la planète femme, comme les grands blancs sur les cartes d'autrefois, pour les régions inexplorées ? Ou une zone impossible à montrer en public ? Ainsi, les danseuses de french cancan qui lèvent haut la jambe ne donnent rien d'autre à voir, sous leurs jupons de dentelle, que leurs cuisses et leur culotte ; de même, l'entrejambe des danseuses classiques ou des patineuses oppose aux regards la barrière opaque d'un collant couleur chair.

Dans les musées de ma jeunesse, aucune peinture ne montrait la beauté bombée et poilue du mont de Vénus, le si joli nom du pubis féminin, aussi appelé pénil. Comme l'écrivait Théophile Gautier, « nos peintres […] / Fauchent sur les beaux corps sans voile / Le gazon où s'assied Éros », et Pierre Louÿs recommandait avec malice aux jeunes filles : « Au musée, ne crayonnez pas des boucles noires sur le pubis des Vénus nues. Si l'artiste représente la déesse sans poils, c'est que Vénus se rasait la motte[12]. »

Une révolution a eu lieu. En 1995, on a installé en

bonne place, au musée d'Orsay, à Paris, un tableau de Courbet aussi magnifique que son titre : *L'Origine du monde*. Cette peinture de 1866 représente la partie centrale d'un corps de femme allongée ; son pubis est recouvert d'une abondance de poils bruns : origine du monde, commencement de tout, source de vie, forêt de désirs, promesse de plaisirs.

Cette nudité scandaleuse était restée cachée aux regards du public. Aujourd'hui, on l'expose, et elle explose avec une telle force que bien des visiteurs détournent le regard, gênés de recevoir au milieu d'une foule cette révélation éclatante, brutale. Tant de traditions ont interdit aux hommes et aux garçons la vue du sexe féminin, sous peine de terribles châtiments. On peut en rapprocher l'insulte, courante en Amérique latine, « Va-t'en voir la chatte de ta mère (ou de ta sœur) ! » J'entends une expression atténuée de cette crainte dans ces mots de mon enfance : « Il n'en perdra pas la vue », disaient des femmes ou des filles occupées à leur toilette, à propos d'un homme ou d'un garçon qui aurait pu entrevoir leur nudité.

La sortie au grand jour de ce tableau secret marque-t-elle une libération des images de sexualité, après des siècles d'interdit par le pouvoir, notamment religieux, et de confiscation par la pornographie, clandestine autrefois, ouvertement diffusée de nos jours ? En quelques décennies, on est passé du caché à l'exhibé, du trop peu au trop, de la famine à l'indigestion. Les adolescents de ma génération, avant Mai 68 et l'entrée de la pilule dans les mœurs, étaient en manque d'informations sur la sexualité, ceux du début du XXIe siècle en sont parfois saturés. Mais ils n'ont pas toujours les connaissances qui leur permettraient de les trier et de les assimiler.

Aujourd'hui, tout le monde peut tout voir, à la télévision ou au kiosque à journaux, mais que voit-on dans les images et comment les reçoit-on si on n'y est pas préparé ? Imposer de voir, ce n'est pas apprendre à regarder; voir n'est pas savoir, et trop voir peut empêcher le travail de la pensée. Tant qu'il n'y a pas eu d'éducation adaptée à l'âge, pour comprendre ce qu'on voit, tant qu'on n'a pas fait l'apprentissage progressif de ses propres émotions, le « jeu de dupes » de la chanson de Souchon continue, « sous les jupes des filles » et ailleurs.

Une méchanceté injuste

Et le con, mot des livres défendus, où des hommes « foutaient » des femmes ? Quand j'étais adolescente, c'était le plus gros des gros mots et, entre filles, nous bravions l'interdit avec une inversion : « noc ». En relisant les *Lettres à Lou*, de Guillaume Apollinaire, je découvre que le grand poète faisait de même. En outre, il joue sur les deux mots : « Il me faudrait un petit noc / Et je ne trouve qu'un faux con ! »

J'avais appris par mes lectures en cachette le mot enconner (entrer dans le con) mais, autour de moi, j'entendais plutôt des hommes parler de déconner, de faire des conneries, ce qui était le propre des « sales cons », « petits cons », « pauv'cons », voire des « connards » ou « connasses ». Encore aujourd'hui, bien des comportements masculins sont motivés par la peur d'« avoir l'air d'un con ». Le monde, surtout commenté par des automobilistes, semble plein de cons en tout genre, ainsi que de pièges à cons, en abrégé « piègeac' », mais ces cons-là ne sont pas celui que les femmes, même si beaucoup ignorent le sens de ce mot, ont au creux du ventre.

C'est grâce aux analyses féministes que j'ai éclairci ce mystère : sans la moindre gratitude pour cet organe si doux qu'ils ont pourtant plaisir à… enconner, les hommes l'ont chargé de tout ce qu'il y a de plus moche et de plus stupide. Hélas ! certaines femmes les imitent.

En anglais aussi, *cunt* désigne à la fois la chose – *a*

hairy cunt est « un con poilu » – et les êtres inférieurs qui en sont dotés, les femmes, mais aussi, par contagion, des hommes qu'on veut ravaler à ce statut méprisé. « Aucune insulte n'est pire que le mot con[13] », confirme, pour la langue anglaise, l'écrivaine Germaine Greer. En espagnol, *coño* et *coñazo* sont des mots banals, *« ¡ que coño ! »* s'employant aussi couramment que le « merde » français. En russe, *mandioj*, formé sur le mot *manda* (vulve), signifie mensonge, bavardage futile, tandis que *pizda*, le mot d'argot le plus courant pour le sexe féminin, est l'équivalent de con ou conne, le diminutif *pizdioulina* désignant une chose sans importance. En allemand, on l'emplit de boue et on l'envoie à la figure comme une injure : *Dreckfotze !* (sale con !). Si « la beauté est dans l'œil de celui qui regarde » (Oscar Wilde), la saleté est dans la bouche qui crache l'insulte.

Périodiquement, le *Journal officiel* français publie des listes de patronymes ressentis comme honteux par les intéressés, par exemple Connart, dont ils demandent le changement*. C'est pourquoi j'exprime ma gratitude au grand mathématicien Alain Connes, qui a conservé le sien.

Ah ! nostalgie des textes érotiques du XVIIIe siècle « à la gloire du con[14] »... Quel dommage de se servir du mot con pour insulter ! Michelet le déplorait dans son *Journal* en 1857 : « C'est une impiété inepte** d'avoir fait du mot con un terme bas, une injure. » Que faire pour que disparaissent cette haine et cette violence ? Citer Léautaud ! À quelqu'un qui disait d'un autre : « Il est con », il répondait avec esprit : « Pourquoi le qualifiez-vous ainsi ? Il n'en a ni l'agrément ni la profondeur[15]. » Et si nous chantions avec Brassens : « Honte à celui-là qui l'employa le premier [...]. C'est

* Un article de *Libération* cite Connart, Couillon, Labitte (10 août 2002).

** Je traduis : un mépris idiot.

injuste, madame, et c'est désobligeant / Que ce morceau de roi de votre anatomie / Porte le même nom qu'une foule de gens[16] »…

Deux petits oiseaux, l'un vert, l'autre jaune, sont posés sur une branche. Ils s'injurient : « Sale citron ! – Sale melon ! » Un gros oiseau noir intervient : « Non, les enfants, pas d'injure raciale ! » Les deux petits se retournent vers lui et, ensemble, crient : « Vieux con ! » Avec ce dessin de Xavier Gorce[17], qui illustre des mesures contre le racisme à l'école annoncées en février 2003 par le ministre français de l'Éducation, preuve est faite que le racisme est condamnable, tandis que le sexisme continue à prospérer.

Un peu d'imagination ! Pourquoi pas « crétin du zizi sexuel », l'une des insultes favorites de Titeuf, le personnage du dessinateur Zep ? « Lorsque j'étais petit, raconte l'auteur, "pédale" était l'injure suprême sans qu'on sache ce que ça voulait dire. Alors, après quelques jours, on se traitait de "guidon", en pensant que c'était tout aussi insultant[18] ! »

Faisant « souffler un vent révolutionnaire », Victor Hugo avait décidé de mettre « un bonnet rouge au vieux dictionnaire » et de déclarer « les mots égaux, libres, majeurs »[19]. Quant à moi, j'ai choisi le mauve, la couleur féministe, pour résister au machisme de la langue. J'ai rayé de mon vocabulaire le mot con et ses dérivés. Voulant faire comprendre à des hommes combien des femmes peuvent se sentir méprisées, je m'amuse à employer, comme mes enfants, glander, découiller ou partir en couille. Je dis non à conneries ou à machin à la con, mais, comme je ne suis pas encore parfaite, il arrive que m'échappent des foutaises, couillonnades ou trucs à la mords-moi le nœud. Quand j'enrage contre un… abruti, j'emploie des mots de son sexe en choisissant dans ma collection : jean-foutre, jean-fesse, tête de nœud, pauvre gland, ou mon préféré : foutriquet. Le reste du temps, je me limite aux insultes du capitaine Haddock, qui font toujours leur petit effet : ptérodactyle, bachi-bouzouk, ou scaphandrier d'eau de vaisselle.

Vous êtes accro à con ? Variez donc les plaisirs ! Je vous assure qu'un « Va donc, eh, banane ! » bien senti ou, comme au Québec, un « Maudit niaiseux ! »[20] aident à faire passer sa colère dans les embouteillages !

CHAPITRE III

« Bon » goût et mots « propres »

Interdit de rire !

« En haine du goût ! » L'apostrophe de Zola à Flaubert* me plaisait : en haine de la bienséance figée, en haine du goût décrété sans appel le seul « bon » ! Dans ma révolte contre les conformismes, j'ai décidé, par goût de la liberté, par amour pour la diversité de la vie, de choisir un autre chemin, le mien.

J'ai cessé d'obéir à des dictateurs au petit pied. Afin d'éviter de mélanger les torchons et les serviettes, le linge grossier et la toile fine, ces prétentieux se permettent de renvoyer les autres, ceux qui ne sont pas « de notre monde », « de notre milieu », dans les ténèbres extérieures de la vulgarité. Aux autres les bas-fonds de la pornographie, tandis que nous nous réserverions les joies saines de l'amour bien propre, et les délices de l'érotisme distingué et « jamais vulgaire » ! Aux autres les lourdeurs bestiales, les odeurs fortes et les bruits déplacés ! À nous les plaisirs raffinés, les allusions subtiles, la finesse de l'esprit !

J'ai commencé par critiquer le tracé de la frontière,

---

* Zola a dédicacé à Flaubert *L'Assommoir* (1877) : « À mon grand ami Gustave Flaubert, en haine du goût. » L'exemplaire est conservé, avec la bibliothèque de Flaubert, à Canteleu.

puis j'ai contesté la notion même de limite pour opposer deux camps.

« La partie qui sert à la propagation du genre humain est si folle, si ridicule, qu'on ne saurait la nommer sans rire[1] », écrivait plaisamment Érasme au XVIe siècle. Rire ? Interdit aux gens « bien », qui se contentent de sourire finement ! Après Érasme, sont venus d'autres savants, moins joyeux. Pour eux, la sexualité était une affaire grave, et les mots qui en traitaient par écrit ne devaient surtout pas être accessibles au tout-venant. Contre la lame de fond de la « vulgarité » populaire, des hommes de la « bonne société », médecins, scientifiques, religieux, élèvent depuis cinq siècles les digues du « bon » goût, le leur.

Autrefois, ces hommes instruits détenaient un savoir interdit aux pauvres et aux femmes ; pour renforcer leur pouvoir, ils ont édifié au fil des siècles un barrage de mots, les seuls reconnus comme corrects. En français, ils les ont fait dériver de racines latines ou grecques. En anglais, ils les ont le plus souvent importés tels quels, sans les adapter, par exemple *labia* pour désigner les lèvres de la vulve (*vulva*), ou *mons Veneris* (mont de Vénus). Cela rendait ces mots incompréhensibles aux autres, à ceux qu'ils nommaient *vulgum pecus* (troupeau ordinaire). Jusqu'à nos jours, leurs successeurs et la « bonne société » ont continué à se retrancher derrière ces barrières de mots. Ils n'ont cessé de consolider ces défenses qui préservent leurs privilèges.

C'est ce que montre l'évolution de l'adjectif anglais *lewd*. Il signifie aujourd'hui obscène, c'est-à-dire que les femmes et les filles de la « bonne société » ne peuvent voir ou entendre sans être choquées ou gênées. Il vient d'un mot du Moyen Âge signifiant laïc, non instruit, n'appartenant pas au clergé ; il a la même racine que le mot qui veut dire les gens, ceux du peuple, *Leute* en allemand, ou *lioudi* en russe.

Le roi François Ier décida, par l'ordonnance de Villers-Cotterêts (1539), « pour pourvoir au soulagement de ses sujets », que les arrêts de justice et de police ne seraient plus rédigés en latin, mais « en langage maternel français », ce qui les rendit accessibles au plus grand nombre. Certes, personne n'a le même pouvoir pour les mots de la sexualité, mais, faute d'une volonté d'ouverture, le vocabulaire qu'ont forgé, au fil des siècles, ses « administrateurs » reste hérissé de termes qui tiennent à distance les non-spécialistes.

Parmi ceux qui ont proposé de nouveaux mots, figure Ambroise Paré (1509-1590) ; pionnier de la chirurgie moderne, il avait acquis par lui-même, notamment sur les champs de bataille, une grande connaissance du corps humain. N'ayant étudié ni le latin ni le grec, il écrivait dans la langue dite vulgaire, celle du peuple, le français, et non en latin, celle des gens instruits. Après avoir publié son *Livre de la génération* (c'est-à-dire la façon de faire des enfants), il eut à se défendre contre ceux qui, écrit-il, déformaient ses propos « pour les juger déshonnestes, meschants, détestables ; de ma part, j'estime en mon livre n'estre rien de pernicieux pour estre en nostre langue vulgaire[2] ». De l'avis des autorités de ce temps, le français manquait de rigueur et de précision, et il ne pouvait donc être utilisé par la science médicale : en réalité, à une époque où les connaissances évoluaient vite, c'étaient les mots de la sexualité eux-mêmes qui manquaient et qu'il fallait inventer. À défaut, Paré utilisa des images suggestives, par exemple, dans cette remarque : une femme peut être « dure à l'esperon » ; ou dans cette recommandation : « Le cultivateur n'entrera dans le champ de Nature humaine à lestourdy. » Nature était aussi un mot populaire pour vagin.

Après la première édition des *Œuvres complètes* d'Ambroise Paré, qui eut un grand succès, la faculté de médecine de Paris lui intenta en 1575 un procès.

Paré traitait par exemple des organes sexuels, de leurs maladies et de ce qui a été appelé au XIXe siècle l'homosexualité. Les censeurs relevèrent de nombreux points touchant à la décence du langage ou des mœurs, mais déplorèrent surtout que « les secrets de la nature » fussent livrés aux esprits curieux, et notamment aux femmes, qui ne devaient pas connaître certaines réalités. « Il n'est pas bon de divulguer notre art au peuple, et de luy faire entendre ce dont les médecins se veulent et doivent prevaloir[3] » : aveu cynique de ceux qui se réservent un privilège !

Le pouvoir de nommer

Déjà, il y a deux mille ans, Cicéron recommandait la plus grande discrétion pour parler des « nécessités naturelles », tout en rappelant l'objection si juste des stoïciens, qui reste valable de nos jours : « Voler, tromper, être adultère, voilà des actes honteux, mais les mots qui les désignent ne sont pas obscènes ; l'acte d'engendrer n'a rien que d'honnête, mais il est obscène de l'appeler par son nom[4]. » Même si la gêne ressentie varie d'une personne à l'autre, même si on la cache souvent par des rires et des plaisanteries, c'est toute la sexualité qui, dans notre culture, continue à être marquée par l'obscénité. Le sexuel serait-il resté, jusqu'à nos jours, « l'innommable », dont parlait Annie Leclerc dans *Parole de femme* (1974)[5] ?

« Qu'a fait l'action génitale* aux hommes, si naturelle, si nécessaire et si juste », demandait pourtant Montaigne, « pour n'en oser parler sans vergogne [honte] et pour l'exclure des propos sérieux et réglés[6] ? ». Pourquoi les parties sexuelles et les mots qui les désignent seraient-ils « déshonnêtes » ? Pour-

---

* Génital signifie qui a rapport avec l'acte d'engendrer, de « faire » un enfant.

quoi la verge a-t-elle été appelée au XIXe siècle « le péché[7] » ?

Longtemps le raisonnement chrétien s'est imposé : toutes les choses ayant été créées par Dieu, elles ne peuvent être laides ; c'est l'homme qui les a rendues ainsi par le péché originel ; ce péché est le fait de « la » femme, de cette Ève mauvaise, curieuse, cédant à la tentation, puis devenant elle-même tentatrice de l'homme. Ce n'est pas le nom qui fait « la deshonnesteté de la chose, écrivait Ambroise Paré, [c'est] la chose qui fait le nom deshonneste[8] ».

Au XVIIe siècle, s'est produite une révolution de la pensée qui a concerné tous les domaines du savoir. Elle a amené à voir le corps humain autrement que selon les catégories d'Aristote et de Galien, qui faisaient autorité dans l'Antiquité et qui avaient été remises à l'honneur au XIIIe siècle. Il a donc fallu adopter d'autres mots pour nommer les organes sexuels. Dans leur travail pour organiser ces connaissances nouvelles, pour décrire, nommer et classer, les savants ont dû néanmoins respecter la bienséance, c'est-à-dire se conformer aux usages de leur temps, et habiller de vêtements sérieux les réalités qu'ils dévoilaient.

Leur science leur donnait le pouvoir de nommer les choses*. Décrivant des territoires inexplorés du corps humain, ils ont dressé des cartes. Ils ont repéré des lieux où ils ont planté le drapeau du conquérant. Jusqu'au XXe siècle, celui-ci a toujours été un homme blanc. Les organes féminins sont donc jalonnés de noms masculins. Les conduits reliant chacun des deux ovaires à l'utérus se sont appelés jusqu'en 1997 les trompes de Fallope, chirurgien italien du XVIe siècle – avant de devenir les trompes utérines**. Les petits

---

* Il en est allé de même dans d'autres domaines de la connaissance, comme les animaux, les végétaux, les minéraux, qui ont alors été classifiés et appelés de noms latins.

** Sur décision du comité de terminologie anatomique.

sacs situés dans les ovaires et dans lesquels, de la puberté à la ménopause, mûrit chaque mois un ovule, sont les follicules de De Graaf, médecin hollandais du XVIIe siècle. Les glandes qui sécrètent le liquide humidifiant la vulve et l'entrée du vagin portent le nom de Bartholin, anatomiste danois du XVIIe siècle. En outre, au XXe siècle, une zone de plaisir située dans le vagin a reçu l'appellation de point G, initiale du médecin allemand Ernst Gräfenberg.

Imaginez l'équivalent chez l'homme : les corps caverneux d'Émilienne Dupont, ou le canal de Catherine de Chaumont, c'est-à-dire des noms féminins attachés à des organes masculins ! On comprend que des femmes puissent se sentir dépossédées, quand elles apprennent qu'elles sont habitées, marquées au plus intime d'elles-mêmes, par l'ordre et le savoir masculins.

Quelle honte !

À partir du XVIe siècle, des hommes ont donc étiqueté ce qu'on découvrait, grâce à des progrès techniques comme le microscope, dans la région du corps appelée en français, jusqu'au début du XXe siècle, « parties honteuses ». On trouve déjà ce nom dans la Bible[9], et il est employé aussi dans l'Antiquité grecque, plusieurs siècles avant le christianisme, qui a repris cette tradition. Les stoïciens les appelaient *oïdia* ; en latin, on désignait aussi les *muliebria* (parties féminines) et les *virilia* (parties viriles) comme des *vilia membra,* des parties viles, honteuses. Dans la France du Moyen Âge, on disait aussi vergognes, qui a le même sens, et dont l'équivalent espagnol désigne les organes sexuels masculins. En français, ce nom n'est plus utilisé que dans l'expression « sans vergogne ». Il est présent dans le mot dévergonder, qui signifie à l'origine mener une vie déréglée, mais qui s'emploie surtout au féminin : une fille ou une femme dévergondée manque de la timidité prescrite à son sexe.

Cette attitude envers la sexualité imprègne le langage médical, avec les mots : artères honteuses et nerf honteux, toujours utilisés officiellement pour désigner les vaisseaux qui irriguent les organes « d'en bas ». La langue parlée évolue, tandis que celle des médecins reste figée au temps de la honte.

En anglais, la zone des organes sexuels est appelée *private parts* (c'est-à-dire parties privées ; le français préfère parties intimes), *natural parts* (parties naturelles) ou *parts of shame* (parties honteuses). On dit aussi, avec des mots latins, *genitalia* (organes génitaux) ou *pudenda*, du mot qui a donné pudeur en français et auquel se mêle la notion de honte, ou encore *male* ou *female pudentia*.

Quand j'apprenais l'allemand, dans les années soixante, je lus dans mon dictionnaire le mot *Schamteile* (parties honteuses). Je découvris que le mot *Scham* signifiait honte, pudeur, nudité, et aussi parties sexuelles. C'est ce nom qui a longtemps servi à désigner la vulve. C'est sur lui qu'ont été formés de nombreux mots relatifs à cette « région honteuse » *(Schamgegend)*, comme *Schamhügel* ou *Schambein* qui signifient pubis, mot à mot colline honteuse pour le premier, et os honteux pour le second. Autres exemples : *Schamhaar* (poils du pubis), *Schamritze* (fente honteuse, c'est-à-dire vulve), ou *Schamlippen* (lèvres de la vulve).

Tous ces mots figurent encore dans les dictionnaires d'aujourd'hui. Un progrès : *Schamglied* (membre honteux) a été remplacé par le mot latin *Penis* (pénis), mais quel dommage que mont de Vénus se dise toujours *Schamberg*, mont de la honte ! La traduction exacte serait *Venusberg*. C'est le nom d'une montagne du sud-est de l'Allemagne, lieu magique de légendes du Moyen Âge. Dans de nombreuses cultures, la montagne symbolise le sein, le ventre ou la vulve de la Grande Déesse.

Les savants qui, depuis le XVIe siècle, proposent de nouveaux mots du sexe contribuent à renforcer les préjugés, car ils expriment des notions occidentales ayant en commun, sous des formes diverses, plusieurs éléments : la peur et la honte de la sexualité, associée au péché ou à la saleté ; le mépris du corps, du féminin et des femmes ; la valorisation de la violence sexuelle masculine, et la peur du déchaînement du désir féminin.

Les mots aident à penser. Quand il s'agit de sexualité, forger un mot à partir d'une racine grecque ou latine, c'est aussi communiquer une idée ; c'est transmettre, au-delà du mot nouveau, un élément de la pensée de son inventeur, de sa conception du monde, du corps humain, ou des rapports entre femmes et hommes.

Aujourd'hui, quand nous employons des mots liés au sexe, nous les considérons comme de simples outils que nous utilisons pour exprimer notre pensée. Pourtant, ce sont parfois eux qui se servent de nous pour faire passer en contrebande une autre idée, dont nous n'avons pas toujours conscience.

Par exemple, appeler mère une femme enceinte pour la première fois ne se justifie pas. Une mère est une femme qui a donné naissance à un enfant (ou qui en a adopté). Le produit de la conception qui se développe dans son utérus s'appelle, pendant deux mois, un embryon, puis un fœtus. C'est seulement la naissance – ou l'accouchement – qui permet de nommer comme tels l'enfant, la mère et le père.

De même, dire d'une femme qu'elle « s'est fait violer » sous-entend qu'elle en était responsable, au moins en partie. Un viol étant un acte de pénétration sexuelle non désirée, une femme ne peut pas « se faire violer », comme elle se ferait avorter, ou couper les cheveux, de par sa libre volonté. La seule voie qui convienne à propos de cette victime est le passif : « Elle a été violée. »

Les mots justes éclairent

Pourquoi parler de sexualité ? Le désir se voit ou se sent, le plaisir s'éprouve, comme une musique s'écoute, sans qu'il y faille toujours des paroles. Pourtant, quand on se pose des questions sur « ça », à l'adolescence par exemple, comment peut-on comprendre les transformations de son corps si on ne dispose pas de mots pour exprimer ce qu'on vit, ce qu'on ressent pour la première fois ? Si « ça » va mal, comment résoudre un problème qui n'a pas de nom, concernant des endroits inconnus et des sensations parfois horriblement gênantes ?

Le secret exerce un pouvoir. De pareils secrets enfoncent dans la honte, alors que la parole peut libérer. Parfois, le corps manifeste une souffrance due à une violence sexuelle, et celle-ci prend la place de mots qui ne peuvent pas se dire. Quand on trouve enfin, selon le titre du livre de Marie Cardinal, « les mots pour le dire[10] », par exemple grâce à une psychanalyse, quand on peut nommer, désigner, exprimer, cela permet de comprendre, en reliant des faits entre eux, et cela aide à aller mieux.

« Ça » s'apprend. Les mots éclairent les choses, ils donnent du pouvoir sur les faits. Sortir de l'ignorance, accéder au savoir, dans ce domaine comme dans d'autres, c'est commencer à prendre en main sa vie, son destin. « La lucidité ne fait pas le bonheur », dit souvent ma mère en citant Simone de Beauvoir, « mais elle y contribue et elle donne du courage[11] ».

Les savants ou les médecins du XIXe siècle qui écrivaient sur ces sujets utilisaient des mots latins pour n'être pas compris par des gens non cultivés. Quant aux auteurs latins comme le poète Catulle, dans la collection des classiques Budé destinée aux étudiants, les passages obscènes de leurs œuvres étaient traduits... en grec ! Cette étrange pudeur n'a pas disparu : dans un livre classique du linguiste Pierre Guiraud, publié en 1967 et réédité en 1986, on peut lire de mystérieuses expressions comme *pudendum muliebre*, ou *supponere mulierem*, qui permettent d'éviter de choquer en nommant la vulve, ou l'acte de pénétrer une femme[12].

Autrefois, on ne pouvait pas imaginer parler sérieusement de sexualité en public dans la « bonne » société, car ce qui se situe « au-dessous de la ceinture » était considéré comme sale. La même répugnance s'étendait aux mots désignant ces réalités : ils étaient pourtant corrects et figuraient dans les dictionnaires courants ! On préférait rester dans le vague avec des « ça », « la chose », « en bas », ou même sauter ces mots et les remplacer par une moue ou un geste expressifs : ainsi, Molly Bloom, dans *Ulysse*, de James Joyce, parle de « cacher son avec sa main » ou dit « il voulait toucher mon avec son »[13].

On employait aussi des euphémismes, c'est-à-dire des expressions qui dans ce domaine et dans d'autres (vieillesse, mort, etc.) atténuent la réalité choquante, comme « mettre au monde » pour accoucher ; de même, en anglais, on dit *to give birth*, donner naissance. Au XIXe siècle, alors qu'une femme du peuple violée avait seulement été « bousculée », des femmes de la bourgeoisie subissaient de mystérieux « derniers outrages »[14].

Cette démarche de précaution relève d'une pratique qui remonte à l'époque de la Renaissance en Italie, en Angleterre, en Espagne, puis en France. Des femmes furent à l'initiative d'un mouvement, la préciosité, ayant notamment pour but de renouveler la langue, de changer des mots afin de pouvoir exprimer des sentiments délicats. Des dames de la noblesse entreprirent de civiliser les hommes de leur entourage, de rudes guerriers peu habitués aux raffinements. Leur apport à la culture est en général ignoré car, le plus souvent, on ne retient d'elles que les moqueries de leurs adversaires, à cause du titre de la comédie de Molière, *Les Précieuses ridicules*. On se plaît à citer des exemples dérisoires, comme celui mentionné dans le *Galateo*, traité italien du XVIe siècle sur les bonnes manières : des dames, afin d'éviter un double sens embarrassant, employaient le mot châtaigne quand elles voulaient dire figue, car figue est le mot populaire pour vulve[15].

Qu'en est-il aujourd'hui, pour ces mots, en France ? Les « gros mots », les mots « sales » au sens de « qui ne sont pas convenables », se sont répandus depuis les années quatre-vingt, surtout chez les adolescents. On les entend couramment, dans la rue, dans des cours d'école, dans des émissions de radio où interviennent de jeunes auditeurs. Quand j'étais jeune, les parois des toilettes publiques, dans les cafés ou dans les gares, étaient souvent couvertes de graffitis sexuels, avec des dessins et des mots qui exprimaient une rage, une volonté de choquer ; depuis une dizaine d'années, on en voit moins, comme si cette fureur avait trouvé à s'exprimer autrement : elle s'écrit moins, elle se dit davantage. Or ces mots prononcés sont souvent porteurs de violence : ils peuvent gêner et heurter.

Quant aux mots propres, qui figurent dans les dictionnaires courants, ils choquent toujours. Une lettre que j'avais envoyée au *Monde* a été publiée dans le Courrier des lecteurs en octobre 2002 ; j'y décrivais la photo d'une publicité pour un parfum, représentant un homme blanc nu, à la verge en évidence[16]. J'ai reçu une réaction d'une lectrice scandalisée qui me taxait d'intégrisme ; pour me faire comprendre combien le mot verge était inconvenant dans un tel cadre, elle me proposait l'équivalent féminin : « Imaginez un article qui comporterait les mots suivants : “…une publicité pour un parfum, qui représente une femme nue, à la vulve bien visible" : vous seriez à juste titre choquée, comme je l'ai été en vous lisant. »

C'est mal me connaître. Pourquoi le mot propre me choquerait-il ? Ellc ajoutait cette mise en garde : « Attention à un vocabulaire qui n'a rien de féminin, car le vocabulaire lui aussi a un genre. » Curieuse conception du genre ! Sur ma demande, elle précisa : « J'aurais préféré le neutre "sexe". » Comme s'il était plus « féminin », donc plus convenable, de tourner autour du pot ! Comme si seuls les hommes ou les médecins pouvaient appeler un chat un chat et un sexe masculin une verge ! Entre « le kiki à l'air[17] », expression familière que Bernard Tapie employa à la télévision sur ce même sujet, et « le sexe découvert » qu'aurait préféré ma correspondante, « la verge en évidence » était selon moi une expression simple et efficace.

C'est là un débat entre adultes qu'on suppose averties des réalités de la sexualité humaine. Chez des enfants, l'ignorance peut être grave, car des mots imprécis risquent de compliquer la communication : ainsi, une fillette victime d'un exhibitionniste raconte qu'un monsieur lui « a montré une carotte » ; un garçon ayant subi une sodomie (une pénétration dans l'anus, le « trou » entre les fesses) peut seulement expliquer qu'on lui a « fait des choses par-derrière ».

Nommer, c'est faire exister

Les enfants apprennent les mots oreille ou genou ; pourquoi pas vulve ou verge ? Bien avant le temps des gestes de la sexualité à deux, il leur serait utile de connaître les mots du sexe ; dès le plus jeune âge, ils devraient entendre au moins le nom exact de leurs propres organes sexuels. Ceux qui ne savent pas les distinguer en les appelant par leur nom ont parfois peur de les toucher, et ils ont du mal à les identifier comme des réalités faisant partie d'eux-mêmes.

Si l'information juste vient trop tard, il faut parfois désapprendre, pour se délivrer d'une mauvaise éducation, de mensonges ou de souvenirs pénibles liés à des violences, si fréquentes, subies dans l'enfance. Pour pouvoir prendre un nouveau départ, il faut alors renommer l'infantile zézette ou le vague entrejambe ; oser désigner avec précision ces parties dites « intimes », qui restent encore « honteuses » pour trop de gens ; oser les nommer en comprenant ce qu'il y a sous l'étiquette du nom. Même si on préfère utiliser avec des personnes aimées des mots doux personnels, comme petite fleur ou petit oiseau, il est bon de parvenir à prononcer les mots propres : vulve, vagin, clitoris, verge (ou pénis), testicules, sperme, anus, etc. Cela donne le droit d'exister à des organes par lesquels passent des productions du corps, même si celles-ci peuvent dégoûter ou effrayer. Cela permet de mieux connaître ces endroits qui transmettent au cerveau plaisir ou douleur. Cela aide à se familiariser avec son propre corps, à le comprendre dans sa totalité et à le reconnaître dans ses détails.

S'exprimer sur ce sujet, c'est rendre public le privé, au risque de choquer. Alors que la sexualité humaine est partout le sujet d'innombrables plaisanteries, témoins de la gêne qu'elle provoque, il reste difficile, dans un pays riche, au XXIe siècle, d'en traiter simplement, avec des mots adéquats.

Dans le domaine sexuel, chaque mot, chaque expression a une origine, une histoire, une résonance particulière. Choisir d'employer l'un ou l'autre dépend du sexe, de l'âge, de l'éducation, de la culture, des circonstances. En outre, chaque couple se façonne peu à peu des codes intimes pour son usage personnel. Si beaucoup de trésors de la langue, préservés par l'écrit, sont parvenus jusqu'à nous, combien de trouvailles ont disparu avec les amants qui se les disaient !

C'est en parlant, en nous parlant l'un à l'autre, que nous pouvons mieux comprendre les émotions qui nous envahissent. Nous les enrichissons en leur donnant du sens par des mots. Pour cela, il faut oser dire et accepter d'entendre. Travailler à dissoudre la peur par la lumière de l'intelligence.

Oser parler de soi. Oser dire le plaisir. Oser être soi-même, un être de chair dont toutes les composantes peuvent être nommées et aimées. Aimées, tout d'abord, par nous-mêmes.

En cas de violence subie, il faut oser en parler, pour commencer à sortir de l'état de victime. Il faut travailler à surmonter la honte, car la parole libère.

CHAPITRE IV

« Et mes fesses, tu les aimes, mes fesses ? »

« Mon cul ! »

J'avais treize ans, c'était la fin de l'année scolaire. J'étais allée, seule pour la première fois, vendre mes livres de classe chez Gibert, boulevard Saint-Michel, à Paris. Il y avait foule, la chaleur était pénible. J'ai senti un homme, derrière moi, se presser contre mon corps, et appuyer quelque chose de dur entre mes fesses. J'ai été épouvantée. Je n'ai osé en parler à personne. J'avais peur, j'avais honte.

Cela s'est passé il y a plus de quarante ans, et cette terreur était restée murée en moi. Comme j'écrivais le mot fesses, le souvenir de cette violence a explosé dans ma mémoire. Je m'en délivre en l'écrivant.

Je suis rentrée à la maison, paniquée et bloquée. La catastrophe me paraissait certaine. Sans connaître le mot, sans rien savoir de la chose ni de son origine, j'étais convaincue qu'il m'était arrivé le pire pour une fille : être enceinte, autrement dit détruite pour toujours. Ridicule ? En écrivant cela, je retrouve au fond de moi la jeune fille en larmes qui a enfin le courage d'avouer. Avouer ? Révéler un secret plutôt, mais, comme la plupart des victimes en pareil cas, je m'étais refermée sur ma peur en me sentant coupable.

Depuis lors, j'ai entendu tant et tant de filles et de femmes se plaindre que, dans le métro, dans une foule, au cinéma, un homme les avait touchées, frôlées, tripotées, pincées, ou pire encore. Ceux qui en rigolent parlent de « main au cul », car ils prennent à la légère ce qui est pourtant une agression. Pas les femmes ! L'une d'elles m'a raconté, blême de rage, cette main moite fouillant entre ses cuisses, une autre se rappelait avec horreur les traces de sperme sur son manteau. Pour quelques-unes, très rares, qui ripostent aussitôt ou hurlent leur colère, combien n'osent exprimer leur réaction, paralysées comme je l'ai été trop longtemps par la crainte et par la honte !

J'avais treize ans. C'était la première fois qu'un homme touchait mon sexe, ou plutôt ce que je croyais être mon sexe. Ayant entendu des expressions comme « des histoires de cul » ou « elle a le feu au cul », et des commentaires égrillards sur un « joli petit cul » féminin, j'avais compris que les fesses des femmes faisaient partie de leur sexe. Je trouvais les miennes encombrantes, je n'aimais pas me mettre en short ni en maillot de bain, bref, j'étais une adolescente ordinaire, mal à l'aise avec un corps qui se transformait, et se sentant coupable de sa féminité.

Coupable ? « Mon cul[1] ! », aurait lancé Zazie, la fillette héroïne d'un roman célèbre de cette époque, expression qu'on complétait autour de moi par « … c'est pas du poulet ! ». Cette petite insolente est la sœur des Roms du film qui lancent des « Mange mon cul ! » à l'étranger malvenu. Leurs grossièretés s'inscrivent dans une tradition populaire : quand on n'a plus de mots pour signifier son mépris à des adversaires, on se retourne et, en signe de défi, on leur montre ses fesses nues. Rabelais en donne une plaisante description. Il s'agit d'une vieille femme qui prédit l'avenir ; prédiction faite, elle rentre dans sa maison : « sus le perron de la porte se recoursa, robbe, cotte et chemise jusqu'aux escelles [aisselles], et leur monstroit son cul[2] ». Dans *Germinal* de Zola, c'est aussi ce que fait la Maheude pour insulter les oppresseurs des pauvres.

Loin d'être effrontée comme cette Zazie si délurée, je n'osais même pas employer le mot fesses : je me limitais à « derrière », dont j'avais appris l'équivalent allemand, *Hintere*, ainsi que le mot familier *Po*. En anglais, on dit aussi *backside*, et on emploie des images comme *bottom*, qui signifie fond, bas, ou *fundament* (fondement)*. En italien, *culo* est aussi grossier que cul, *sedere* équivaut à siège, et le mot courant enfantin est *popo*. Autour de moi, on parlait du popotin des enfants, ou de leur « petite lune », à cause de la forme ronde. « Gare à vos miches ! » criait mon père quand nous, les enfants, faisions trop de bruit : miche était le nom du gros pain de campagne tout rond.

« Il est très tralala, mon petit tralala », chantait Suzy Delair dans *Quai des orfèvres*, film d'Henri-Georges Clouzot (1947). Pour nommer « l'endroit "ousque" le dos perd son nom[3] », comme disent les enfants de *La Guerre des boutons*, les mots corrects des adultes manquaient de précision : « bas du dos », « parties charnues » (avec beaucoup de chair), ou encore « postérieur », le mot savant pour désigner ce qui est derrière. D'autres étaient solennels : « fondement » (la base sur laquelle repose une construction), « siège » (par exemple, prendre un bain de siège), « séant » (s'asseoir sur son séant) ; ou techniques, comme « fessier », et j'entends encore la prof de gym crier : « Plus haut, mesdemoiselles, votre fessier ! »

Dans *Le Mépris* de Jean-Luc Godard (1963), la première scène montre Brigitte Bardot et Michel Piccoli sur un lit. Il est assis, habillé, un chapeau sur la tête, et lit un livre ; elle est allongée sur le ventre, nue. Elle lui demande : « Mes pieds [...], tu les aimes, mes pieds ? – Oui », répond-il distraitement. « Et mes

---

* *Fundament* signifie seulement fesses ; ne pas confondre avec *foundation*, fondation.

cuisses ? – Oui. » Elle passe ainsi tout son corps en revue, obtenant chaque fois un oui. La dernière question porte sur son visage, et le dernier oui la satisfait : « Alors, tu m'aimes totalement. »

« Tu les trouves jolies, mes fesses ? » avait-elle demandé. Dans un film d'auteur, en 1963, une femme n'aurait pas pu dire le gros mot « cul ». Dans la bouche des commentateurs, celui de la si belle BB devenait une « splendide chute de reins », un « arrière-train de rêve », une « croupe somptueuse ». « Callipyge telle Aphrodite », disait mon grand-oncle, et il me racontait que les Grecs qualifiaient Aphrodite, leur déesse de l'amour, de *callipugos*, c'est-à-dire « aux belles fesses ». Puis il me citait, l'œil malicieux, le vers de Corneille : « Et le désir s'accroît quand l'effet se recule[4] », où j'entendais avec confusion le gros mot fesses.

Fesses, cul, sexe

Fesses ou cul ? Fesses ou sexe ? Comment démêler l'un de l'autre ? J'avais entendu des hommes dire qu'une femme avait « le cul serré », ou était « coincée du cul », expressions dont j'ai compris le sens plus tard : la sexualité telle qu'ils l'entendaient ne l'attirait pas. Autre expression curieuse, avoir des couilles au cul, qui signifie avoir du courage : cul désigne la zone sexuelle, car les couilles (testicules) ne pendent pas aux fesses des hommes ! Enfin, si je demande à mon fils de ses nouvelles quand il n'a pas assez dormi après une « teuf d'enfer », sa réponse habituelle « J'ai la tête dans le cul » n'a rien à voir avec sa souplesse.

Anne-Marie Sohn, qui a étudié le vocabulaire populaire de la sexualité au XIXe siècle, cite des déclarations montrant la richesse du mot cul qui « signifie aussi bien le devant que le derrière », avec parfois une précision : « cul de devant » ou « cul de derrière »[5]. D'où peut-être cette expression curieuse de Michel

Tournier commentant ce qu'il voit dans *L'Origine du monde* de Courbet : « C'est un cas très rare d'une vision antérieure des fesses. Les fesses vues par-devant[6]. »

En Afrique francophone, on dit qu'une prostituée « boutique son cul ». En français, dire d'une passante qu'elle ondule ou qu'elle tortille « du gagne-pain » signifie que les femmes peuvent se procurer de l'argent en louant leur sexe, que « toutes les femmes, sauf ma mère », sont des « putes », ou peuvent le devenir. Une vieille amie m'a raconté l'insulte lancée vers 1960 par un conducteur parisien furieux de la voir garer sa voiture à la place qu'il guignait : « Pouffiasse ! Ta bagnole, tu l'as gagnée avec ton cul ! »

Comme leurs seins, les fesses des femmes sont ce que les biologistes appellent un « signal érotique » ou encore un « caractère sexuel secondaire ». Il semble prioritaire à bien des hommes, qui ne manquent ni de mots pour le qualifier ni de mains pour le tâter. Comme disait dans les années cinquante l'actrice Jayne Mansfield, dont l'ample poitrine était plus connue aux États-Unis que l'humour pourtant savoureux : « Les hommes sont d'étranges créatures, qui ont deux jambes et au moins huit bras. » Certains ont aussi des mots d'artiste : « J'adore les nanas qui écrivent 88 888 avec leur derrière en marchant[7]. »

Des seins et des fesses, soit quelques courbes, voilà à quoi se réduit la féminité pour certains, par exemple dans leur geste des mains arrondies dessinant un huit, ou dans l'expression « *tits and ass* » (des seins et des fesses), rendue célèbre par une chanson de la comédie musicale nord-américaine *Chorus Line**. Des rondeurs,

---

* Une candidate chante qu'elle échoue toujours faute de *tits and ass* et qu'elle va « en chercher », c'est-à-dire se faire injecter de la silicone pour augmenter le volume de ses seins et de ses fesses. Quand un homme dit la même phrase en argot : *I gonna get tits and ass*, cela signifie : « Je veux baiser. »

de la chair à plaisir, le plaisir des hommes, de leurs yeux et de leurs mains. « Le seul problème que l'on se pose », chante Claude Nougaro dans *Les Don Juan*, « c'est de séparer en deux parties / 55 kilos de chair rose / De 55 grammes de Nylon / C'est pas toujours un jeu d'enfants / Pour un Don Juan ».

De la viande bien ferme, comme celle d'une bête palpée et estimée par un maquignon. « Parlons femmes, proposait Marcel Aymé, [...] de cuisses, de fesses, de tétons, enfin, quoi, de choses qui existent vraiment[8] ! »

Et les hommes ? Et leurs rondeurs appétissantes ? Une croupe masculine, flattée par la main experte d'une acheteuse : inimaginable, pour un macho ! Ainsi, le mot pince-fesses, qui désignait autrefois un bal ou un dancing populaires, puis en langage familier une réception, ne s'entend que pour un seul sexe. Il ferait beau voir que des femmes osent pincer les fesses des hommes : c'est pourtant ce que faisaient de petits groupes féministes des années 1970, sur les boulevards, à Paris ou à Amsterdam !

Les fesses ne sont pas le sexe* ; le proverbe russe les distingue : « Il y a deux compléments à la dot, le con et le cul. » Pourtant, la fesse, au singulier, a bien ce sens, témoin l'explication d'un spécialiste, le truculent policier créé par Frédéric Dard (San-Antonio) ; Bérurier n'ose pas prononcer le mot sexe qui le « dégoûte un peu » : « Je préfère dire le cul ; ou la fesse quand j'me gêne des gens[9]. » D'autres, moins délicats, emploient souvent cul pour définir une femme – « un beau cul » ou « un petit cul » – ou pour exprimer avec force des actes liés au sexe, par exemple s'éclater le cul (jouir), ou casser le cul (violer).

Les fesses sont proches du sexe, et par elles passe le désir sexuel. Au XIXe siècle, dans l'Angleterre de la reine Victoria, il était choquant qu'un gentleman offrît

---

* L'expression « dormir à l'hôtel du cul tourné » signifie, pour une femme, se refuser à son mari.

sa chaise à une dame, car le siège pouvait avoir conservé un peu de la tiédeur de son… fondement ! Il devait lui en proposer une autre, garantie sans contact récent avec des fesses masculines. Cela se passait chez les gens de « la haute » il y a plus d'un siècle. Depuis 1979, l'obsession est la même dans un pays, l'Iran des mollahs et de l'hypocrisie sexuelle. Il est interdit à une femme de s'asseoir sur le siège qu'un homme vient de libérer ; la chaleur qu'y ont laissée ses fesses pourrait exciter la femme, même à travers le tissu épais de son tchador ! Exciter la femme, cela veut dire susciter son désir sexuel et peut-être déchaîner sa furie. Une expression d'aujourd'hui lie de manière plus crue les fesses et le sexe : « Elle a le cul dans les yeux », à propos d'une femme au regard ressenti comme provocant.

Trou

Dernier sens pour cul : c'est un gros mot pour désigner le trou de derrière, entre les fesses, dont le mot correct est l'anus ; encore un nom latin, c'est pourquoi le *s* se prononce, comme dans pelvis ou pubis.

Anus veut dire anneau et il a été choisi par les savants du Moyen Âge à cause de la forme ronde de cet « anneau de chair ». C'est dans le roman *Histoire d'O*[10] que je découvris cette dernière expression : l'héroïne y est désignée par la lettre O, dont la forme fascinante troue le texte à chaque page. Au contraire, le mot fesses n'apparaît qu'une fois ; l'auteur préfère le plus chic « travers des reins ». Quant à la pratique sexuelle, il faut lire entre les lignes, car ce n'est pas dans un tel livre qu'on rencontrerait de gros mots comme enculer, ni même son équivalent savant, sodomiser.

Anus : ce mot de médecin se traduit en langage de la rue par « trou du cul » ou « trou de balle ». Comme le mot con, cette autre ouverture du corps qu'est l'anus a été chargée de mépris, d'autant qu'elle sert au passage de matières souvent considérées comme répugnantes. D'où l'insulte « trou du cul », abrégé en « trouduc' », dont *Arschloch* est l'équivalent en allemand*, et *asshole* en anglais, ou encore *ass* (cul) tout seul, pour dire crétin, abruti**. De même, lèche-cul, en anglais *asskisser* (baiseur de cul), qualifie une personne cherchant à tout prix à se faire bien voir d'une autre qu'elle ressent comme supérieure. Ce ne sont que des mots, que des images, mais dans la réalité cela explique le dégoût de certains pour les pratiques mettant en jeu l'anus, ainsi que leur haine pour ceux qui sont réputés s'y livrer, par exemple des hommes homosexuels.

Comme l'œil est lui aussi de forme arrondie, on appelle l'anus en argot « œil de bronze », bronze à cause de la couleur marron des fèces ; de même, en anglais on dit *brown eye*. L'expression « se mettre (ou se fourrer) le doigt dans l'œil » est une façon de dire « se tromper » sans employer de gros mot, alors qu'il s'agit d'une allusion à la verge entrant dans l'anus. Au contraire, « tu me troues le cul » va droit au but, quand on veut dire « tu m'épates », tandis que « j'en reste sur le cul » exprime avec force l'étonnement.

Il est parfois difficile de démêler les divers sens du mot cul, et le sexe n'est jamais loin, avec une valeur positive ou négative selon celle que la personne donne

---

* C'est une insulte d'un usage aussi courant que con ou connard en français.

** Le journaliste Jean-Baptiste Harang explique dans *Libération* (20 août 2003) que *donkey* est le nom correct de l'âne, mais que son vrai nom est *ass*. « Comme en France, l'âne est un imbécile, mais en Angleterre le cul s'écrit *arse* et se prononce presque pareil, nous savons tous dire *arsehole*, "trou du cul". Non, non, je vous en prie. Mais les Américains, peut-être par confusion, disent *ass* (l'âne) pour dire cul et tout ce qui s'ensuit. » Il ajoute des exemples : *to chew somebody's ass*, engueuler quelqu'un (lui mâcher le cul) ; *to kiss somebody's ass*, lui lécher le cul (le baiser) ; *to work one's ass off*, travailler comme un âne (se casser le cul), et une insulte : *Stick it up your ass !* (Tu peux te la mettre au cul) !

au désir et au plaisir. Par exemple, que signifie « AC2Q » (assez de cul), graffiti que j'ai déchiffré en 2001 dans le métro parisien sur des affiches de publicité montrant une femme nue pour vendre n'importe quoi ? Quel cul ? La sexualité en général, qui semble à beaucoup trop visible ? Ou les fesses de femme trop souvent exhibées par des publicitaires, objection féministe ?

Consolée

Cul, qui vient d'un mot latin populaire signifiant fesses, n'est devenu un « gros mot » qu'au XVIIe siècle ; auparavant, il était couramment employé. Par exemple, Montaigne écrit : « [...] au plus élevé trône du monde, si [pourtant] ne sommes assis que sur notre cul[11]. » De même, en anglais, *arse* ou *ass*, dont l'origine est le mot grec signifiant queue, désignait les fesses jusqu'au XVIIe siècle, puis il a été jugé incorrect et remplacé par *buttocks*.

En américain, il s'est produit un chassé-croisé entre le sexe des femmes et leurs fesses. Pour éviter d'utiliser le mot *cunt* (con), devenu grossier, on a employé *arse* ou *ass*, tandis que le mot *fanny* suivait le chemin inverse : d'abord mot d'argot pour vulve, il est devenu un terme familier pour derrière, peut-être sous l'influence de *fundament* (fondement). De même, en français du Québec, on appelle couramment les fesses du nom enfantin de foufounes, qui au singulier désigne en France la vulve.

Le mot *fanny*, qui a toujours le sens de vulve pour les Anglais, vient sans doute du prénom de Fanny Hill, héroïne d'un scandaleux roman à succès du XVIIIe siècle[12]. On le retrouve en français dans « baiser Fanny », expression du jeu de boules qui signifie être capot, perdre la partie sans marquer un seul point ; à rapprocher d'une autre expression, employée aux cartes quand on ne remporte aucune levée : « baiser le cul de la vieille ».

Quarante ans ont passé depuis qu'un salaud sans visage m'a fait violence en imprimant son arme entre mes fesses. Il m'a fallu bien des tapes affectueuses sur mon arrière-boutique, bien des caresses amoureuses sur mon michier, pour que je finisse par me consoler de cette offense à mon valseur, tous ces mots étant employés par ceux qui aiment regarder bouger la croupière de dames de tous âges.

En France, dit-on, « tout finit par des chansons ». Voici donc une parodie gauchiste de *L'Internationale* qui met tout cul par-dessus tête – ce qui est aussi le sens originel du mot révolution : « Debout, les coincés du derrière, / Debout, les flippés de l'arrière-train ! […] » Refrain : « C'est la turlutt' finale, / Broutons-nous et demain […]* ! »

* Chant révolutionnaire, paroles originelles d'Eugène Pottier (1871) : « Debout, les damnés de la terre / Debout, les forçats de la faim […]. C'est la lutte finale, / Levons-nous et demain / L'Internationale sera le genre humain. » Cette parodie était chantée dans les années 1970 en France, dans les rangs gauchistes des manifestations de rue. (Information transmise par Isabelle Alonso.)

CHAPITRE V

Forêt ou fourrure

Sauvage ou domestiquée ?

Parmi les livres qui m'étaient interdits à l'adolescence, et dont la plupart sont aujourd'hui disponibles en collection de poche, figurait *L'Amant de lady Chatterley*[1], le scandaleux roman de David Herbert Lawrence (1928). Je ne me lassais pas de relire la scène où, avant une longue séparation, les amants – la dame du château et le garde-chasse roux – ornent leurs corps nus de fleurs. Chacun tresse les poils du pubis de l'autre avec des myosotis, dont le nom anglais est *forget-me-not* (ne m'oublie pas). L'héroïne détaille les « quatre espèces de poils » de son amant, ceux de la poitrine, les cheveux, la moustache, et ceux du bas qu'elle désigne ainsi : « Tes poils, ici, tes poils d'amour, sont un petit buisson d'or rouge. » Quant à lui, regardant « cette toison de doux poils bruns qui pendait en pointe entre les cuisses ouvertes », il nomme son amante « Dame de la toison brune ».

« Ta prairie / Ça sent bon / Fais-en don / Aux amis », chante Léo Ferré à sa *Jolie Môme*. Des mots comme touffe, gazon, pelouse sont courants dans plusieurs langues. Outre prairie, on trouve aussi buisson, *bush* en anglais, broussaille, mousse, et autrefois « verger de Cypris » (autre nom d'Aphrodite, la déesse grecque de l'amour), ou « bois sacré de Diane » (déesse romaine vierge et chasseresse) [2].

Les amants et surtout les écrivains emploient souvent des images liées à la végétation. Ainsi, le farouche « loup des steppes » du roman de Hermann Hesse raconte : « Je parcourais, ardent et avide, les sentiers et les taillis de son jardin[3]. » Cette nature étant sauvage ou domestiquée, on peut y voir une forêt vierge ou un parc taillé à la française, une cressonnière, un jardin botanique ou un delta amazonien.

Bien des artistes ont exprimé la richesse de ce lieu magique : ainsi, *L'Arbre de vie*, photo de Sam Haskins, montre une toison brune très dense et parsemée de fruits, avec un petit oiseau bleu posé à la limite supérieure des poils, tandis que le haut des cuisses est orné de jarretières fleuries. Dans *Le Retour des hirondelles*, Topor dessine la partie centrale d'un corps de femme, dont le pubis porte un arbre aux branches dénudées; au creux de deux branches, un nid abrite trois œufs, et un oiseau vole vers le nid.

Cette moisson d'images s'enracine dans une réalité matérielle : les poils du pubis poussent comme de la végétation; ils sont le plus souvent denses, courts et souples. Ils sont aussi doux au toucher, d'où un autre registre très utilisé, celui de la fourrure et des animaux. Ainsi, l'expression d'argot de prison « braqueur de fourrure » veut dire violeur.

L'un des mots les plus fréquemment employés, toison, désigne à l'origine le pelage laineux des moutons : il est sans doute lié à une légende de la mythologie grecque, celle du bélier dont Jason et ses compagnons les Argonautes allèrent chercher la toison d'or. Le surnom de lady Chatterley, « Dame de la toison brune », fait aussi penser aux chevaliers de la Toison d'or, un ordre de chevalerie fondé au XVe siècle. Le nom Chatterley lui-même, lu dans la traduction française, ne peut manquer de rappeler le mot chatte.

Quand la dame voit chez son amant roux un « buisson d'or rouge », n'est-ce pas une allusion au buisson ardent de la Bible, qui brûle sans être dévoré par le feu, et dans lequel Dieu apparut à Moïse pour lui indiquer sa mission[4] ?

Rares sont les textes dans lesquels on célèbre les « poils d'amour » des hommes. Comme pour les fesses, le contenu érotique des poils du pubis semble être propre aux femmes, tandis que les images végétales ou animales renforcent l'association traditionnelle de « la » femme avec la Nature.

En Suède, on parle de « barbe d'ours » ; en anglais, la barbe (*beard*) est un mot courant pour désigner le sexe féminin. On peut personnaliser le sexe féminin en l'appelant trésor à moustaches ou diablotin à crinière. Les moustaches ou la crinière sont liées à la tête ; des mots comme bouche et lèvres, communs au visage et à la vulve, renforcent le rapprochement entre ces deux parties du corps. Autrefois, pour désigner ces poils, on parlait en anglais de *quim-whiskers* (moustaches de con), ou de *quim-wig* (perruque de con).

L'espagnol *moqueta* ou le français moquette sont platement réalistes, de même que, dans plusieurs langues, les noms poilu, crépu (très frisé) ou velu (très poilu), pour désigner un pubis pourvu de poils abondants. Rabelais ose une image à double sens : son héros « escrivoit sus parchemin velu, avecques son gros guallimart [plumier][5] ». Citons aussi des expressions pittoresques : tablier de sapeur, ou de forgeron, ou encore des images de nourriture, telles la « choucroute » et surtout la « tarte aux poils » chères à Frédéric Dard. Celui-ci met dans la bouche de Bérurier l'affirmation, rarement exprimée chez les hommes, d'un goût pour la végétation féminine luxuriante, d'un appétit pour la fourrure foisonnante : « Faudrait qu'elle eusse beaucoup de poils, j'aime ! Moi, une vraie gonzesse, c't'avant tout la cressonnière. Quand j'la gloupe, c'est comme si j'mordrais dans une paillasse : faut qu'j'fisse les foins avant de trouver le bonheur[6]. » C'est une parole d'homme d'expérience, qui après l'amour laisse sa femme, la grosse Berthe, « le persil frisé par l'émotion »…

Qu'en est-il des débutants, des ignorants, aujourd'hui, dans des pays comme la France où l'information sur la sexualité est très insuffisante ? Les adolescents, même ceux qui croient en savoir assez parce qu'ils ont regardé des images pornographiques, sont surpris quand ils découvrent la réalité unique d'une vulve et notamment de ses poils. C'est ainsi qu'un jeune homme se demande si sa copine est malade, « parce qu'elle a des poils, alors que dans les films les chattes sont lisses[7] ».

Selon leur histoire, leur préparation psychologique ou les circonstances, les réactions d'hommes s'échelonnent de l'émerveillement à la répulsion. De cette dernière, bien plus répandue, on a de nombreux témoignages datant des XIXe et XXe siècles : ainsi, un Ukrainien anonyme, auteur d'une autobiographie érotique, écrit que, la première fois, il n'a ressenti qu'un « intense dégoût devant cette chose velue et gluante, cette verrue poilue ; bref, à tout prendre, une maladie de peau[8] ».

L'écrivain Cavanna raconte que, avant la première fois, il savait seulement « que c'était poilu, fendu et que ça sentait la crevette » ; ce qui l'étonna le plus fut « le contraste entre la douceur du corps féminin et la sauvagerie de son sexe »[9]. Sauvage ? C'est ainsi qu'apparaît à bien des hommes le sexe féminin poilu, et ils donnent souvent à ce mot un contenu brutal et grossier. Le qualifier ainsi est une autre façon de l'associer à la Nature : la « sauvagerie » de son sexe la rapproche-t-elle d'une plante qui pousse naturellement, sans être cultivée, ou d'une femelle animale en liberté, non encore domestiquée ?

Être à poil, selon l'expression populaire, à oilpé comme disent mes enfants en verlan, argot qui inverse les syllabes, c'est être sans vêtements, les poils du corps visibles. Ces poils témoignent de la part animale chez l'être humain. Ils correspondent au pelage, l'ensemble des poils, chez les autres mammifères dont la peau tout entière est ainsi couverte et protégée. Ils sont issus de chaque pore de la peau, excepté sur la bouche, la paume des mains et la plante des pieds. Avec l'évolution de l'espèce humaine, ils sont devenus plus fins, sauf ceux de la tête – cheveux, cils et sourcils –, auxquels s'ajoute la barbe chez l'homme adulte ; à partir de la puberté, pour les adolescents des deux sexes, les poils des aisselles (sous les bras), ainsi que ceux du pubis, deviennent plus épais, plus longs et donc visibles.

Pubis, mot importé du latin, désigne depuis le XVIIIe siècle cette partie du bas du ventre. Il vient du mot *pubes* qui signifie poil et qui a donné aussi puberté. C'est dire l'importance de ces poils, puisque leur apparition donne son nom à cette période marquante de la vie, où les filles ont leurs premières règles (du sang s'écoule tous les mois de leur vagin), et où la voix mue chez les garçons. Devenir pubère, c'est-à-dire devenir un jeune homme ou une jeune fille, c'est, au sens originel, avoir désormais des poils visibles dans la zone sexuelle ; d'où une expression familière désignant les organes sexuels : « quelque chose avec du poil autour ».

Ces poils, de même que ceux des aisselles, ont pour principal intérêt, selon les biologistes, d'augmenter la surface destinée à recevoir des substances qui produisent l'odeur intime du corps. Elles sont un élément de plaisir et d'excitation sexuelle. Pourtant, la publicité pousse à raser ces poils et à masquer ces odeurs si personnelles avec des déodorants sans originalité.

En français, on distingue les cheveux de la tête et les poils du corps, et de même en italien (*capello* et *pelo*), tous ces noms venant du même mot latin. Au contraire, ces deux sortes de poils sont confondues dans l'allemand *Haar*, l'anglais *hair*, l'espagnol *pelo* ou le russe *volos*. En français, la séparation en deux mots a entraîné une différence de sens : tandis que cheveu bénéficie du prestige de la tête, poil, qui renvoie au corps dans son animalité, est chargé de mépris pour la chair. Les mêmes personnes qui voient dans une chevelure abondante un signe de force et de richesse peuvent juger « vulgaire » un homme « poilu comme un singe ».

L'attribution d'une valeur positive au poil masculin, sur la poitrine et sur le visage, a longtemps nourri un triple préjugé. Argument raciste, il a servi aux Blancs à affirmer leur supériorité sur les Noirs, plus encore sur les Jaunes et sur les Indiens d'Amérique, dont les poils sont rares. Sur plusieurs de ses autoportraits, la peintre mexicaine Frida Kahlo (1907-1954) s'est représentée avec une moustache, car son mari Diego Rivera appréciait, racontait-elle, ce signe visible de ses origines hispaniques et non indigènes. Pour lui plaire, elle avait donc cessé de s'épiler la lèvre supérieure[10].

Le poil masculin a aussi favorisé le mépris qu'éprouvaient les hommes ayant « du poil au menton » pour les blancs-becs, c'est-à-dire les jeunes gens sans barbe ni expérience, tel Rimbaud, « ribaud imberbe[11] » selon le vers de Verlaine.

Il justifie enfin le principe, toujours actuel, de la domination masculine, ainsi énoncé par Molière : « Du côté de la barbe est la toute-puissance[12]. » Trois siècles plus tard, des publicités pour des lotions après-rasage valorisent la barbe dure, propre aux « vrais hommes ». À la télévision, de mâles vedettes exhibent leur attribut de loup de mer, ou de rebelle, soigneusement entretenu à la longueur de quatre jours, celle qui pique le plus. Au printemps, on voit dépasser de chemises entrouvertes, ou de maillots de corps, des touffes évocatrices ; l'été, c'est la parade sur les plages du Midi de torses couverts de moquette noire, spécialité et fierté méditerranéennes justifiées par le dicton : « Plus il est poilu, plus il est couillu. » À quoi la sagesse normande réplique : « Avec deux poils sur la poitrine, il se prend déjà pour un ours[13]. »

Les Grecs avaient plus de mesure : sur les statues montrant leur idéal de beauté masculine figurent des cheveux et des poils ordonnés en boucles sages. Un excès de poils était pour eux la manifestation d'une sauvagerie animale : ils représentaient Pan, le dieu lubrique, violeur de nymphes, et ses compagnons les satyres, avec des cornes, des pieds de bouc et des jambes couvertes de longs poils.

Inversement, la rareté ou l'absence de poils sur le corps peuvent être interprétées comme une preuve de la priorité donnée au cerveau : ainsi, Marcello Mastroianni raconte que, lors du tournage de *Huit et demi*, Fellini lui fit épiler le torse pour lui donner un air « plus intellectuel »[14].

« Poil au nez ! », « poil aux dents ! », etc. : ces cris de potaches ne sont plus aujourd'hui que des ponctuations qui viennent rythmer en sourdine un cours de chimie – « poil au zizi ! », grâce à une rime bienvenue – « poil au cul ! ». Qui connaît leur sens originel ? Au XIXe siècle, avoir du poil au cul, ou aux couilles, c'était être un homme plein de force et de bravoure. Les gens que ces gros mots choquaient parlaient de poil au cœur (mot commençant par la même lettre), ou même de poil aux yeux ! À cette époque, le mot poilu, au sens figuré, signifiait courageux. C'est pourquoi les combattants de la guerre de 1914 ont été surnommés des poilus, et non parce qu'ils étaient mal rasés, même si c'était sans doute aussi le cas !

Enlever les poils du corps

Je me souviens d'un choc, lors de mon premier accouchement : sans ménagement, on me rasa le pubis, pour des raisons d'hygiène qu'on ne se donna pas la peine de m'expliquer. Beaucoup de femmes ont vécu cette expérience ; à l'une d'elles, on a même annoncé qu'on allait lui « faire la barbe » !

Cela m'a semblé froid, brutal, humiliant. Je me suis sentie dépouillée, atteinte dans ma féminité ; de même, un homme qui devient chauve peut se sentir diminué dans sa virilité. Je me suis rappelé ma tante religieuse dont on avait rasé la tête lors de la prise d'habit. J'ai pensé qu'on me privait de ma féminité pour me faire entrer dans le couvent de la maternité.

Les poils du corps, et en particulier ceux du pubis, sont lourds de sens. Celui-ci dépend de la relation qui existe dans chaque culture, et aussi pour chaque personne, entre animalité et humanité, entre féminité et masculinité. On peut enlever tout ou partie de ces poils en les coupant régulièrement au ras de la peau, par rasage, ou en les arrachant avec la racine, par épilation, ce qui est plus douloureux et plus durable. Ce choix peut sembler banal dans notre société qui le réduit à une affaire de mode ou d'hygiène. Pourtant, il ne relève pas seulement d'une décision personnelle : garder ou non ses poils pubiens est aussi une manière d'inscrire dans l'intimité de son corps, au plus près de son sexe, le respect d'une tradition.

Tel est le cas des musulmans pratiquants. L'Algérienne Fadela M'Rabet raconte que, dans son enfance, « les entremetteuses faisaient leur choix » au hammam. « Même nues, elles repéraient aussitôt les filles à marier : leur pubis n'était pas rasé[15]. »

Dans l'islam, le visage est considéré comme l'œuvre de Dieu. Les hommes portent la barbe, qui représente leur soumission à Dieu, comme le voile pour les femmes. Ce qui est caché sous les vêtements est le domaine du diable, qui pourrait se dissimuler dans les poils des aisselles ou du pubis. La tradition prescrit donc aux adultes des deux sexes de les raser, et on utilise des pâtes épilatoires, à base de cendres, de savon, de chaux et de rassoul (pâte d'argile). Pourtant, dans les années cinquante, des Marocaines prostituées avaient cessé de se raser, rapporte l'historienne Christelle Taraud, « pour répondre aux demandes d'une nouvelle clientèle[16] ».

Dans la Chine classique, le goût érotique allait au glabre (sans poils), comme en témoigne ce passage du *Jing Pin Mei*, roman chinois du XVIIIe siècle, où un homme regarde une femme nue : il « se mit à caresser et contempler la partie au-dessus de la porte de sa vallée : pas le moindre duvet ! La chose apparaissait d'une blancheur odorante, tendue comme un tambour et pourtant pleine de douceur, crêpée de rougeur, mais ferme et rebondie : objet entre tous adorable et désirable[17] ».

L'Occident chrétien a longtemps condamné comme un péché le fait de s'épiler le corps, ou d'en modifier une partie, en se faisant percer les oreilles par exemple, car cela aurait remanié l'œuvre du Créateur. Les interdictions faites aux barbiers du Moyen Âge montrent pourtant que la pratique du rasage du corps était répandue aux étuves (bains publics). Dans une liste plaisante, Rabelais mentionne un « barbier de maujoinct[18] » (un des noms du sexe féminin).

C'est seulement à partir des années 1950 que le rasage des aisselles féminines s'est répandu en Occident dans les classes moyennes. On dispose de peu de témoignages en images du siècle précédent, car les conventions interdisaient de représenter des poils de femmes, à de rares exceptions près, comme la *Baigneuse endormie près d'une source* (1850), où le peintre Chassériau donne à voir une aisselle poilue de son amante Alice Ozy. On peut supposer que cette pratique a accompagné le port de robes du soir sans manches ; Vladimir Nabokov, dans un roman qui se passe à Berlin en 1928, décrit son jeune héros regardant une riche bourgeoise ainsi vêtue : lui qui n'avait sans doute observé que des femmes du peuple « fut stupéfait de voir que ses aisselles étaient aussi lisses et blanches que celles d'une statue[19] ».

Les prêtres de l'Égypte ancienne devaient avoir le corps et la tête entièrement rasés, et cette pratique correspondait à une purification. Et Tarzan ? Quel est le sens de sa poitrine sans poils dans les premiers films[20] de la série tournée à Hollywood à partir de 1932 ? Le code Hays, alors en vigueur dans le cinéma, imposait une autocensure en matière de nudité et de sexualité, avec une consigne stricte pour les poils, dont aucun ne devait être visible à l'écran. Le rôle de Tarzan, l'homme-singe vivant dans la jungle, était joué par Johnny Weissmuller, champion olympique de natation. Son corps lisse, à peine vêtu de peaux de bête, donnait-il l'illusion d'un personnage proche de la nature ? Il était plutôt celui d'un sportif au torse épilé. Les nageurs de compétition, en effet, suppriment tout ce qui pourrait ralentir leur course. De même, les culturistes au corps luisant d'huile s'épilent le corps, et les coureurs cyclistes se rasent les jambes, par précaution en cas de blessure.

Au-delà de ces raisons pratiques, au-delà de l'argument esthétique souvent avancé par ceux auxquels déplaisent ces témoins de notre animalité, n'y a-t-il pas un autre sens ? Des sportifs célèbres, êtres de légende aux muscles bien visibles, aux prouesses étalonnées, n'ont pas besoin de prouver par un signe supplémentaire qu'ils sont de « vrais » hommes. À l'instant du triomphe, ces « dieux du stade » semblent échapper à la condition humaine. Sur le podium, leur corps splendide fait penser au marbre lisse d'une statue grecque plutôt qu'à un homme réel et donc poilu.

Si les poils du corps et du visage sont souvent vus

comme une affirmation de virilité chez les hommes ordinaires, les Occidentales soucieuses d'élégance doivent, pour se conformer aux canons d'aujourd'hui, s'épiler. Quelques poils sur la lèvre supérieure, chez une femme de tempérament autoritaire, en font un grenadier moustachu ! De même, les sourcils en broussaille sont réservés aux hommes, tandis que la pince à épiler est un accessoire indispensable à la panoplie de la féminité.

Pour quelques féministes, montrer des aisselles non rasées est une façon de manifester leur résistance aux modèles imposés : ainsi, Paula Cole, chanteuse nord-américaine, protesta contre la censure du magazine *Entertainment Weekly* qui avait publié, avec une interview d'elle, une photo où les poils de ses aisselles avaient été effacés. Elle exigea la publication de la photo authentique en revendiquant son droit d'être elle-même[21]. Il est rare que des femmes connues se montrent en public avec des aisselles touffues. C'est pourquoi le magazine français *Elle* s'étonnait en juillet 1999, photos à l'appui, d'une « révolution » à Hollywood : deux stars, Julia Roberts et Mila Jovovitch, affichaient des poils, de vrais poils bruns, sous les bras !

Sylvie Pialat, veuve du cinéaste Maurice Pialat, raconte un dialogue qu'elle eut avec le producteur Daniel Toscan du Plantier : « Sylvie, vous pouvez me dire pourquoi les femmes ont cette horrible peau de poulet sous les bras ? – Mais parce que nous nous épilons, Daniel. – Il ne vous est jamais venu à l'idée que nous pouvions aimer ça, les poils ? » Depuis, conclut-elle, « je ne m'épile plus sous les bras[22] ». Même son de cloche chez Cavanna (que je remercie chaleureusement) : « Le vent béni [...] leur léchait la sueur au bout des poils de dessous les bras – que les femmes se rasent, ô stupides, se privant, nous privant de tant de bonheurs[23] ! » Combien d'encouragements masculins faudra-t-il encore pour que les femmes fassent la paix avec leurs « toiles d'araignée » ?

Quant aux jambes, la honte que beaucoup y attachent pourrait expliquer la part croissante dans l'habillement des Occidentales, depuis trente ans, de pantalons ou de collants opaques qui cachent le problème. S'y ajoutent des jugements racistes sur le caractère « vulgaire » des poils visibles, par exemple le mépris de certaines Britanniques blondes pour les mollets poilus des « catholiques », c'est-à-dire des femmes du sud de l'Europe. D'où le nom d'une partie du corps féminin, qui figure au programme des cabines d'esthétique, la demi-jambe, qui va de la cheville au haut du genou.

L'été dévêtu ramène au premier plan, dans les magazines féminins, outre le drame existentiel du « poil aux pattes », l'ardente obligation de « l'épilation maillot ». Arracher ce qui dépasse d'un morceau de tissu qui rétrécit d'année en année, ou braver le ridicule de moustaches disgracieuses en haut des cuisses : tel est le dilemme de femmes et de filles ayant assez confiance en elles pour affronter en maillot de bain le regard des autres, à la plage ou à la piscine.

Comme le chante Anne Sylvestre, « Je suis la fleur tendre et fragile / Ouvrant sa corolle au matin / À condition que je m'épile / Mais ça repousse et c'est vilain[24] ». En anglais, il n'y a pas de mot simple pour traduire le français épiler, ou l'allemand *enthaaren* : on emploie l'expression *to remove superfluous hair*, enlever les poils superflus. Ce mot, utilisé dans les publicités pour produits dépilatoires, est étrange. Qualifier une partie des poils de superflus ou de disgracieux sous-entend que d'autres sont nécessaires ou tolérables. Disgracieux est un mot élégant pour dire laid, populaire, sale, pauvre, moche, pas soigné, animal, bref vulgaire !

Tout est fait pour contraindre les femmes à voir dans leurs poils un signe d'animalité à mépriser et à chasser. Un magazine français exprime ainsi en 2002 cette dictature de la « peau lisse » : « Un corps parfait commence par une épilation impeccable : jambes, aisselles, maillot[25]. » De même que le bout de tissu protège la pudeur des femmes, le mot maillot protège celle qu'on entretient chez les lectrices, pour qui le mot propre, pubis, reste un « gros mot ».

Guerre et paix sur les pubis

Que se passe-t-il sous le maillot des femmes ? C'est là que se cache ce qui est visible seulement par des personnes proches ou autorisées. Sinon, c'est sur le mode du furtif, du dérobé, de l'interdit. Au début du XXIe siècle, la décision d'une femme au sujet de sa forêt privée, de sa propre toison, est-elle libre, alors que la mode, influencée par la pornographie, impose de plus en plus l'épilation dite « intime » ?

Quel changement en un siècle ! Ce qu'on voit sur les photographies et les cartes postales pornographiques de la fin du XIXe siècle, ou encore sur le tableau *L'Origine du monde*, ce sont des triangles de poils, des toisons non domestiquées, qui contrastent avec les blancs mystérieux des peintures de femmes nues de la même époque. Blanc contre noir, femme « bien » dépourvue de sexe contre femme « de mauvaise vie » au bas-ventre poilu : l'époque se prêtait à ces oppositions simplistes. Autre exemple, au temps où la censure n'existait pas encore au cinéma (elle date de 1914), l'un des premiers films publicitaires français, en 1904, vantait la « souplesse » et la « fermeté » des pâtes Paul, avec cet argument frappant, surgissant d'un flot de spaghettis : une femme nue au corps lui aussi « souple et ferme », dont on distingue nettement à l'entrejambe les abondants poils bruns*.

---

* Anne Saint-Dreux, de la Maison de la publicité, à Paris, a réalisé un montage sur la publicité sexiste dans lequel figure ce film.

Un changement décisif s'opéra aux États-Unis avec « la guerre des pubis », que se livraient deux magazines pour grand public masculin ayant établi leur réputation sur leurs photos de femmes nues. *Playboy*, lancé par Hugh Hefner en 1955, avait renouvelé l'image de la pin-up des années quarante, mais ses modèles, les *Playmates* (compagnes de jeux), présentées comme *the girl next door* (la fille d'à côté), posaient le pubis caché. Au contraire, *Penthouse* innova à partir de 1969 : il fit scandale en osant montrer les poils pubiens. En réaction, Hefner se décida à dévoiler davantage ses modèles. C'est de cette époque que date la multiplication aux États-Unis des images de nudité « frontale », selon l'expression anglaise *full frontal view* (vue frontale complète).

L'évolution dans ce domaine est toute récente au Japon, où la représentation des poils a fait l'objet d'un tabou jusqu'à la fin du XXe siècle. Même si violence et pornographie abondent dans les bandes dessinées, des bataillons de censeurs se sont longtemps employés à badigeonner de blanc, dans les articles d'importation, les zones litigieuses. Dans les pays occidentaux, la pornographie, qui grâce à la vidéo a connu un développement massif depuis vingt ans, a peu à peu imposé des normes en matière d'épilation pubienne féminine. Les bandes dessinées dites érotiques se conforment aussi à cette norme[26]. On observe un processus déjà constaté pour d'autres pratiques de cet ordre, comme les bas noirs, le maquillage ou la fellation (pipe, en français courant) : les femmes « bien » imitent les autres, les « créatures » sexy, qui excitent les hommes.

Les jeunes filles commencent tôt, à une époque de la vie où on se cherche et où le corps est souvent un domaine d'expérimentation. Un témoignage est fourni par un document qui a fait scandale en mars 2002 et qui a valu à ses auteurs d'être renvoyés. Il s'agit de *Ravaillac*, journal édité par des élèves du prestigieux lycée parisien Henri-IV. Le numéro 2, intitulé « Du cul, du cul, du cul », contient d'intéressants articles sur la sexualité. Sa couverture présente une photo de cinq des rédacteurs, nus, qui se cachent les yeux de leurs mains, ce qui permet de constater que seules les aisselles féminines sont rasées. Sur la zone des organes sexuels, est collée une bande de papier amovible. En la soulevant, j'ai vu que l'une des jeunes filles avait une toison en partie épilée, l'autre apparemment non, et aucun des jeunes garçons[27].

Une femme peut changer d'avis et d'apparence intime selon les saisons ou les humeurs, ou pour faire plaisir à la personne aimée. S'occuper de cette zone de son corps relève de l'apprentissage de soi, et les féministes nord-américaines des années 1970 y invitaient. « J'ai passé une bonne partie de ma vie d'adulte, regrette l'une d'elles, à m'occuper de mon visage et de ma coiffure pendant que le reste de mon corps restait inexploré[28]. »

La mode et le commerce ont vite récupéré le phénomène de l'épilation partielle, plus rarement totale, du pubis. Des noms évocateurs circulent : ainsi, le « ticket de métro » (à Paris, ce bout de carton a une bande sombre au milieu) ne laisse qu'une étroite bande de poils le long des lèvres ; pour le « mohican », on conserve seulement un petit rectangle de poils au-dessus des grandes lèvres.

Certaines femmes choisissent de représenter des motifs, par exemple en ne gardant qu'un petit triangle au-dessus de la vulve, telle une flèche indiquant aux ignorants l'emplacement de l'organe capital qu'est le clitoris. D'autres se font teindre ces poils en roux, en noir ou dans des couleurs plus fantaisistes. Beaucoup de femmes cherchent à faire sensation à l'occasion d'une fête intime, ou d'une nouvelle rencontre, en se disant, comme Molly Bloom, dans le long monologue sans ponctuation qui termine *Ulysse* : « Je vais couper tout ce poil-là ça m'échaude je pourrais avoir l'air d'une toute jeune fille quel épatement pour lui la prochaine fois qu'il retrousserait mes jupes je donnerais quelque chose pour voir sa tête[29]. »

Enlever ou faire enlever tous les poils de son pubis, c'est se débarrasser de traces d'animalité. Le faire à une personne non volontaire relève d'autres fantasmes, par exemple chez les amateurs de ce qu'on appelle aux États-Unis *smoothie* (du mot *smooth* qui signifie lisse). Quant à ceux qui s'attaquent à des enfants, on a observé que les femmes poilues leur font peur ; ils disent eux-mêmes que seuls des fillettes ou des garçonnets sans poils excitent leur désir*. Enfin, c'est la volonté d'humilier qui domine dans les scènes de cruauté, au cinéma et aussi dans la réalité : à l'arrivée au camp d'extermination d'Auschwitz, les déportés avaient la tête et le corps entièrement rasés[30].

Dans la majorité des films pornographiques, ni les actrices ni les acteurs n'ont de poils dans cette zone, ou alors il ne reste chez les femmes qu'une étroite bande de poils au milieu, ce qui accentue l'effet optique d'étroitesse. Placés en pleine lumière et filmés en gros plan, les organes sexuels sont donnés à voir de manière crue et violente. L'opération du rasage chez la femme est souvent montrée. Certains publicitaires puisant leur inspiration dans des thèmes de la pornographie, on a pu voir des affiches avec une géante et un homme minuscule passant sur le pubis de celle-ci… une tondeuse à gazon[31] !

Ce rasage correspond à un fantasme masculin : c'est pourquoi des hommes demandent à leur compagne de le faire sous leurs yeux, ou prennent plaisir à le pratiquer sur elle. Des criminels sexuels s'y

* Témoignage au procès d'un criminel sexuel sur enfants devant la cour d'assises de Seine-et-Marne : il n'avait qu'une cible, « les moins de quinze ans prépubères. Dès qu'ils présentent le moindre signe de pilosité, il ne s'en occupe plus » (*Libération*, 6 septembre 2002).

livrent aussi : ainsi, lors du procès de Patrice Alègre, en 2002, on a pu établir qu'il avait rasé le pubis de l'une de ses victimes avant de la violer et de la tuer[32].

On peut préférer un pubis féminin entièrement rasé pour se procurer une impression plus forte en touchant directement la peau. On peut estimer que c'est pur et joli, comme un abricot à la peau recouverte de duvet. Une femme se donne ainsi l'aspect d'une petite fille provocante, ou d'une ingénue perverse. Cela relève du domaine privé, du choix personnel de chacune, ou des relations dans le couple.

En Occident, où le pouvoir de la mode remplace souvent celui de la religion, des publicitaires s'autorisent à exhiber l'intime, en prétextant que c'est pour une bonne cause. Ainsi, une affiche britannique de 1998 contre la fourrure, financée par le Fonds international pour la protection animale, montre une femme nue, debout, jambes écartées, le pubis couvert d'une masse de longs poils noirs, et ce slogan : « La seule fourrure que je n'aie pas honte de porter* »... San-Antonio offrait un argument meilleur encore : « Les femmes se parent de la fourrure des animaux pour plaire aux hommes qui préfèrent la leur[33]. »

---

* *The only fur I'm not ashamed to wear*. La femme qui posait était la marquise Ripa di Meano.

CHAPITRE VI

Vulve, « bouche herbue »

Précis ou vague

« Et mon…, tu l'aimes, mon… ? » Si cette question avait pu être posée dans un film de 1963, comment la femme que joue Brigitte Bardot aurait-elle désigné son sexe ? Elle n'aurait pas pu le faire avec précision, parce que « ça » reste innommable et innommé pour beaucoup de gens – c'est le « comment a nom[1] ? » de Rabelais –, parce que « ça » semble parfois aussi honteux à nommer qu'à montrer.

Jamais elle n'aurait utilisé les mots propres : vulve pour l'extérieur, vagin pour l'intérieur, sexe pour l'ensemble. Dans un dialogue de cinéma de cette époque, con aurait été tout aussi impossible que cul, et chatte, minou, moule ou foufoune trop familiers. Au contraire, ces noms sont typiques de la pornographie ; par exemple, dans les titres de films des années 1970, les « minous en folie » et les « minettes en chaleur » alternaient avec les « trous » et les « petites culottes ».

Ce qu'il y a sous les jupes (ou sous les pantalons) des filles, ce qui se cache entre les jambes des femmes, sous les poils, s'appelle en français la vulve. De nos jours, ce mot désigne l'ensemble des organes sexuels externes des femmes et des autres femelles mammifères. Il vient du latin *vulva*, et il a été employé par écrit à partir du XIVe siècle. En espagnol et en italien, en anglais et en allemand, et aussi en russe, c'est le même mot *vulva*. Pendant des siècles, on lui a préféré des expressions moins précises du latin des médecins, comme *pudendum muliebre*, pudeur féminine. En grec ancien, il semble qu'il n'y avait pas de mot précis, et on parlait de *oïdia*, parties honteuses.

Aujourd'hui, le mot vulve n'est pas encore employé de manière équivalente à l'organe masculin. Témoin ce passage d'un livre destiné au grand public et publié en 2002 ; dans le paragraphe intitulé « Une petite différence à la naissance », l'auteur explique : « Quand un bébé naît, on sait immédiatement si c'est un garçon ou une fille : le garçon a un pénis et la fille n'en a pas. Pour autant, la fille a un sexe, appelé vulve[2]. » Elle aurait pu écrire, plus simplement : « La fille a une vulve, et le garçon un pénis. »

Pourquoi une fille est-elle d'abord définie comme n'ayant pas de pénis ? Celui-ci est souvent un motif d'orgueil, tandis que la vulve reste liée à la honte. Certes, le sexe des femmes n'est pas aussi saillant que celui des hommes, mais pourquoi faire comme si elles n'en avaient pas du tout ? Est-ce pour éviter de leur reconnaître une sexualité autonome ? Même les mots leur sont interdits : si elles parlent de ces sujets, elles sont vite taxées d'obscénité.

Dans la réalité, le sexe féminin reste mystérieux, et ses parties sont mal connues. Alors qu'il suffit à un homme nu de pencher la tête pour voir sa verge, une femme ne peut pas regarder sa vulve aussi facilement. Elle n'a donc pas la même relation avec son sexe, et sans doute son imagination compte-t-elle davantage dans la façon dont elle se le représente.

Autrefois, vulve pouvait avoir un sens plus général, englobant aussi la matrice, que nous limitons aujourd'hui à l'intérieur du corps, mais qui a eu aussi le sens de vagin. Les noms actuels des organes, avec leurs parties bien différenciées, n'ont été précisés qu'à partir du XVIIe siècle. Jusqu'alors, comme l'explique l'historien Thomas Laqueur, on voyait l'appareil féminin comme l'inverse du masculin : ce modèle dit du sexe unique, conçu dans l'Antiquité, domina la pensée et les représentations pendant deux mille ans[3]. Selon ce système, la femme serait un être imparfait et inférieur à l'homme. Ses organes sexuels seraient les mêmes, en creux et à l'intérieur du corps, que ceux de l'homme. Avec les noms d'aujourd'hui, cela se traduit ainsi : l'utérus correspondrait au scrotum (le sac de peau qui contient les testicules), les ovaires aux testicules, le vagin à la verge, et la vulve, avec ses replis, au prépuce (le repli de peau qui entoure le bout de la verge).

Autrefois, ils partageaient le même nom chez l'homme et chez la femme : le vagin était une verge femelle. De même, avant qu'ils fussent différenciés en testicules et ovaires, on parlait de testicules masculins ou féminins*. Le plus souvent cependant, on n'éprouvait pas le besoin de distinguer ni de nommer avec précision. On représentait la matrice avec une partie resserrée à l'extrémité, le col (actuel vagin) se terminant par une bouche qui correspond aux lèvres de la vulve.

Dans les mots familiers en usage aujourd'hui, on ne distingue pas non plus nettement : de même que cul désigne à la fois les fesses et le sexe, de même con, chatte ou minou peut, selon les circonstances, avoir le sens précis de vulve ou de vagin, ou le sens vague de sexe. La publicité cultive cette ambiguïté, en associant deux mots commençant par la lettre C : « Saint-Valentin : lui offrir votre cœur [4] » énonce une réclame pour sous-vêtements féminins dont l'image montre au premier plan des fesses de femme nues.

---

* C'est au XVIIe siècle qu'a été formé le mot savant ovaire, à partir du nom latin signifiant œuf.

Fascination et répulsion s'entremêlent chez les poètes : « Vulve – une cuve, une veuve, une louve[5] » (Michel Leiris) ; « Un poisson fendu du vagin / Une raie comme dans un Chardin*[6] » (Christian Prigent), et encore, chez Claude Simon : « cette bouche herbue cette chose au nom de bête[7]. »

La bouche est liée à la vulve, comme le montre, parmi d'innombrables exemples, *Le Viol*, tableau de Magritte (1934) représentant un visage où les yeux sont des seins, le nez un nombril et la bouche un triangle de poils. Cette représentation est ancienne : déjà, les statuettes de Baubô, datant de cinq siècles avant notre ère et découvertes en 1898 à Priène, en Asie Mineure, montraient un visage féminin surmontant des jambes, le menton se confondant avec la vulve, la robe relevée entourant l'ensemble comme une chevelure[8]. Les images de ce type montrent une femme percevant le monde avec ses mamelons, ses seins tendus vers l'extérieur, tandis qu'elle s'exprime avec sa vulve-bouche.

Baubô, personnage de la mythologie grecque, figure dans le premier *Faust* de Goethe, qui décrit la nuit de Walpurgis, avec « la vieille Baubo », chef des sorcières, chevauchant une truie. Elle a longtemps été négligée, et son importance est mieux perçue depuis une vingtaine d'années, grâce à une étude de l'ethnopsychiatre Georges Devereux qui a voulu revaloriser la vulve par rapport aux organes masculins[9].

Son histoire s'inscrit dans celle de Déméter, déesse grecque de la terre et de l'agriculture, qui devint folle de douleur quand sa fille Korè-Perséphone fut enlevée par le dieu des enfers. Sa tristesse empêchant la terre de porter des fruits, son deuil menaçait la survie

* Allusion à un tableau de Chardin (1728) représentant ce poisson, et aussi jeu de mots sur les deux sens de raie.

des hommes. Les dieux intervinrent, mais en vain. Errant désespérée à la recherche de sa fille, Déméter arriva sous un déguisement à Éleusis, où on lui donna l'hospitalité. La fille du roi, Iambé, essaya de la faire rire en lui récitant des vers obscènes. Baubô, la vieille nourrice, y parvint d'une manière surprenante : elle poussa des cris comme si elle allait accoucher, souleva sa robe et fit sortir d'entre ses jambes Iacchos, le propre fils de Déméter.

Le comportement de Iambé et de Baubô renvoie aux chants pendant les mystères d'Éleusis. Avec Déméter, ces personnages représentent les trois âges de la femme. Dans une autre version, on raconte que Baubô lança des obscénités, puis souleva sa robe et exhiba sa vulve ; la déesse éclata de rire.

Qu'il s'agisse de montrer l'enfant, ou l'organe par lequel les enfants viennent au monde, c'est la même façon, à la fois consolante et provocante, de distraire la femme en deuil, d'attirer son attention vers le désir et le plaisir, vers la possibilité de faire de nouveaux enfants pour l'aider à calmer sa peine. Manifester ainsi la puissance de la sexualité, n'est-ce pas affirmer que la vie, comme l'amour, est plus forte que la mort ?

Baubô parle avec sa vulve, elle rit avec son ventre de femme. Cela renvoie à ces plaisanteries que des femmes peuvent échanger entre elles, à cette obscénité qui permet parfois d'oublier ses soucis, qui stimule le désir, qui redonne goût à la vie. Quand ces histoires « cochonnes » les font rire aux éclats, elles montrent largement l'intérieur de leur bouche, en un rire sauvage qui part des profondeurs de leur ventre et qui libère des énergies.

Quand on montre ce qui ne doit pas l'être, c'est pour choquer, et parfois ce choc est salutaire. Montrer sa vulve, renvoyer au lieu d'où sont sortis tous les êtres humains (sauf dans les cas de césarienne), c'est une image forte de la fécondité, c'est une façon de faire voir « l'origine du monde », de lancer : « Regarde d'où tu viens ! » Dans un classique chinois du XVIIIe siècle, *Le Rêve dans le pavillon rouge*, une femme du peuple bat et injurie sa fille, et elle lui crie : « Toi qui m'es sortie du ventre par le con[10]. »

Pour Jean-Pierre Vernant, dans son livre sur la figure de la Gorgone, Baubô « revêt un double aspect : spectre nocturne, sorte d'ogresse, rapprochée comme Gorgô d'Hécate infernale, mais aussi vieille bonne femme dont les facéties joyeuses, les gestes indécents réussissent à rompre le jeûne de Déméter, endeuillée de sa fille, en provoquant l'éclat de rire de la déesse. [...] Ce que Baubô fait voir à Déméter est un sexe maquillé en visage, un visage en forme de sexe ; on pourrait dire : le sexe fait masque. En grimaçant, cette figure du sexe se fait éclat de rire, un éclat de rire auquel répond le rire de la déesse, comme à la grimace d'horreur qui fend le visage de Gorgô répond la terreur de qui la regarde[11] ».

Exhiber sa vulve peut avoir le sens d'une insulte, comme pour des fesses. C'est le cas de disputes entre femmes dans l'Algérie des années cinquante, que raconte Fadela M'Rabet : « À la fin, les deux pasionarias, que leurs injures, de plus en plus grossières, de plus en plus cruelles, avaient rendues hystériques, relevaient leurs jupes et montraient leur sexe, avant d'en venir aux mains[12]. »

Aimer le mot, aimer la chose

Vulve : un mot, cinq lettres. Un nom ni humain ni animal, ni beau ni laid, ni sale ni propre ; tout au plus peut-on le juger évocateur, avec ces deux V qu'on prononce en avançant les lèvres. Quant à la vulve dans sa réalité matérielle, Freud ou d'autres pionniers de l'étude de la sexualité, tel le Britannique Henry Havelock Ellis, l'ont jugée « laide », ce qui en disait long sur eux-mêmes. Loin de la neutralité scientifique, ils réagissaient en hommes de leur temps, à la fois fascinés et dégoûtés par le « mystère » féminin. À la fin d'une vie de recherches et de découvertes, Freud comparait la sexualité féminine à « un continent noir[13] », comme si la tache blanche des tableaux du XIXe siècle était devenue la masse noire d'un continent inconnu et menaçant.

Pour bien des hommes, la vulve reste une réalité aveuglante ou obscure, niée ou redoutée. « Les guenilles d'Edwarda, écrit Georges Bataille, me regardaient, velues et roses, pleines de vie comme une pieuvre répugnante[14]. » Seuls ceux qui parviennent à se libérer de préjugés sexistes ou de terreurs infantiles sont capables de voir dans toute sa beauté la vulve d'une femme aimée ou désirée, quels que soient son âge ou son état.

Dans la culture occidentale, aucune partie du corps n'a été à ce point crainte et méprisée. Au Moyen Âge, rappelle l'historien Jean-Claude Bologne, tout le bas du corps féminin était considéré comme vil, honteux, dégoûtant. « Le corps sexué du Moyen Âge est majoritairement dévalorisé, les pulsions et le désir charnel amplement réprimés[15] », analysent aussi Jacques Le Goff et Nicolas Truong.

Le tabou à l'égard de la vulve n'a pas disparu. De nos jours encore, comment une fille ou une femme qui se regarde « là » pourrait-elle se juger belle, comment pourrait-elle apprendre à se connaître et à s'aimer ?

Alors que les garçons voient et touchent leur verge plusieurs fois par jour, ne serait-ce que pour uriner, et qu'ils se familiarisent donc avec elle dès leur plus jeune âge, une femme, si elle n'en ressent pas le désir, si elle n'ose pas dépasser les interdits, peut vivre toute sa vie sans voir, sans savoir.

Avec ses plis et ses replis, cet ensemble difficile à représenter demande du temps pour se laisser découvrir dans sa complexité. Si une femme juge sa vulve laide, cela peut être soit par honte de son corps ou de sa féminité, soit par ignorance, parce qu'elle n'a pas appris à faire des comparaisons ni à admettre la diversité. Combien se désolent d'avoir des poils trop abondants, ou trop rares, des lèvres trop grandes ou trop fripées ! Combien déplorent que l'entrée de leur vagin soit plus ouverte après un accouchement, à cause d'un relâchement des muscles ! Dans notre monde où s'imposent de plus en plus les modèles normalisés de la pornographie, rien ne prépare une femme à s'accepter telle qu'elle est, et encore moins telle qu'elle devient avec l'âge.

En février 2002, de nombreux journaux français[16] ont publié une photo d'une gravure ancienne d'une femme nue, aux énormes fesses et à la vulve présentée comme laide et difforme. Il s'agit de Saartje Baartman*, dite la Vénus hottentote** : amenée d'Afrique du Sud en Angleterre en 1810, à l'âge de vingt ans, elle fut exhibée nue, comme une bête de foire, à Londres, puis en France, où elle fut prostituée et mourut dans la misère en 1815. En 2002, le Parlement français vota une loi afin de restituer à son pays les restes de cette femme, conservés au musée de l'Homme. Sur la gravure, on peut voir entre les jambes une vulve aux lèvres pendantes qui a semblé autrefois monstrueuse. On n'a pas assez précisé que ce « tablier d'Hottentote » était le résultat d'une élongation des petites lèvres de la vulve, due à une pratique rituelle, de même qu'en Asie on voit des statues de Bouddha aux lobes d'oreille distendus pendant jusqu'aux épaules.

* C'est à son sujet que Victor Hugo écrit dans *Les Misérables* : « Paris est bon enfant. Il accepte royalement tout ; il n'est pas difficile en fait de Vénus ; sa callipyge [aux belles fesses] est hottentote. » Hugo appelle beau ce que les autres appellent gras : comme beaucoup de femmes des populations khoisans, Saartje Baartman avait d'énormes fesses, phénomène qu'on appelle stéatopygie (aux fesses grasses).

** Hottentot est le nom donné par les Hollandais à un peuple d'Afrique du Sud-Ouest.

Cette reproduction ne choque-t-elle pas encore de nos jours ? N'aggrave-t-elle pas le rejet de la « sauvagerie » du sexe féminin ? On peut le craindre, tant est forte la volonté de domestiquer la vulve, de la normaliser, de l'enjoliver en suivant la mode. Après l'épilation ou la teinte des poils pubiens, les pratiques de tatouage ou de piercing de la vulve (percement des lèvres pour y insérer un anneau métallique) ont augmenté, ainsi que des demandes de chirurgie esthétique pour rétrécir les lèvres.

Pourquoi faudrait-il se conformer à un seul modèle, en réduisant la richesse de la diversité ? En dehors des médecins ou des collectionneurs, qui connaît l'infinie variété des vulves, avec des lèvres que l'allemand appelle poétiquement *Schmetterlingsflügel*, ailes de papillon ? En français, le mot populaire babines, qui désigne aussi les lèvres pendantes du chien ou du chameau, renforce l'image de la « bouche du bas ». Le nom originel est grandes lèvres et petites lèvres, ce qui est une adaptation du latin *labia majora* et *labia minora*, tandis que l'anglais, plus précis dans la localisation, distingue entre *outer and inner labia*, lèvres extérieures et intérieures.

Des personnes d'expérience parlent de vulves comme de visages : elles les décrivent expressives, nuancées, avec des textures et des teintes qui changent selon qu'il s'agit de peau (à l'extérieur) ou de muqueuse (cachée dans un repli). Les tissus se modifient aussi avec l'excitation sexuelle qui les fait gonfler et foncer. Du visage, la vulve a aussi la sensibilité, la symétrie qui n'est pas parfaite, et surtout le caractère unique : aucune ne ressemble à une autre, de même que les oreilles ou les empreintes digitales sont toutes différentes.

La première fois qu'une fille ou une femme laisse regarder sa vulve à un homme qui lui plaît, elle peut avoir peur qu'il réagisse mal, qu'il la juge et peut-être qu'il la rejette. Elle ignore que lui aussi éprouve sans doute les mêmes peurs concernant ses propres organes sexuels… S'il ne manifeste pas de réaction négative, elle commence à se rassurer, mais le plus souvent il faut du temps, de l'attention, de la tendresse, avant qu'elle puisse se sentir détendue en s'offrant en confiance au regard de l'autre.

Du cœur au coquillage

Depuis les Grecs qui, il y a plus de deux mille ans, portaient des bijoux d'or ou d'argent en forme de cœur[17], ce dessin est associé à l'amour et à la sexualité ; on le colore du rouge vif de la passion, ou du rose lié à la tendre rondeur de la chair. Certains y voient une image de la vulve, d'autres des fesses, ce qui revient au même, vu la confusion courante entre les deux.

Autre représentation du féminin, le fer à cheval qui, chez les hindous ou les Celtes, symbolise la déesse. Des temples druidiques ou hindouistes sont construits sur ce plan, dont la forme se voit aussi dans l'arc outrepassé de l'architecture musulmane. On peut déceler la trace de cette présence divine dans la coutume qui fait du fer à cheval un porte-bonheur, accroché à la porte de la maison dans de nombreux pays.

Ces figures s'inscrivent dans un triangle, pointe en bas, signe qui figure déjà sur les parois de grottes préhistoriques, et dans de nombreuses traditions : on l'interprète comme un symbole de la vulve et donc de la femme. Ses trois côtés représentent trois figures du féminin sacré : la vierge, la mère et la vieille, ou encore trois aspects de la vie – création, conservation, destruction. En Inde et dans les Balkans, le triangle est utilisé comme protection contre le mauvais œil. À l'origine, cette figure représentait la Grande Mère primordiale, source de toute vie.

Le triangle est aussi la forme que dessinent les poils du pubis féminin. Chez l'homme, la délimitation de la ligne horizontale est moins nette, la zone de poils se poursuivant sur le bas du ventre en direction du nombril. Pour désigner le « triangle de désir » chez les femmes, on dit en anglais *desire triangle*, ou *Lustdreieck* en allemand. Il s'inscrit dans un plus grand triangle que Musset célèbre ainsi : « Il n'y a de bon, de vrai, de désirable [...] que le delta qui existe depuis la ceinture d'une femme jusqu'à ses jarretières[18]. »

Le delta grec (?), qui a donné D, était connu comme « la lettre de la vulve ». Chez les Romains, *delta* était un mot familier désignant le sexe féminin. De même, *lambda* (?), qui a donné L, ressemble à deux jambes un peu écartées.

Musset poursuit : « La motte [mot familier pour vulve] est faite en triangle, il est clair que c'est le symbole de la Divinité », et il dessine la forme du pubis entre les hanches comme un Y entre deux parenthèses, ce qui donne (Y). Fait-il allusion au triangle qu'on voit dans les églises catholiques et qui représente la Trinité ? Sa pointe est dirigée vers le haut, et il comporte un œil au milieu.

La dernière lettre de l'alphabet grec est oméga (<PROCESS>Omega</PROCESS>), dont le nom signifie grand O ; sa forme en fait aussi un symbole du féminin. Le même contour arrondi se voit dans la coquille, mot qui, depuis le Moyen Âge, désigne en argot la vulve. De même, *concha* en latin et aussi en espagnol, signifie conque ou coquille. Comme tout ce qui vient de la mer, elle est associée depuis l'Antiquité au plaisir sexuel : on le voit dans le tableau de Botticelli, *La Naissance de Vénus*, où la déesse de l'amour, née de la mer, apparaît nue, ses pieds prenant appui sur le bord d'une immense coquille Saint-Jacques.

Scallop, le mot anglais pour coquille Saint-Jacques, vient d'un mot nordique qui signifie fourreau. Le pèlerinage de Saint-Jacques-de-Compostelle, au nord-ouest de l'Espagne, a attiré au Moyen Âge des foules venues de toute l'Europe. On venait déjà en ce lieu sacré avant l'ère chrétienne : la coquille qui en est restée le symbole et que les pèlerins portaient sur leur manteau indique que, bien avant l'apôtre saint Jacques, c'est une déesse qui y était vénérée.

Chez les Aztèques, le symbole de la lune, Tecciztli, c'est-à-dire coquillage de mer, représente le sexe féminin[19]. Quant aux coquillages à une seule valve (mot proche de vulve), ceux qu'on porte à son oreille pour entendre le bruit de la mer, leur ouverture, fente étroite aux rebords arrondis, souvent de couleur blanche ou rose, fait penser à un sexe de femme, comme dans les vers de Mallarmé : « le palais de cette étrange bouche / Pâle et rose comme un coquillage marin[20] », ou dans les mots d'amour de l'écrivaine québécoise Monique Durand : « J'entre dans tes profondeurs pour étreindre les poissons d'ombre et polir les coquillages avec ma langue[21]. »

Dans l'Inde du sud, le coco de mer représente la vulve de la Déesse. C'est de cette même région que vient le mot cauri, qui est d'origine tamoule : il désigne à la fois la vulve et un coquillage, brillant et poli, très répandu en Afrique noire. On s'en sert comme ornement dans les cheveux, comme monnaie, ou pour prédire l'avenir.

Le cauri accompagne l'humanité depuis ses débuts : dans toutes les cultures, ce symbole de la vulve, de la vie, de la naissance est considéré comme un porte-bonheur et une garantie de fécondité. J'en entends l'écho dans des expressions familières, par exemple entre des garçons jouant au football dans un jardin de Paris en juin 2003. L'un d'eux marque un but, et les autres crient pour signifier qu'il a de la chance : « Il a de la moule », ou « il a de la choune », ou encore « Ah ! la chatte ! la grosse chatte », tous ces mots désignant le sexe féminin.

En italien, le cauri s'appelle *porcellana*. Ce mot, qui a donné porcelaine en français, a désigné ensuite une matière fine et dure d'aspect semblable, utilisée en céramique. Le mot figure, avec ces deux sens, dans le livre de Marco Polo (1298) sur son voyage en Chine. Or le mot *porcellana* vient de porc ; le coquillage a reçu ce nom, car on avait observé qu'il ressemblait à la vulve (au sens général de matrice) d'une truie, la femelle du porc. La vulve de truie était un mets apprécié des Romains[22] ; en outre, le mot grec qui signifie porc désigne aussi la vulve[23].

En anglais, porcelaine, au sens de coquillage, se dit *cowrie*, la façon anglaise d'écrire cauri (pour l'autre sens, le nom est *china*, comme le pays). *Cowrie* a aussi un sens sexuel familier : il signifie pucelage, le fait de n'avoir jamais eu de rapports sexuels.

Autre coquillage, la moule, l'un des mots les plus courants en français pour désigner le sexe féminin, comme le montre cette exclamation de jeunes garçons allant en « boîte » : « Ce soir, il va y avoir de la moule [des filles]. » Ou cette blague sexiste : « Quelle est la différence entre une moule et un pull-over ? Le pull-over, ça te moule, tandis que la moule, ça pue l'ovaire ! »

Même image dans une affiche pour le spectacle du comique français* Jean-Marie Bigard, visible dans le métro parisien pendant plusieurs semaines de 2002 et de 2003. On y voit un corps d'homme nu et musclé, la tête couverte par une perruque aux longs cheveux noirs en désordre. Il tient devant son bas-ventre un petit panneau avec le titre du spectacle, « Des animaux et des hommes », et la photo d'une énorme moule, ouverte dans sa demi-coquille. Il porte donc, à l'emplacement de son propre sexe, la représentation démesurée d'organes qui ressemblent à une vulve, avec ses replis et ses profondeurs. Pourtant, quand on l'interroge publiquement, Bigard fait l'innocent : « Un sexe féminin ? Ah bon ! J'avais pas remarqué[24]. »

Cette image est d'une grande violence : j'ai pu le constater en décembre 2002, en parlant avec plusieurs

* Ce serait insulter la mémoire de « nos ancêtres » que de le dire gaulois. Ce mot a pris au XIXe siècle le sens de « obscène ».

voyageuses, choquées de ce qu'elles ressentaient comme un « manque de respect pour les femmes ». À quoi j'ai répliqué en écrivant en grosses lettres* sur l'affiche, réapparue dans le métro en mars et de nouveau en juin 2003 : « Quand les moules auront des dents... »

Porte, fente et losange

Un autre symbole féminin traditionnel, notamment en Amérique latine, est le losange, soit deux triangles identiques accolés par la base. Peints ou gravés, ils abondent aussi sur les parois de grottes préhistoriques. Ils représentent la vulve, vue comme une porte, un passage entre le monde de l'intérieur et celui de l'extérieur, un seuil que franchit l'enfant à sa naissance.

Le passage peut aussi se faire en sens inverse, celui de la pénétration sexuelle : cela explique des mots d'ancien français comme guichet (petite porte, passage étroit), ou pertuis qui vient du verbe latin signifiant faire un trou, percer. Ronsard l'a célébré : « Je te salue, ô bienheureux pertuis[25]. »

« T'as qu'un' porte / En voile blanc / Que l'on pousse / En chantant[26] », déclare Léo Ferré à sa *Jolie Môme*. En latin, on disait *saltus* (chemin étroit, défilé), et en américain on emploie *twat*, passage. L'argot russe offre *zamok*, serrure, et on imagine la clef qui l'ouvre, celle que vante Victor Hugo : « L'homme a reçu de la nature une sorte de clef avec laquelle il remonte sa femme toutes les vingt-quatre heures[27]. »

Au milieu de la vulve, se trouve le vestibule génital, un creux limité par les petites lèvres et au fond duquel s'ouvrent l'urètre (le conduit par lequel passe l'urine) et le vagin. Ce vestibule est une entrée donnant sur ce que le latin populaire appelait *antrum muliebre* (antre

* Oui, parfaitement ! C'est ainsi que je résiste à la publicité sexiste qui occupe tant de panneaux en France.

féminin), *barathrum* (grotte), *caverna* (caverne), *cavum* (cave), *crypta* (crypte), ou *recessus* (coin, renfoncement). James Joyce a nommé la vulve « sésame toujours ouvert[28] », et ce mot des *Mille et Une Nuits* renvoie au conte où Ali-Baba, ayant prononcé la formule magique : « Sésame, ouvre-toi ! », voit s'ouvrir la caverne au trésor. Les graines de sésame sont si petites que seule peut les ouvrir la magie, ici celle du désir.

Traversant les millénaires, le losange, symbole féminin, est devenu un signe politique de fierté féministe. À partir de 1968, au cours de manifestations de rue, aux États-Unis, puis au Canada et en Europe occidentale, des femmes furent nombreuses à lever leurs mains très haut au-dessus de leur tête, leurs pouces et leurs index joints dessinant à la vue de tous un losange. C'est ce qu'on appelle en anglais *womb symbol*, symbole de la matrice (les organes féminins). De nos jours, des manifestantes continuent à faire ce geste, affichant très haut le signe de ces organes d'« en bas », affirmant ainsi leur identité de femme et leur puissance propre. Quant au losange choisi par la marque Renault, est-il destiné à accentuer la signification féminine que beaucoup d'hommes donnent à leur voiture ?

La figure du losange vertical s'inscrit dans un ovale qui peut représenter aussi la vulve, avec un sens matériel ou spirituel. Une collection espagnole de livres érotiques s'appelle « Sourire vertical » et, en allemand, l'expression « sourire perpendiculaire » est une façon de nommer les lèvres de la vulve. On peut en effet voir dans ce losange une bouche verticale, rouge vif chez Ronsard qui célèbre la « vermeillette fente[29] ». Le mot familier fente désigne le sexe féminin en latin (*rima*, et *propudium fissile*, fente honteuse), en anglais *(chink)*, en américain *(slit)* et en allemand *(Ritze)*, ainsi qu'en arabe *(chaq* ou *seqqa)*[30]. D'où la notation de l'écrivain René Crevel à propos d'une passante, « petite bonne femme insignifiante » : « Deux sous dans la fente. Et dans neuf mois, mon portrait en résumé[31]. »

Dans un texte érotique, Anaïs Nin décrit des femmes peignant avec un fard rouge les lèvres de leur vulve[32]. Quant aux lèvres du visage, les colorer pour attirer l'attention sur elles a été considéré, en Occident jusque dans les années 1950, comme propre aux femmes « de mauvaise vie ». Puis, de même que d'autres pratiques liées à la sexualité, l'usage du rouge à lèvres s'est banalisé, en même temps que les codes de la pornographie se diffusaient.

Aujourd'hui, la mode est aux grosses bouches, parfois gonflées à la silicone. Des images de publicité jouent sur l'association entre lèvres du visage et bouche du bas : ainsi, sur une page d'un magazine français pour dames « bon genre » s'étale une bouche verticale de vingt-cinq centimètres de hauteur, dont le rouge brillant est fendu par une petite ouverture sombre*. De même, un joaillier parisien a choisi pour sa publicité l'image d'une énorme bouche rose entrouverte et luisante, d'où sort un bijou en forme de serpent[33] : n'est-ce pas associer la vulve d'Ève à la perfidie du serpent, le désir féminin à l'avidité prêtée aux croqueuses de diamants ? Enfin, une affiche qui imitait une représentation pornographique montrait en septembre 2002 ce qui, de loin, semblait une immense vulve verticale, avec ses replis de chair et quelques poils ; en l'examinant, on découvrait que c'était un œil aux paupières mi-closes : il s'agissait de vanter une marque de lunettes[34] !

L'union de la chair et de l'esprit, ou la rencontre de deux mondes : c'est l'un des sens de la forme ovale qui, dans les peintures du Moyen Âge, entoure Jésus ou

---

* Sur le côté, un tube de rouge à lèvres dressé, le bâton rouge pointant hors de l'étui noir et doré, donne une image de sexe masculin (*Madame Figaro*, mars 2002). La dernière page d'un autre magazine exhibe des lèvres quatre fois plus grandes que celles d'une bouche réelle, disposées en biais et comme détachées du visage ; leur rouge violemment brillant s'entrouvre sur une fente sombre (*Le Nouvel Observateur*, 7 mars 2002).

Marie, et qui représente aussi le rayonnement de la lumière divine. Son nom, mandorle, vient du mot italien qui signifie amande, et c'est un symbole de la vulve.

Est-ce la porte de la vie, autre image de la matrice ? Ou une allusion à la divinité cachée dans le corps humain, de même que le fruit de l'amande est enfermé dans l'écorce ? Charnel et spirituel se rejoignent quand des critiques d'art emploient le mot mandorle en commentant des œuvres érotiques de Picasso[35]. À ces dessins et peintures si violemment explicites, on peut préférer l'érotisme plus suggestif d'une toile de Lucio Fontana[36] : sur une surface blanche, une simple fente noire verticale…

Chat ou chatte ?

Voici une charade ancienne ayant trois réponses possibles : « Mon premier sert aux jeux de l'amour. Mon deuxième sert à d'autres jeux. Mon tout fut un célèbre général. » Réponses : Washington (vaginjeton) ; Condé ; La Motte-Picquet. Vagin, con, motte sont trois des nombreux mots qui désignent le sexe féminin. Chaque personne, chaque couple emploie, selon les circonstances, ceux qui lui conviennent, sans toujours distinguer la vulve du vagin. Mots inventés, diminutifs personnels, mots imprécis (truc, machin), ou centaines de mots recensés dans les dictionnaires d'argot, du vague entre-deux aux pittoresques baigneur, bonbon, ou frifri, qui vient sans doute de frisée, comme la salade et les poils.

Ces noms illustrent plusieurs types d'images. Parmi les plus employés de nos jours, chatte* (teuch' en verlan), chaglatte, minou, minet, minette, mistigri, ainsi que le mot d'autrefois moniche, se rattachent à chat.

---

* Chatte n'a pas ce sens sexuel en français du Québec. Un équivalent serait le mot touffe, qui renvoie lui aussi à une image de poils et de douceur.

Il en va de même pour *pussy*, ou *pussy cat*, courants en anglais, ainsi qu'en allemand. Ils sont aussi des noms affectueux très utilisés pour s'adresser aux femmes*. N'est-ce pas une façon de les assimiler à leur sexe doux à caresser ? Nommer une partie pour dire le tout, c'est peut-être aussi signifier que les femmes sont tout entières dans leur sexe, qu'elles ne sont qu'un sexe.

Dans la ménagerie des images, on rencontre le chat, la chatte et le chaton, l'angora si doux, le caniche au poil frisé, ou l'astrakan à la fourrure précieuse. L'argot allemand ou suédois[37] parle de castor, ainsi qu'aux États-Unis *beaver***, et aussi *squirrel* (écureuil). Le lapin, que le magazine *Playboy*, célèbre pour ses photos de femmes nues, avait choisi comme emblème à partir des années cinquante, relève du même registre : dans les clubs Playboy, des hôtesses peu vêtues portaient sur la tête des oreilles de lapin et, sur les fesses, une touffe blanche.

En français, chat est utilisé dans ce sens au moins depuis le XVIIIe siècle, par glissement du mot chas, le trou d'une aiguille, vers le nom de l'animal doux à

---

* Ce dont joue le titre du film *What's New, Pussycat ?* (*Quoi de neuf, Pussycat ?),* de l'Anglais Clive Donner (1965), sur un scénario de Woody Allen d'un comique délirant, avec Peter Sellers en don juan. Comme l'explique une femme dans le texte érotique de Louis Calaferte, *La Mécanique des femmes* : « J'ai horreur des gros mots. [...] Une bite, une pine, ou une queue, ça me choque. [...] Chatte, je trouve que c'est un mot mignon. En tout cas, ça n'a rien à voir avec bite. » (Gallimard, 1992, p. 36.)

** Castor était le surnom de Simone de Beauvoir. Il lui avait été donné par son ami André Herbaud, en un jeu de mots rapprochant Beauvoir de *beaver*, et aussi « parce que les castors vont en bande et ils ont l'esprit constructeur[38] ». Quand la correspondance écrite par Jean-Paul Sartre à son « charmant castor » fut traduite en anglais, le titre posa un problème à cause du double sens : « *Lettres au Castor : Letters to the Beaver* ? J'aurais bien aimé, raconte Julian Evans, mais il aurait fallu un éditeur très courageux. » Aucun éditeur n'a osé : Castor a disparu du titre et, dans le texte, le mot est resté en français[39].

caresser, comme le sont les poils des femmes, et aussi leurs cheveux que, jusqu'au début du XXe siècle, elles ont toujours portés longs. Le chat, animal sacré et bienfaisant en Égypte ou en Chine, est plutôt vu comme maléfique dans l'Occident chrétien, qui l'associe au diable et aux sorcières.

Le double sens du proverbe français « La nuit, tous les chats sont gris », expression d'un prétendu « bon sens populaire », relève en réalité de la muflerie la plus crasse ; il signifie que, dans l'obscurité, n'importe quelle femme fait l'affaire. Autrement dit avec un mot d'aujourd'hui, un trou, c'est un trou : qu'une femme soit belle ou laide, blonde ou brune, seul compte le trou, le chas, pour l'enfiler. Jusqu'au XVIIIe siècle, le bout de l'aiguille où se situe le chas, à l'opposé de la pointe, se nommait cul. D'où l'expression « appeler un chat un chat », que le linguiste Pierre Guiraud explique en la complétant ainsi : « appeler un chat un chat et non un chas »* ; elle signifie « être simple et droit », refuser de jouer sur les mots[40].

Pourtant, il y a des cas où le mot propre n'est pas facile à employer. « Il faut que je rentre chez moi pour nourrir mon chat », dit ma fille. Son chat ? Mais c'est une petite chatte qu'elle a adoptée ! Je la questionne avec malice sur ce changement de sexe. Elle se défend :

– M'enfin, maman, c'est l'espèce !

---

* En anglais, l'expression équivalente est *to call a spade a spade*. *Spade* vient du mot latin *spada* qui signifie épée (et qui a donné en français spadassin). Il désigne un outil, une bêche, une pelle, ou un couteau à dépecer les baleines. Comme beaucoup d'armes de forme allongée, *spade* peut faire penser à la verge. Pourtant, aux États-Unis, l'image est liée à une idée, non pas sexuelle, mais raciste. En effet, *spade* est aussi, aux cartes, le nom de l'une des deux couleurs noires : pique représenté par un dessin qui a la forme d'une pique (arme plus courte qu'une lance). De la couleur noire dérive le sens injurieux de *spade* pour désigner une personne noire. Le sens originel – et généralement ignoré – de *to call a spade a spade* est donc « appeler un nègre un nègre ».

– Vraiment ?

– Ben, c'est aussi parce que c'est associé à autre chose.

– Pas possible !

– Au début, je parlais de ma chatte avec mes copines, et puis j'ai remarqué que les gens autour me regardaient bizarrement. La fois d'après, j'avais droit à des « Comment va ta chatte ? » lourds de chez lourd. Alors maintenant, je préfère parler de « mon chat », surtout si c'est pour dire que je l'ai caressée.

Du panier aux bijoux

La forme arrondie du sexe féminin est privilégiée dans les mots empruntés à la nature – calebasse, patate en créole, ainsi que toutes sortes de fruits. Motte, « gros mot » autrefois courant, désigne une petite masse ronde – on parle aussi d'une motte de terre, ou de beurre. On trouve pelote, du mot latin qui veut dire balle, dans l'argot du Québec, plutôt sous la forme plotte, et il est aussi employé pour parler d'une femme facile : « Vois-tu la belle plotte ! »

À l'entrée de l'église catholique, le bénitier, lui aussi de forme arrondie, contient l'eau bénite dans laquelle les fidèles trempent leurs doigts avant de faire le signe de croix. « Il lui trempa sa mouillette dans le bénitier » : quelle charge sacrilège devait avoir cette image de pénétration sexuelle à l'époque où la religion était dominante ! Il en va de même pour tabernacle, qui désigne la petite armoire sur l'autel qui renferme les hosties : c'est un juron québécois très courant, et il a aussi le sens de vagin.

« Que met-on dans mon petit corbillon ? » Quand j'étais enfant, ma grand-mère m'avait appris à jouer avec mes cousins à ce jeu de société : il fallait donner en réponse des mots se terminant par -on. Sans y voir malice, je proposais : des bonbons, un raton, du son, du gazon, etc. J'ai compris plus tard que ce corbillon, c'est-à-dire une petite corbeille, un panier léger et de forme arrondie, avait à l'origine un sens sexuel. Molière mentionne ce jeu au tout début de *L'École des femmes*, quand Arnolphe déclare à propos de la jeune Agnès : « Je veux qu'elle réponde : "Une tarte à la crème" ; / En un mot, qu'elle soit d'une ignorance extrême. » La sotte précaution du barbon en dit long sur la nature de ce corbillon féminin et sur la rime en -on, celle de con, qui se cache tout au fond.

C'est le sens sexuel de panier qui permet d'interpréter une chanson populaire du XIXe siècle, remise au goût du jour dans les années 1980, qui joue aussi sur le même sens du mot moule : « À la pêche aux moules, moules, moules, / Je n'veux plus aller, maman / Les gars de la ville ville ville / M'ont pris mon panier, maman. »

Corbeille, tirelire, tabatière, boîte à ouvrage, boîte à malice, et bien d'autres noms de contenants, comme en allemand *Puderdose* (poudrier), ont donc servi à désigner le sexe des femmes. Jusqu'au XVIIIe siècle, on disait aussi vase*, et ce mot renvoie à l'un des plus anciens symboles du féminin divin, celui du Vase qui contient tout.

Le ventre de la Déesse primitive, source de toute vie, était un vase sacré, tel le *pithos* utilisé dans les mystères d'Éleusis. Pour les mystiques chrétiens, *vas spirituale* (vase spirituel) est l'un des noms de Marie, et chez les alchimistes *vas hermeticum* (vase hermétique) désigne la matrice primordiale, lieu de la transformation de la matière. Puis l'image a perdu de sa force jusqu'à signifier un simple récipient pour la semence masculine[41].

C'est dans ce sens qu'on peut interpréter des détails

* Selon la conception du « sexe unique », en latin classique, *vas* désigne la verge et les testicules. En ancien français, vase signifie contenant d'un liquide.

de certains tableaux, par exemple *Le Verrou* de Fragonard (1780). Dans une chambre, une femme résiste aux assauts d'un homme ; sur la table de chevet, un petit vase arrondi, renversé, est couché sur le côté, et par terre on voit les trois fleurs, symboles de virginité, qu'il contenait. De même, *La Cruche cassée*, le tableau de Greuze (1777), montre une jeune fille désolée, les mains agrippées à sa robe à l'emplacement de sa vulve ; la cruche cassée qu'elle tient sous le bras représente sa virginité perdue.

Autre image marquante, dans une scène du film *Mulholland Drive*, de David Lynch (2001) : un homme surprend sa femme au lit avec un autre. Pour se venger, il s'empare d'un coffret renfermant des bijoux, l'emporte dans son atelier, l'ouvre et y verse de la peinture rouge. Plutôt que de frapper sa femme, de la blesser en faisant couler son sang, il utilise une substance de la même couleur, qui est aussi celle de la sexualité interdite, pour saccager des objets précieux qui la représentent.

Les bijoux sont souvent employés pour désigner le sexe féminin, comme dans les expressions populaires signifiant faire l'amour : béliner le joyau, mamourer le bibelot, ou chatouiller le bijou[42]. Bague est le nom le plus fréquent. L'image du chevalier du Moyen Âge l'enfilant de sa lance est proche de l'expression passer la bague au doigt, allusion à l'anneau de mariage autant qu'à la pénétration du vagin par la verge, dont doigt est l'un des noms familiers.

On parle aussi de joyau, de trésor, de *Schmuck* (parure) en yiddish, de boîte à bijoux (*jewel-box* en anglais), ou de bijoux de famille, comme pour le sexe de l'homme. Le roman de Diderot, *Les Bijoux indiscrets* (1748), a contribué à développer ce sens : il raconte l'histoire d'un sultan qui, grâce à un anneau magique, fait parler les femmes par la voix de l'un de leurs bijoux, « la partie la plus franche qui soit en elles[43] », comme si une autre bouche que celle du visage était la seule à dire la vérité profonde de ce « beau sexe » réputé menteur.

Fleurs, fruits, pâtisseries

Des écrivains ont exalté le sexe féminin avec de belles images. Par exemple, Aragon, dans un texte longtemps clandestin, *Le Con d'Irène* : « [...] salut à toi, palais rose, écrin pâle, alcôve un peu défaite par la joie grave de l'amour, vulve dans son ampleur à l'instant apparue [...][44]. »

San-Antonio est le plus prolifique de tous. Certaines de ses expressions font penser tantôt à un poème chinois, tantôt à un roman sentimental : vallée des délices aux méandres roses, jardin d'Éden, marguerite, rose des ventres, coupe des voluptés, voie royale, bonheur du jour, entrée des artistes, allée cavalière, ou salle des fêtes[45] ! Les mots liés à la nourriture, comme gaufrette ou mouillette (de l'homme), sont fréquents chez lui ; il qualifie aussi les lèvres de crêtes de dindon ou d'escalopes et, quand il veut insister sur les poils, d'escalope à crinière. Pour exprimer le feu du désir, expression poétique, il a recours à des mots plus terre à terre : fournaise, fourneau, réchaud, marmite ou chaudron.

Chez les poètes, c'est surtout au jardin qu'on se fournit en images féminines. Le jardin lui-même a un sens érotique en latin *(hortus)*, et aussi : jardin enclos *(hortus conclusus)*, jardin de femme *(hortus muliebris)*, jardin de Cupidon (dieu romain de l'amour), ainsi que vigne *(vinea)*. « Je vous aime, mon corps, qui fûtes son désir / Son champ de jouissance et son jardin d'extase[46] », écrit la poète Marie Nizet.

Dans les poèmes érotiques chinois, les « précieuses portes » donnent accès à « la chambre fleurie » ou au « cœur de la fleur ». Célébrant la vulve, l'Orient chante « la fleur de lotus, qui éclate de soleils[47] », la pêche, ou encore la vigne. Pour les Chinois, la pêche[48], fruit le plus souvent mentionné, correspond à la pomme des légendes occidentales. Selon la tradition taoïste, la pêche est un fruit réservé aux immortels, et la fleur de pêcher désigne la vierge.

Dans le *Kâma Sûtra*, texte hindouiste du ve siècle célèbre pour ses passages érotiques, c'est la femme tout entière qui est fleur, comme l'indique ce conseil : « Il faut considérer la femme comme une fleur et se comporter avec elle de manière qu'elle ne se referme pas et répande son parfum[49]. »

Le lotus est aussi appelé lis d'eau. Le lis, et toutes les fleurs groupées sous ce nom, sont liés au féminin et à la virginité, tandis que la rose représente l'aspect maternel. Il est la fleur de la déesse Astarté en Phénicie, de Junon la Romaine, puis de la Vierge Marie.

L'Occident préfère la rose et son riche symbolisme. Selon la tradition, la rose représente la bien-aimée, que *Le Roman de la Rose* peint en rose vermeille[50]. Sept siècles plus tard, Apollinaire joue avec les sonorités : « Seul notre regard ose / Et se pose sur la rose / Rose rouge et rose qui bouge / Rose où les amours sont encloses ». Mer et fleurs, con et conque se mêlent en images dans des textes érotiques de Renée Vivien, ainsi « rose animale et rouge éclose dans la nuit[51] », extrait d'un poème intitulé *Conque*.

Les amoureux qui effeuillent la marguerite jouent aussi de cette image. Le jeu consiste à arracher un par un les pétales de la fleur (pétales est un mot du langage populaire désignant les lèvres de la vulve) tout en nommant un degré d'amour : « Il – ou elle – m'aime, un peu, beaucoup, passionnément, à la folie, pas du tout. » Les mots correspondant au dernier pétale effeuillé doivent révéler la manière dont on est aimé.

Effeuiller la rose, ou le bouton de rose, d'une fille, comme on disait au XIXe siècle, c'est lui prendre sa virginité, être le premier à faire l'amour avec elle. Quand la rose est épanouie, une autre tradition populaire l'associe à l'accouchement, avec la rose de Jéricho qui s'ouvre comme une vulve.

Du jardin au verger : faim d'amour ? Goûter, manger, dévorer ? Ce sont des images qui viennent aux amants depuis la nuit des temps, comme dans le splendide Cantique des Cantiques, texte de la Bible écrit il y a environ deux mille cinq cents ans : « Tes joues sont des moitiés de grenade [...], tes lèvres distillent du miel [...], tes seins sont des grappes de raisin », dit l'homme, et la femme de l'inviter : « Que mon Bien-aimé entre en son jardin, qu'il en goûte la douceur des fruits. » De même, le loup cruel du roman de Hermann Hesse : « Je mordais à pleine bouche dans le fruit savoureux du paradis[52] », ou l'amoureux sensuel qu'était le poète Paul Éluard : « Et tu te fends comme un fruit mûr ô savoureuse. »

Quel fruit ? Depuis l'Antiquité, la figue, *marisca* ou *fica* en latin, est privilégiée, puisque parler franchement se disait avec un double sens, chez les Grecs comme chez les Romains, « appeler une figue une figue ». « Figue mignonne, délicate comme une fleur de montagne[53] », écrit San-Antonio ; au XVIIIe siècle, « grignoter la figue » était le nom français d'une délicieuse pratique sexuelle. *Figa*, c'est toujours la vulve dans la langue populaire, au Maroc ou en Russie ; en italien, c'est *fica*, alors que la figue, le fruit, se dit *fico*.

Écrivant sur le Brésil, Claude Lévi-Strauss décrit un porte-bonheur qu'il a vu en nombre dans les années trente sur les marchés de São Paulo : « On appelle *figa*, figue, un antique talisman méditerranéen en forme d'avant-bras terminé par un poing fermé, mais dont le bout du pouce émerge entre les premières phalanges[54] » de l'index et du majeur. Ce geste de la main, nommé en français figue du pape et en italien *mano fica*, est depuis l'Antiquité une façon de conjurer le sort, d'éloigner le mauvais œil en représentant la fente de la vulve et le bout de la verge, allusion à la pénétration sexuelle qui symbolise la fécondité[55]. Faire la figue à quelqu'un, jusqu'à nos jours, c'est se moquer de lui, l'équivalent de faire la nique.

Du temps de Rabelais, c'était aussi une insulte : il décrit un personnage qui, voyant le portrait du pape, « luy feist la figue, qui est en icelluy pays signe de contempnement [mépris] et dérision manifeste[56] ». En outre, le figuier, arbre toujours vert, est souvent présenté dans l'Antiquité comme un symbole du sexe masculin. Certains écrits juifs en font l'arbre du fruit défendu[57]. Selon le récit de la Genèse, quand Adam et Ève veulent cacher leurs organes sexuels, « ayant cousu des feuilles de figuier, ils s'en firent des pagnes[58] ».

Beaucoup de fresques romaines représentent la figue dans sa rondeur sombre, à peine entrouverte sur une appétissante chair rouge. Sa peau foncée peut faire penser à la toison pubienne des femmes brunes, tandis que d'autres fruits donnent plutôt l'image d'un mont de Vénus sans poils, tel l'abricot qui mûrit chez Apollinaire ou Francis Ponge, ainsi que dans l'allègre roman de Benoîte Groult, *Les Vaisseaux du cœur* (1988). Abricot, pêche, fraise, et aussi *Pflaume* (prune), nom familier en allemand de la vulve, tous ces fruits, avec leurs contours galbés et pour certains leur raie, évoquent aussi d'autres rondeurs féminines, les fesses. Une publicité récente pour un gel douche aux fruits, largement diffusée dans le métro parisien, insiste lourdement en rapprochant les deux images[59].

À Cuba, c'est la papaye « avec tout ce que le mot évoque de pulpe vitaminée ou de parfum indéfinissable qui se résout en suc de pêche et de pomme sur la langue », explique l'écrivain René Vazquez Diaz, qui note : « Personne ne doit dire à La Havane qu'il a mangé de la papaye, il est préférable de dire *fruta-bomba* pour éviter tout malentendu[60]. »

Il explique aussi que le sexe féminin est lié au pain, avec le mot *bollo* : « José Martí disait que les femmes "sont sacrées". Je n'ai jamais très bien compris cette phrase, ô combien indulgente, de l'apôtre cubain de la liberté ; peut-être se rapporte-t-elle au fait que nous associons la femme à la pâte à pain et que le pain lui aussi est sacré, au moins celui de l'eucharistie. Appeler *bollo* ce qu'il y a de plus savoureux dans le corps féminin acquiert une connotation de délicatesse, de somnolence et de pétrissage alliant levure et œufs, ce qui, pour nous autres Cubains, ouvre agréablement l'appétit. Je deviens fou de joie chaque fois que je m'arrête devant une boulangerie espagnole et que je lis : *Bolleria* variée, ou mieux encore : *Bollos* frais. Qui ne perdrait pas la tête à l'idée d'un *bollo* intégral ? »

Au rayon sucré, le miel, *melina* en latin, désigne aussi la vulve, de même que le « puits d'amour », pâtisserie datant du XVIIIe siècle, et composé d'un creux de pâte feuilletée empli de crème à la vanille caramélisée*, ou encore le *cheesecake* (gâteau au fromage blanc) de l'argot américain. Autre gâteau de forme évocatrice, la madeleine, ainsi nommée d'après le prénom de la cuisinière qui l'inventa au XVIIIe siècle. Dans un passage célèbre, Proust décrit « un de ces gâteaux courts et dodus appelées Petites Madeleines, qui semblent avoir été moulés dans la valve rainurée d'une coquille de Saint-Jacques[61] » ; il analyse ce qui se produisit en lui un jour où il en mangea un morceau amolli dans du thé, sensation qui déclencha le rappel d'une série de souvenirs anciens.

Déesses de l'amour

La beauté de la vulve ne serait-elle accessible qu'aux poètes ou aux amants et amantes, seules personnes capables de s'émerveiller ? Dans la réalité, trop

---

* On le trouve à Paris à la pâtisserie Stohrer, 51 rue Montorgueil. Son inventeur, M. Stohrer, était le pâtissier de Marie Leczszynska, fille du roi de Pologne, et il l'accompagna en France quand elle vint épouser Louis XV.

souvent, on assimile les organes sexuels féminins à des orifices répugnants, et leurs écoulements à des suintements malodorants, témoin le mot trou, l'un des plus courants dans l'argot de plusieurs langues.

Il n'en a pas toujours été ainsi. Bien avant les Romains, les Grecs, les Juifs et les Égyptiens, la civilisation dite occidentale a commencé il y a six mille ans autour de Sumer, entre le Tigre et l'Euphrate, dans les frontières actuelles de l'Irak. En ce temps-là, la déesse Inanna n'éprouvait aucune honte ni de son corps ni de son désir, bien au contraire. Un texte nous la montre se réjouissant à la vue de sa merveilleuse vulve : submergée par le désir sexuel, elle chante la beauté de sa vulve humide, la comparant à une corne ou au « très joli croissant de la nouvelle lune » ; plus loin, il est question du goût délicieux de sa vulve, et de la tête de son amant, Dumuzi, entre ses cuisses[62]. Sous d'autres noms, Ishtar, Ashtart, ou Astarté, c'est toujours la même déesse de l'amour, « reine du plaisir ». Bien des cultures ont ainsi vénéré une Grande Déesse, source de vie et de fertilité, et parfois aussi maîtresse du destin et force destructrice, comme Durga-Kali en Inde, Cybèle en Asie Mineure, ou Déméter en Grèce.

Ailleurs aussi, la vulve était autrefois célébrée et honorée. Par exemple, en Corée : « Je ne désire aucun autre palais, / Je ne désire entrer qu'au palais d'entre tes jambes, / En frayant mon chemin de mon bâton noueux », déclare l'amant dans un texte classique du Xe siècle ; plus loin, il s'émerveille d'entrer « à la fontaine secrète »[63]. Autre belle image, dans le chef-d'œuvre du monde arabo-musulman qu'est *Les Mille et Une Nuits* : « Entre les piliers de ses cuisses, un magnifique arc était niché, lumineux comme une coupe en argent ou une urne de cristal[64]. »

En Inde, le *Kâma Sûtra* détaille les charmes de la *yoni*, la vulve, comparée au bouton de lotus qui éclôt, et dont le parfum ressemble à celui du lis à peine ouvert. Dans les temples hindouistes, la vulve de la déesse Devi ou Kali est représentée aujourd'hui encore sous l'aspect d'un rocher fendu dont coule une source. Enfin, on peut voir dans la forme triangulaire de la lampe à huile un symbole de la Grande Déesse et de son pubis sacré[65].

Joindre le pouce et l'index de chaque main, les autres doigts étendus, est pour le bouddhisme lié à la méditation ou à l'extase. La figure arrondie formée par le pouce et l'index est ce qu'on appelait au Moyen Âge *vesica piscis*, le vaisseau du poisson. Cette « amande mystique » est sans doute aussi un symbole de la vulve et donc de la Grande Déesse.

Parmi les artistes contemporaines qui ont renoué avec cette tradition, l'Américaine Judy Chicago, a animé l'œuvre collective *The Dinner Party*, qui relève à la fois de l'art et de l'histoire des femmes : il s'agit d'une immense table de banquet triangulaire de treize mètres de côté ; trente-neuf femmes ou figures mythiques sont symbolisées chacune par une assiette-sculpture, dont le losange ou le papillon sont les motifs dominants*.

Qu'a fait l'Occident des déesses de l'amour de son héritage gréco-romain ? Une trace d'Aphrodite la Grecque, héritière d'Astarté, apparaît dans le mot aphrodisiaque, formé au XVIIIe siècle pour désigner des produits censés exciter le désir sexuel masculin, parmi lesquels la verveine, herbe de Vénus, nous apprend Rabelais[66], qu'on boit aujourd'hui comme une tisane apaisante !

Quant à la Vénus romaine, le nom, et l'adjectif vénérien, qui en dérive, ont servi depuis la Renaissance pour le pire et le meilleur.

Le pire, c'est le nom « Vénus de carrefour », que plusieurs écrivains français du XIXe siècle ont donné à

---

* L'œuvre sera exposée définitivement, à partir de 2004, à New York, au Brooklyn Museum of Art, annonce le magazine féministe nord-américain *Ms.* (décembre 2002, p. 72).

des femmes qui se prostituaient dans la rue. Le pire, ce sont les maladies qu'on appelait autrefois vénériennes et aujourd'hui sexuellement transmissibles (ou MST, initiales bien propres et non contagieuses) : par exemple, la syphilis, surnommée mal de Vénus ou coup de pied de Vénus.

Le meilleur, cela aurait pu être le vendredi, mot qui signifie jour de Vénus, et donc jour de l'amour ; autrefois, c'était le jour où on mangeait du poisson, réputé aphrodisiaque comme tout ce qui vient de la mer. L'Église catholique a inversé le sens de cette coutume païenne en associant le poisson à Jésus et à sa mort, fixée à ce jour. Les fidèles ont dû faire pénitence et s'abstenir des plaisirs de la chair, comme manger de la viande, ou goûter aux joies vénériennes.

Car le meilleur, ce sont bien l'appétit vénérien ou les « furies vénériennes » (le désir sexuel), l'« esbatement vénérien », le « combat vénérien » ou plaisir vénérien, vantés sous ces noms depuis Rabelais[67] ; dans les salons du XVIIIe siècle, on parlait de sacrifier à Vénus, ou de combattre dans le champ de Vénus, et cela signifiait, pour un homme, faire l'amour avec une femme ; le sexe féminin y était nommé chambre ou atelier de Vénus, ou encore temple de Cypris. Chez les Romains, la verge était le gouvernail de Cupidon *(clavus cupidinis)*, le vagin le passage de Vénus *(meatum Veneris)*, le clitoris les merveilles de Vénus *(Venus prodigiosa)*, et la vulve le champ de Vénus *(campus venereus*, ou *venereum arvum)*.

Et le meilleur du meilleur, n'est-ce pas « l'orgasme vénérien » ? Tel est le nom médical, au XIXe siècle, de ce que les romans d'alors appelaient le « plaisir suprême », c'est-à-dire celui qui est au-dessus de tous les autres… C'est alors qu'on peut voir dans la vulve, comme on dit en Uruguay, *cara de Dios*, le « visage de Dieu ».

CHAPITRE VII

Du chat au lapin, du con au vagin

Un gros mot

Allons plus loin… Qu'y a-t-il au fond de la vulve, au creux des lèvres ? Le con. C'est bien le nom de cet organe dans le langage populaire, par exemple dans cette blague rapportée par l'écrivain Georges Perec : « Pourquoi les filles du Nord sont-elles précoces ? Parce que le concerto [con sert tôt] en sol mineur[1]. »

Con signifie sexe de la femme : c'est ainsi que le définit le *Petit Larousse*, où il est entré seulement… en 1977[2]. Auparavant, dans le *Grand Larousse*, la seule explication était : « Personne peu intelligente. » Combien de francophones ne connaissent que ce sens injurieux, et non celui de sexe féminin, que le machisme a perverti ! Combien utilisent couramment les « gros mots » con, connard ou déconner, sans prendre garde au mépris du féminin que ces mots devenus banals renforcent !

Con vient du latin populaire *cunnus*. Il appartient à la langue parlée, et on le rencontre par écrit dans des œuvres satiriques, ou dans des graffitis[3]. Jusqu'au début du XXe siècle, des savants l'ont utilisé dans les passages écrits en latin de leurs livres traitant du sujet dangereux de la sexualité.

L'origine de *cunnus* est inconnue. Elle remonte à

l'indo-européen : on peut rapprocher le mot du grec archaïque *khêsos*, du persan *kun* qui signifie derrière, du nordique *kunta*, ou encore de *kouna* dans l'argot russe d'aujourd'hui, avec pour diminutifs *kounka*, *kounitsa* ou *kounotchka*. Dans l'hindouisme, Cunti ou Kunda sont des titres de la déesse Kali, dont la vulve est vénérée sous le nom de *yoni*.

Le mot con a été aussi un nom de l'écrit. Il figure dans *Le Roman de la Rose* au XIIIe siècle et dans des poèmes obscènes de troubadours[4]. Au XVIe siècle, le médecin Ambroise Paré l'utilise dans un conseil : « L'homme doit éveiller sa femme, en lui tastant les mamelles, le pénil [mont de Vénus], le con et entour[5]. » Comme pour couillon et ses dérivés, Rabelais fait de con une appellation familière, entre intimes, et il le met dans la bouche du géant Gargantua se lamentant sur la mort de sa femme : « ma mignonne, m'amye, mon petit con[6] ». Ailleurs, il utilise un mot voisin, coingnée (cognée), nom d'un outil pour fendre le bois, et il le rapproche avec malice du mot manche (allusion au sexe masculin), avec des « cognée emmanchée », « manche encogné »*, etc. Au XIXe siècle, Edmond de Goncourt utilise ce mot pour décrire avec précision *L'Origine du monde*, le tableau de Courbet : « ventre de femme au noir et proéminent mont de Vénus, sur l'entre-bâillement d'un con rose[8]. »

Au Moyen Âge, con avait pour diminutif connin, ou connil[9]. À cette époque, connin, dont l'origine est le mot latin *cunniculus*, désignait aussi un petit animal à fourrure, le lapin. Les mignons petits lapins qui courent sur la tapisserie de la reine Mathilde, ou sur celle de la dame à la licorne symbolisent la richesse ou la luxure**[10].

---

* « Tout bon compaignon appelloit sa guarse fille de joye : ma coingnée[7] » (tout bon compagnon appelait sa garce [féminin de gars, et mot non péjoratif à l'époque] fille de joie : ma cognée).

** Dans la religion catholique, la luxure est l'un des sept péchés

Ce double sens donnait lieu à des jeux de mots, comme c'est le cas aujourd'hui avec chatte ou minou. À partir du XVIIe siècle, cela est devenu choquant pour les oreilles délicates, et on a imposé un nouveau nom à l'animal : c'est ainsi que connin est devenu lapin. Apollinaire joue sur les deux sens du mot dans ce quatrain : « Je connais un autre connin / Que tout vivant je voudrais prendre. / Sa garenne est parmi le thym / Des vallons du pays de Tendre[11]. » En espagnol, lapin se dit *conejo*, et *coneja* signifie putain. Retour à l'origine : trois siècles plus tard, c'est le lapin que *Playboy* choisit pour représenter le sexe féminin !

Les bien-pensants n'ont pas fini de sévir. Quand j'eus à corriger les épreuves de mon premier livre, l'éditrice[12] m'enseigna un usage ancien des correcteurs, le « concuvit », nom proche du « con-cul-bite », vocabulaire de base de certains adolescents d'aujourd'hui : si on doit couper un mot trop long pour l'espace restant dans la ligne, il faut éviter, me dit-elle, d'isoler à la fin d'une ligne ou au début de la suivante les syllabes malsonnantes con, cul, ou vi(t) (mot ancien pour verge, bite). Il y a donc des mots qu'on ne peut pas couper, par exemple convaincu ou converge. L'artiste Miss-tic illustre la richesse de ce dernier mot avec un dessin d'un couple enlacé et la légende : « Cet instant où tout con verge[13]. »

La règle du « concuvit » devrait s'appliquer souvent, par exemple pour construction, culture ou habite* ; et que dire de concupiscent ? Les mots commençant par con ont pour origine le latin *cum*, qui signifie avec. Depuis des siècles, cela a donné lieu à des jeux de mots sexuels, par exemple confesser, chez Rabelais

---

capitaux consistant, selon le *Trésor*, « à rechercher les plaisirs de la chair » – je traduis : à aimer « ça ».

* Les correcteurs qui me donnent ces exemples sont des correctrices. Elles ne connaissent pas le mot vit. C'est donc à la règle du concubite qu'elles obéissent.

– Panurge répond : « de cons fesser, très bien nous consentons[14] » ; ou à des définitions amusantes, comme celle de Pierre Dac « concerné : imbécile en état de siège ». Encore aujourd'hui, c'est l'une des raisons pour lesquelles le mot consœur est mal accepté en France. Pourtant, confrère est courant !

Malsonnantes, les syllabes con, cul, ou bite ? En quoi sonnent-elles mal, surtout si on ne comprend pas leur signification ? J'appris que malsonnant, mot formé à la fin du XVe siècle, a un sens non pas musical mais moral : il signifie contraire à la bienséance, c'est-à-dire aux règles et aux usages d'une société.

Malsonnant, con ? Ce « gros mot » si expressif est rond comme la forme de la bouche qui le prononce, rond comme « le O, le zéro, ou cercle, l'anneau vulvaire[15] », célébrés par l'auteure française Monique Wittig.

Un nouveau mot

Autour de 1700, dans toutes les langues européennes, pour désigner avec précision ce canal « mol et lâche[16] » qui conduit de la vulve à l'utérus, reliant aux organes internes l'extérieur du corps féminin, on imposa un autre nom, un mot propre et net, sans odeurs ni bavures.

On l'emprunta au latin *vagina*[17], mot populaire pour désigner l'organe féminin et qui signifiait à l'origine tube, étui, gaine (d'un couteau), fourreau (d'une arme). En passant les Alpes, il est devenu masculin dans le français vagin, alors qu'il est resté féminin dans l'italien *vagina*, de même qu'en espagnol.

En anglais, c'est la forme latine qui a été importée, mais le mot latin *cunnus* a aussi été employé. Celui qui en dérive, *cunt* (con), autrefois *cunte* ou *coynte*, était le mot juste au Moyen Âge. Peu à peu il est devenu grossier, et il est d'emploi courant, avec ses variantes *quaint*, *quim* ou *quem*, dans un sens insultant*. *Vagina* est resté longtemps un mot de médecin, et de médecin riche, tel celui dont se moque Molly Bloom dans *Ulysse* : « Il appelait ça votre vagin j'imagine que c'est comme ça qu'il avait pu se payer toutes les glaces à cadre doré et les tapis[18]. »

L'allemand d'aujourd'hui offre quatre mots usuels, chacun dans son registre : le plus neutre est *Scheide*, qui a d'abord signifié étui, gaine, fourreau**. S'y ajoutent le *Vagina* du langage médical, le très courant *Muschi* (diminutif de *Muschel*, coquillage ou moule) et le plus familier *Möse*, qui vient du mot signifiant mortier, c'est-à-dire le récipient subissant les va-et-vient du pilon avec lequel on pile le grain.

Pendant des siècles, on n'a pas distingué nettement la partie finale et rétrécie de l'utérus, aboutissant dans le vagin, et appelée aujourd'hui col de l'utérus (en anglais, *cervix*, mot latin pour col), du vagin lui-même, vu comme son prolongement. En français savant, il n'y avait donc pas de nom spécifique : au XVIe siècle, c'était le « pénis femelle », l'« étui viril », le « conduit mulièbre » (du mot latin *mulier*, femme), le « conduit de la pudeur », ou le « col de la matrice ». Un dictionnaire spécialisé du début du XIXe siècle définit encore le vagin comme le passage « cylindrique et élastique » qui conduit de l'utérus aux parties externes ; il insiste sur la distinction entre vagin et col de l'utérus, ce qui montre bien qu'il y avait confusion auparavant[19].

Les schémas habituels des organes féminins, par exemple ceux des manuels d'éducation sexuelle, donnent des idées fausses : le vagin n'est pas un étui, avec un volume laissé libre pour le contenu à venir ; il n'est pas un couloir aux parois espacées, ni un tuyau ou un

---

* Ce mot a un sens injurieux plus fort qu'en français. Témoin la censure imposée au film de Ken Loach, *Sweet Sixteen* (2002), interdit aux mineurs parce que *cunt* y est prononcé vingt fois.

** En anglais, l'équivalent est *sheath*, qui n'a pas le sens de vagin.

tube contenant de l'air. Il ne ressemble en rien à une bouche ouverte, à un nez aux narines dilatées, ni même à une oreille avec son conduit. Toute femme qui a enfoncé son doigt dans son vagin a pu sentir qu'elle écartait des muqueuses chaudes et humides, que son doigt se frayait un passage entre des chairs en contact permanent.

Il n'y a pas de vide à l'intérieur du corps, pas de contenant rigide, ouvert en prévision d'un contenu. Tout se touche souplement, tout se tient. Une femme peut écarter les jambes, mais elle ne peut pas ouvrir son vagin comme elle le fait avec sa bouche. Pour qu'un objet pénètre par l'un des orifices du corps humain, il faut l'imposer, et en douceur de préférence !

En électricité, le courant passe s'il y a une prise mâle et une prise femelle, ces noms ayant été donnés par comparaison avec les organes sexuels des mammifères. De même en menuiserie, le tenon est une partie saillante qui s'ajuste dans la mortaise, la partie creuse correspondante.

Quittons le rayon bricolage et ses mots trompeurs ! Le vagin n'est pas un creux en attente d'un plein. Il est plus qu'une ouverture, une fente, ou une porte, plutôt mal fermée puisqu'on l'appelait au Moyen Âge le maujoinct (mal joint).

Loin d'être un rien fait de vide, c'est un organe qui a son intérêt propre. De même que les femmes sont des êtres humains à part entière et pas seulement des trous, des fendues, ou des crevasses, de même leurs organes sexuels, internes et externes, existent dans l'absolu, et ils peuvent leur procurer du plaisir de plusieurs manières, sans l'intervention d'une verge en érection, ni même d'un homme.

Con, ou chat, se suffisent à eux-mêmes, sans que le nom d'un organe masculin leur soit automatiquement associé. Si on leur a préféré vagin (fourreau), n'est-ce pas pour attacher symboliquement cet étui à son contenu, faire dépendre le premier du second, unir comme par une évidence nécessaire le sexe de la femme à celui de l'homme ?

De nombreuses expressions de l'argot français proposent le même type d'images : couloir à tringlette, tiroir du bas, couloir, fourre-tout, corridor des braves ou, pire, garage à bites, en abrégé GAB. Autres exemples plus anciens : dans une lettre de Théophile Gautier, « des étuis à pines, des moules à redingotes, c'est-à-dire des putains idéales[20] » ; chez Rabelais, le « boursavitz[21] », contraction de bourse à vit, c'est-à-dire sac à bite, fait penser à une insulte d'aujourd'hui, « sac à foutre ». Au Québec, on parlait autrefois de pantoufle (ou pantoufe), de chausson ou de soulier, à rapprocher du sens sexuel de l'expression trouver chaussure à son pied.

Pourtant, chacun des deux organes, vagin et verge, existe par lui-même. Les associer par ces mots, c'est donner du prestige à celui des hommes. Le fourreau étant ce qui recouvre un objet allongé en épousant sa forme, celui des femmes est réduit au rôle utilitaire d'un étui. Les femmes ne sont-elles donc que des ménagères au service des guerriers, des servantes destinées par la Nature à mettre leur boyau sombre à la disposition de l'épée de lumière ?

Donner ce nom au vagin, c'est aussi privilégier ce qui pénètre par rapport à ce qui est pénétré, et cela valorise un seul élément de l'ensemble ainsi formé, tel le bijou dans son écrin. Pourtant, la « case trésor » n'est pas une enveloppe banale ayant pour seule fonction d'accueillir confortablement le seigneur Pénis quand il lui fait l'honneur d'être en majesté, autrement dit en érection !

De l'humidité aux flots

Vagin : alors que l'organe est naturellement humide, le mot sonne à mes oreilles sec et hygiénique ; je l'entends rimer avec « à jeun », ce qui me fait penser à quelque chose de maigre, à une pénitence. Des mots dérivés, vaginisme ou vaginite, formés au XIXe siècle, sont des noms de maladie, ce qui n'est pas le cas pour l'organe masculin. Il n'y a qu'un mot français formé sur pénis, l'adjectif pénien (par exemple, étui pénien chez les populations où c'est le seul vêtement masculin), et de même pour *penile* en anglais*.

D'autres mots populaires courants désignant la vulve, comme babasse, moule ou cramouille, sont plus expressifs, car ils rendent compte de ce que produit chez une femme l'excitation sexuelle ; le russe le souligne dans l'expression « humide comme dans un con ». De même pour schneck, en argot français d'aujourd'hui : il vient du mot allemand *Schnecke*, qui signifie escargot et qui est aussi un nom familier pour la vulve. En latin populaire, on disait *fons* (fontaine) ou *aquae fons* (fontaine d'eau), *humidus lacus* (lac humide), ou *puteus* (puits). En suédois d'aujourd'hui, c'est aussi *brunn* (puits). Tous ces mots renvoient à des lieux sacrés où étaient vénérées des divinités féminines, par exemple dans le nord de l'Europe ; jusqu'à notre époque, elles ont fait l'objet de cultes, parfois adaptés par le christianisme.

De même qu'une nourriture appétissante peut faire saliver, ou mettre l'eau à la bouche, de même mouiller, pour une femme, c'est avoir le vagin rendu encore plus humide par le désir sexuel. Comment s'appelle ce liquide, cette production du vagin ? En argot, c'est la mouille. Dans la poésie chinoise, c'est la rosée de plaisir. Quel nom correct les savants lui ont-ils donné ?

Aucun. Il n'y a pas de traduction scientifique de mouille. Pas de mot convenable, à employer par exemple chez le médecin. En dehors de la pornographie, où elle se débite au litre, la mouille n'existe pas.

---

* Certaines femmes prétendent que pénible vient de pénis, mais cela n'engage qu'elles.

Dans les livres érotiques du XVIIIe siècle, on l'appelait foutre, ou foutre féminin. Foutre, c'est-à-dire sperme, car on la voyait comme l'équivalent du liquide formé par les sécrétions sexuelles masculines.

Il est délicat pour une femme de parler avec un médecin de sa mouille. Faute de mot correct disponible, la seule expression connue, plutôt vague, est sécrétions vaginales. Le mot est au pluriel : comme pour l'homme, les sécrétions sexuelles féminines proviennent de plusieurs organes, mais elles sont beaucoup moins étudiées que le sperme.

Pourtant, il existe un mot qui les désigne : cyprine. Il vient du nom grec de l'île de Chypre, dite île d'Aphrodite, parce que c'est sur son rivage qu'apparut la déesse de l'amour, née de la mer selon certaines légendes. Lié à l'amour et à la tendresse, Cypris était un autre nom d'Aphrodite et, chez Ronsard, « Cyprine la dorée[22] » signifie Aphrodite la belle. Cyprine est aussi un prénom féminin, assez rare mais encore donné en France de nos jours.

Les Grecs nommaient *cyprinos* une huile odorante tirée du cyprès (l'arbre). Le dictionnaire Bailly nous apprend qu'un verbe formé sur cette racine signifie être dans sa fleur – pour la vigne et l'olivier –, qu'un mot dérivé veut dire tendre, amoureux, et qu'un autre figure chez Sappho et Alcée, deux poètes de l'amour originaires de l'île de Lesbos.

Plus poétique que foutre, moins concret que sécrétions vaginales, cyprine se trouve dans des textes érotiques des XIXe et XXe siècles, par exemple dans *Gamiani ou Deux nuits d'excès*, d'Alfred de Musset[23]. Dans une lettre à son amante, la sensuelle Lou, Guillaume Apollinaire exalte « le vagin royal où bouillonne la cyprine voluptueuse que tu me prodigues ô chérie[24] ». Le mot, qui désigne aussi une pierre précieuse bleue, figure dans le *Trésor de la langue française*, mais sans le sens sexuel. Il est entré, avec les deux sens, dans l'édition de 1985 du *Grand Robert* mais, ignorant Musset ou Apollinaire, on lui attribue une origine récente – « 1970 ? » – et on cite une phrase de Monique Wittig, dans *Le Corps lesbien* (1973) : « Une agitation trouble l'écoulement de la cyprine eau fluide transparente. » En voici une autre : « Tu es m / a gloire de cyprine m / a fauve m / on lilas m / a pourpre [...][25]. »

Aujourd'hui, comme le montre une recherche sur Internet, ce mot semble être utilisé par deux catégories de personnes : une infime minorité de lesbiennes féministes ou radicales, et une écrasante majorité de rédacteurs de sites pornographiques[26].

Produire de la cyprine, mouiller, couler, saliver de la moule, ou avoir un con juteux, c'est être prête à faire l'amour, en avoir envie : c'est donc l'équivalent féminin de bander. Cela devrait être tout aussi digne d'intérêt et valorisé. Au contraire ! Dans un film nord-américain, *Long way home* (Peter Sollett, 2002), le héros adolescent insulte la jeune fille qu'il aime en la traitant de *juicy Judy* (Judy la juteuse).

Quel contraste entre le mot érection, qui s'applique aux hommes comme aux monuments, et le terme médical qui lui correspond au féminin : lubrification, comme pour un moteur ! Dans le vocabulaire technique, lubrifier, c'est rendre glissant avec une matière onctueuse (grasse, le plus souvent) en vue de faciliter le fonctionnement. Parler d'un vagin bien ou mal lubrifié, comme on le fait depuis le XIXe siècle, c'est encore le limiter à un rôle d'accueil de l'organe mâle, comme si le seul désir d'une femme qui mouille était d'être pénétrée à cet endroit par une verge. Pourtant, cela signifie seulement qu'elle est excitée sexuellement : le reste est affaire d'interprétation. En outre, lubrifier est proche du mot lubrique, trop souvent accolé autrefois aux femmes exprimant du désir sexuel : ils ont la même origine, un mot latin qui veut dire glissant. Lubrique, qui date du XVe siècle, est associé à l'idée d'une chute dans le péché sexuel, d'un penchant pour la débauche.

Un mot plus adapté au vagin serait « onctué » ; il fait penser à une huile parfumée plutôt qu'à de la graisse de moteur. Loin de la mécanique, ce mot rend mieux la réalité d'une muqueuse à la douceur plaisante. Il permet d'apprécier ces vers de Verlaine, où le mot baume est lié à la douceur et à des odeurs agréables : « Ne fronce plus ces sourcils-ci / *Casta* [chaste], ni cette bouche-ci, / Laisse-moi puiser tous tes baumes, / *Piana* [douce], sucrés, salés, poivrés, / Et laisse-moi boire, poivrés, / Salés, sucrés, tes sacrés baumes[27]. »

Dans notre culture, les images d'érection – obélisques, gratte-ciel, fusées – abondent, et ces symboles de puissance masculine sont valorisés. Et pour les femmes ? Excepté quelques audacieux, ou de rares élus en proie à la folie d'amour, qui exalte l'énergie vitale du sexe féminin ? Qui chante son odeur de marée ? Qui valorise sa production liquide ? Qui ose des images fortes, à l'exemple de l'écrivain André Hardellet : « la crevasse salée, la source[28] » ? Qui voit dans le spectacle de la nature les glorieux symboles « mouillants » que sont les sources, les fontaines, les cascades ou les torrents ? Qui admire la puissance « féminine » des chutes du Niagara ? En Occident, seules des Nordiques ont eu l'audace d'intituler une anthologie féministe *Cascade de con*[29].

Un piège, un gouffre, une sale horreur

Dans *La Guerre des boutons*, l'un des garçons raconte son premier jeu sexuel avec une fille, ce qu'il appelle sa « nuit de noces », et un autre s'étonne : « Tu y as pas mis ton doigt au… ? – Penses-tu, mon vieux, pour me l'emplir de jus, c'est bien trop sale[30] ! »

Jusqu'à nos jours, les mots et les images liés au

vagin et à son humidité sont le plus souvent associés au mépris pour le féminin et à la peur de cette « bouche d'en bas », que certains jugent « laide comme une blessure » et dont les replis charnus s'appellent aussi des lèvres. Des lèvres ? Des sécrétions comme de la salive ? Alors, pourquoi pas des dents ? C'est le mythe quasi universel du « vagin denté », *vagina dentata* dans le latin artificiel des livres savants français ou anglais. Il garde l'entrée de ce que tant de traditions représentent comme un labyrinthe, un lieu de danger mortel. Pourtant, en Crète où est apparue cette figure symbolique, le labyrinthe était lié au caractère sacré de la Terre Mère et à des cérémonies d'initiation aux mystères de la vie. De nombreuses cultures ont développé cette représentation masculine du sexe féminin qui pourrait dévorer, en un processus inverse de celui de la naissance.

La vie peut effrayer, la féminité peut terrifier. Parmi les versions, recueillies par des ethnologues, de la légende du vagin denté, de la bouche avide de la femme mythique, ou de la Grande Mère qui donne la vie et la mort, voici un exemple chez les Muria, une population du nord-est de l'Inde : autrefois, au temps des origines, « le vagin avait des dents, et il mangeait des maïs et des concombres avant que l'homme lui dise que la verge serait désormais sa nourriture[31] ». Selon la même légende, le clitoris serait tout aussi agressif, puisque ce serait un petit morceau de métal qui se serait fixé dans la bouche du vagin au passage d'une clôture ! « Le sexe de la femme est tenu chez les Africains pour une réalité extrêmement dangereuse : capable de produire la vie, capable aussi de la supprimer[32]. » Cette croyance n'est-elle pas répandue dans le monde entier ?

Dans l'imaginaire masculin, la vulve est parfois vue comme une fente effrayante ouvrant sur un engin doté de mâchoires, tel un piège à loup ; celles-ci se refermeront sur le petit bout de chair de l'audacieux qui se risquerait à l'y enfoncer. L'angoisse de la castration (avoir la verge coupée) est liée notamment à la peur de la sexualité féminine, si mal connue, de ses organes cachés et de ses désirs menaçants.

Certains hommes fuient les femmes à la bouche trop large, au rouge à lèvres trop voyant, parce qu'ils voient en elles des mantes religieuses, des carnassières. C'est le mythe de l'ogresse, de la mangeuse d'hommes attirant les passants avec son sourire ensorcelant pour ensuite les soumettre à sa volonté. C'est Circé captivant Ulysse, la Lorelei fascinant les voyageurs sur son rocher du Rhin. C'est le thème de la femme fatale, fatale à l'homme, et symbole de sa perdition, telle que l'ont représentée tant d'artistes de la fin du XIXe siècle, telle que tant d'écrivains se sont plu à l'évoquer, par exemple Joris-Karl Huysmans décrivant un visage qui fait plutôt penser à une vulve : « Avec son casque de cheveux opulemment roux, ses lèvres qui titillaient, humides, voraces, rouges, elle enchantait, irrésistiblement séduisante[33] ! »

Dans la réalité, il existe des mères terrifiantes et symboliquement castratrices, comme celle de l'écrivain Julien Green. Dans son *Journal*, il raconte un épisode de ses cinq ans : sa mère, qui l'avait surpris se caressant la verge, le menaça avec un couteau en criant : *I'll cut it off !* (Je vais te la couper !)[34]. Toutefois, il est rarissime qu'une femme le fasse. L'affaire Bobbitt déclencha un scandale en 1994 aux États-Unis : après des années de brutalités, Lorena Gallo, que son mari, John Wayne Bobbitt, venait une nouvelle fois de violer, lui trancha la verge pendant qu'il dormait ; d'où le verbe *to bobbitize.*

Une représentation atténuée de la castration figure dans une tradition du carnaval, restée très vivante dans plusieurs villes allemandes, la *Weiberfastnacht* (nuit de carnaval des femmes) : le jeudi de la semaine précédant le carême, à Munich, Cologne, Düsseldorf ou Rottenburg, des femmes déguisées coupent d'un coup de ciseaux la cravate d'hommes dans la rue, et aussi de leurs collègues ou de leurs chefs.

Cette peur masculine se retrouve dans des mots d'argot désignant le sexe féminin, par exemple, en suédois, « triangle des Bermudes », nom d'une zone de l'Atlantique où des navires auraient, dit-on, disparu sans laisser de traces.

Du fait que cet organe est en grande partie caché, beaucoup d'hommes le perçoivent comme sournois, fourbe et dangereux. On l'appelait autrefois niche du démon, ou même, au XVIIe siècle, enfer. S'il donne accès à un autre monde, c'est aussi à celui de l'enfer pour le Père de l'Église Tertullien (IIIe siècle), qui affirmait : « La femme est la porte du diable[35]. »

La porte de la vie, pourrait-on dire plutôt, si on pense à la naissance d'un enfant, mais pendant des siècles les esprits sont restés marqués par ces mots : « Nous naissons entre les excréments et l'urine*. » Cela pourrait n'être qu'une précision de lieu, car le vagin est bien situé entre l'anus et la sortie de l'urètre (canal qui évacue l'urine de la vessie), mais s'y ajoute l'idée de la saleté associée à cette fonction.

Pourtant, chez les femmes les orifices sont distincts, tandis que dans la verge, l'urine et le sperme passent par le même conduit ; celui-ci les mène vers l'extérieur, avec un système de fermeture temporaire qui empêche tout mélange. On n'entend à ce sujet aucun rapprochement désobligeant, et le sperme ne perd rien de son prestige à voisiner ainsi avec l'urine. Cette proximité n'est donc répugnante que pour celles qu'on traite de pisseuses, et non pour les porteurs de « petit robinet ». C'est sans doute aussi parce qu'ils restent debout alors qu'elles s'accroupissent, et donc s'abaissent.

---

* *Inter faeces et urinam nascimur* : souvent citée en latin et attribuée à tort à saint Augustin, cette phrase ne se trouve pas dans son œuvre[36].

Grotte ou coffret

Certains chrétiens ont du mal à admettre que leur Dieu devenu homme soit né en passant par un lieu si impur. De même que Bouddha est représenté naissant par le côté du corps de sa mère, de même, des récits légendaires décrivent la naissance de Jésus comme un rayon de lumière illuminant la grotte[37]. Si, au contraire des autres femmes devenues mères, Marie a conservé sa virginité pour mettre au monde Jésus, cela peut se traduire ainsi : son vagin, qui n'avait pas servi au passage d'une verge, n'a pas non plus été parcouru en sens inverse, neuf mois plus tard, par un enfant.

Qu'il s'agisse de Marie ou d'autres mères de héros mythiques, l'histoire ne pouvait pas être racontée avec des mots aussi réalistes ; on préfère des images qui masquent le lien entre sexualité et naissance. D'où des légendes à la riche signification symbolique, mais aussi des niaiseries débitées aux enfants qui cherchent à comprendre le mystère de leur origine.

En Alsace, en Autriche ou aux Pays-Bas, la tradition l'attribue à la cigogne, grand oiseau migrateur. Ma mère nous chantait cette chanson en français, souvenir de la résistance alsacienne à l'occupation allemande entre 1871 et 1918, époque où le français était interdit : « Cigogne, cigogne, t'as de la chance, / Tous les ans, tu passes en France / Cigogne, cigogne, rapport'-nous / Dans ton bec un p'tit pioupiou ! », c'est-à-dire un garçon.

Elle ne nous a pas fait croire, comme tant d'autres parents des années 1950, que les garçons naissent dans les choux et les filles dans les roses ! Certains s'y laissent prendre, tel ce garçon de six ans à qui ses parents demandèrent : « Qu'est-ce que tu préférerais avoir : un chien ou une petite sœur ? – Un chien ! – Non, ce sera une petite sœur. – Elle va venir d'où ? » Ils lui racontèrent que les enfants poussaient dans les choux. Le lendemain, il prit un grand couteau, alla dans le potager et massacra tous les choux un par un. Quelle bienvenue, ai-je pensé, quel mauvais présage d'accueil ! Erreur, m'explique la petite sœur devenue grande : « Il m'adore[38] ! »

Quant à la conception, est-ce parce que le vagin est situé trop « bas », dans une région honteuse ? On préfère placer celle du héros plus haut, dans une partie plus noble : l'oreille, ou la bouche. Selon la légende, Merlin, le futur enchanteur, enfant d'une vierge et d'un démon ayant pris une forme humaine, a été conçu ainsi.

Dans les peintures représentant l'Annonciation, l'archange Gabriel annonce à Marie qu'elle va porter le fils de Dieu. C'est sa parole, les quatre mots latins *Ave Maria gratia plena* (Je vous salue, Marie, pleine de grâce), qui semble féconder celle-ci par l'oreille, en même temps que le rayon de lumière envoyé par Dieu le Père atteint son ventre. D'où la croyance enfantine, ou plutôt la sottise qu'on fait croire aux enfants, et dont Molière se moque dans *L'École des femmes* : « Votre simplicité qui semble sans pareille / Demande si l'on fait les enfants par l'oreille[39]. » Une colombe plane souvent au-dessus de la scène, car cet ancien symbole de la déesse de l'amour Aphrodite est devenu celui du Saint-Esprit.

Au sujet de la grossesse, le langage courant peut rester tout aussi vague : une femme abrite un fœtus dans son sein, dans son giron, mots désignant des régions situées plus haut que l'utérus. Quant à la naissance, celle de Jésus ou toute autre, jusqu'au XXe siècle on préfère le flou : l'enfant sort du ventre de sa mère ou même, selon une autre croyance enfantine, par le nombril. Tout cela pour éviter le mot vagin, trop concret, parce que chargé de sexualité féminine, c'est-à-dire hélas ! d'impureté, de saleté, de honte. En argot américain pourtant, on l'appelle clairement *birth canal*, ou *birth passage* (canal, ou passage de naissance).

Pour un Rabelais expliquant « pourquoi les cuisses d'une demoiselle sont toujours fraîches » (« parce que c'est un lieu ombrageux, obscur et ténébreux, auquel jamais le soleil ne luit »)[40], combien d'hommes, jusqu'à nos jours, se représentent le vagin comme un gouffre malodorant, ou un trou terrifiant qui va les étouffer, les engloutir ! L'inquiétude saisit même le vaillant Bérurier, lorsqu'il entreprend une femme énorme, une géante : « J'avais à la fois peur et envie. [...] Comme si é s'rait meurtrière, sa moule. Kif les fleurs assassines des tropiques qui s'referment su' des animals et les croûtent. [...] J'hésitais d'y plonger. Même la caresser, y m'semblait qu'elle allait m'gober la paluche, vloup-glaoup ! M'la sélectionner au niveau du pognet, comme un gros sécateur[41]. » Que de fantasmes, que de projections effroyables de l'imaginaire ! Pourtant, dans la réalité, le vagin est facilement accessible, et il peut être pénétré sans que la femme ou la fille le désire.

Cela s'appelle un viol, et le viol est un crime. Cette affirmation, récente, est loin d'être admise par tous. Il a fallu des années d'efforts féministes pour faire reconnaître par la loi – en France en 1980* – que « tout acte de pénétration sexuelle, de quelque nature qu'il soit, commis sur la personne d'autrui par violence, contrainte, menace ou surprise, est un viol[42] ». Pendant des siècles on a cru que, si une femme refusait que son vagin fût pénétré, celui-ci se fermait, comme un coffre muni d'un cadenas ; si la pénétration avait lieu, c'était donc avec son accord. Cette croyance absurde persiste puisqu'on entend encore dire aujourd'hui : « Quand une femme ne veut pas, il n'y a rien à

* Monique Pelletier, ministre déléguée chargée de la Condition féminine, qui a fait voter cette loi, a précisé que, parmi ses actions ministérielles, c'était celle à laquelle elle était le plus attachée.

faire[43]. » D'où l'importance de rétablir la vérité, d'expliquer les réalités du corps et le nécessaire respect du non-désir féminin.

Cacher « ça »

Certaines femmes revendiquent le nom injurieux de « trou » ; ainsi, la chanteuse Courtney Love a-t-elle choisi, en réaction au machisme du rock nord-américain, d'appeler Hole (trou en anglais) le groupe féminin qu'elle fonda en 1990. D'autres s'amusent des angoisses masculines, comme celle qui appelait son vagin un « croque-monsieur », ou les Marie Pas Claire, un groupe de jeunes féministes, qui annoncèrent leur naissance, à Paris en 1991, « sous le signe astrologique vierge ascendant sécateur[44] ».

Je me souviens d'un curieux objet de la fin du XIXe siècle, un casse-noix en forme de jambes de femmes : on plaçait la noix à l'équivalent de l'entrejambe ; cela faisait penser à une tête qu'on aurait serrée pour la faire éclater. Voilà qui rappelle l'expression « casse-noix à moustaches », ou une manière de dire faire l'amour : briquer le casse-noisettes[45].

Une femme qui chanterait : « J'ai un piège à mecs, un bijou super, qui fait miaou-oh-oui », choquerait en revendiquant de « piéger » les hommes et en exprimant ainsi son plaisir. Au contraire : « J'ai un piège à filles, un joujou extra, qui fait crac-boum-hue[46] » a été un succès de Jacques Dutronc en 1969. En effet, la culture machiste incite les hommes à se glorifier de leur appendice et de ses performances, réelles, supposées ou symboliques, tandis qu'elle impose aux femmes d'avoir honte de ce qu'elles ont « en bas », et de le cacher.

Cela commence dès l'enfance. À une époque où les filles ne portaient pas de pantalons, mes cousins me lançaient : « Baisse le capot, on voit le moteur ! » quand j'oubliais de serrer les jambes en position assise. Pierre Bourdieu explique cette consigne, qui existe aussi dans la société berbère (et dans bien d'autres), par la nécessaire fermeture du corps féminin, le vagin, objet sacré, devant être protégé par une barrière[47].

Les hommes peuvent s'asseoir à l'aise, les jambes reposant naturellement à une petite distance l'une de l'autre ; au contraire, les femmes ont été habituées à rapprocher leurs cuisses et à tirer sur leur jupe quand elle est droite. Un instant d'inattention, et elles risquent la mésaventure survenue à la députée Roselyne Bachelot ; comme elle descendait d'une tribune après une réunion électorale, elle s'entendit dire par un participant assis au premier rang : « Votre culotte est blanche ! »

Autre injonction qu'on me faisait enfant, et qui était plus forte pour les filles que pour les garçons : « Mets ta main devant ta bouche quand tu bâilles ! » Aujourd'hui, j'en comprends la raison symbolique, le rapprochement inconscient de la bouche avec le vagin. C'était bien avant 1972 et la sortie du film pornographique *Gorge profonde*, dont l'héroïne est présentée comme ayant le clitoris au fond… de la gorge.

Au Japon, il est de bon ton pour une femme de parler en mettant sa main devant sa bouche, en signe de timidité. En Occident, chez les gens « comme il faut », rire à gorge déployée est, pour une femme, considéré comme « vulgaire ». Dans les salons d'autrefois, les dames cachaient derrière un éventail le bas de leur visage. L'expression « rire sous cape » pourrait s'expliquer par le petit carré d'étoffe, appelé touret de nez, derrière lequel les dames du XVIe siècle dissimulaient leurs émotions ou leurs rires*. Rire, même discrètement, était étranger aux « bonnes manières » des

---

* Hypothèse de l'historienne Sabine Melchior-Bonnet. Rabelais le nomme par dérision « cache-laid[48] ».

manuels ; seul le sourire était toléré, esquissé chez les jeunes filles, un peu plus large chez les femmes mariées[49].

Je m'explique pourquoi, dans ma jeunesse, tant de filles se cachaient la bouche quand elles riaient, ou pourquoi, en dehors des actrices, tant de femmes sur les photos d'avant-guerre souriaient à peine et sans desserrer les lèvres, par exemple Marie Curie. Même si certaines voulaient aussi éviter de montrer leurs dents qu'elles jugeaient laides, la véritable raison était sans doute la honte, inculquée depuis l'enfance, envers les cavités du corps féminin. Honte toujours répandue ailleurs : à propos de ses campagnes à scandale pour Benetton, le photographe Oliviero Toscani raconte que l'image où des enfants tiraient la langue a été interdite dans les pays arabes, « car tout organe interne est impudique[50] ». En effet, l'image de la langue entre les lèvres représente l'acte sexuel dans de nombreuses cultures. Au Moyen Âge, les diables peints ou sculptés, par exemple à l'extérieur des cathédrales, tirent une longue langue. L'insolence des enfants qui font ce geste correspond à l'insulte : « Va te faire foutre ! »

L'historien Thomas Laqueur donne d'autres exemples de rapprochement entre la gorge et les organes sexuels féminins : ainsi, jusqu'au XIXe siècle, on a cru que les cantatrices n'avaient pas de règles et qu'elles étaient stériles, à cause de l'air qui circulait en abondance « en haut » et manquait pour faire circuler « en bas » les fluides, sang ou sperme. Son livre offre la reproduction d'un dessin scientifique du XIXe siècle, donnant de l'intérieur de la gorge une image qui ressemble plutôt à celle d'une vulve[51] !

Comment se délivrer de cette honte, ou de cette peur, de ce sentiment de non-valeur qu'exprime ainsi l'héroïne de Christiane Rochefort, dans *Le Repos du guerrier*, qui fit scandale en 1958 : « Je n'étais rien. Rien qu'un con, double sens compris ? » Quelques chapitres plus loin, elle s'enhardit à écrire à son amant une lettre signée « Ton joli con », tandis qu'il célèbre sa « grotte aux trésors pleine de cris et de somptueuses liqueurs[52] ».

Des artistes novateurs, Niki de Saint-Phalle et Jean Tinguely, ont proposé un moyen radical. En 1966, ils exposèrent au musée d'Art moderne de Stockholm une gigantesque sculpture provisoire, nommée *Hon*, ce qui signifie Elle en suédois. C'était une « Nana » (nom d'une série d'œuvres de la même artiste), une grosse géante bariolée de trente mètres de long, couchée sur le dos. Les visiteurs entraient par son vagin et découvraient à l'intérieur un joyeux labyrinthe, avec un planétarium dans le sein droit et un « milkbar » (bar à lait) dans le sein gauche !

Bien d'autres femmes artistes ont exalté les merveilles intérieures du corps féminin, en représentant des grottes fabuleuses, des coffrets précieux, des trésors cachés. Combien en faudra-t-il pour balayer des millénaires de honte !

« Soyons cons ! »

Revenons au vagin réel, trop souvent haï ou méprisé, de même que celles qui en sont dotées. « Bonsoir, vagin ! » : une femme m'a raconté avoir reçu ces mots comme une gifle, un soir, dans une rue de Paris. De même, une ancienne étudiante en médecine se rappelle un de ses camarades demandant à un autre : « T'emmènes un vagin avec toi ce week-end[53] ? »

« Nous traînons dans la boue / Le sexe de la femme. Nous portons / Ses merveilles comme une épidémie / Et nous avons des mots sinistres / Pour nommer sa braise qui nous met / En état d'innocence et de magie[54]. » Je venais de lire ce poème de l'écrivain haïtien René Depestre, quand j'entendis, le 6 mars 2002, Bertrand Delanoë discourir devant un public de cinq cents femmes réunies à l'Hôtel de Ville de Paris pour célébrer le 8 mars, Journée internationale des femmes. Le maire socialiste, récemment élu, présenta des mesures de son programme et vanta la présence de nombreuses femmes dans son équipe, avant de terminer sur cette envolée : « Grâce à tout ça, j'espère qu'on va tous devenir un peu moins cons, je veux dire un peu plus intelligents. » Cons ? Je hoquetai d'indignation, et je ne fus pas la seule. Pour défendre le maire, on m'expliqua que « Bertrand » n'était pas un homme compassé, qu'il employait « souvent un langage familier, proche des gens* ». Quelles gens ? Quelle proximité ? Mes voisines et moi, nous aurions préféré un peu de distance respectueuse.

De même, quand un ministre de droite se permet un mot de cet ordre, ce n'est pas seulement une preuve de familiarité : Jean-François Mattei, ministre de la Santé, a déclaré dans une interview à la télévision, le 13 avril 2003, que suspendre les liaisons aériennes avec les régions touchées par l'épidémie de pneumonie atypique serait « une grosse connerie[56] ».

Le poème de Depestre fait écho à la chanson de Georges Brassens : « C'est la grande pitié de la langue française, / C'est son talon d'Achille et c'est son déshonneur, / De n'offrir que des mots entachés de bassesse / À cet incomparable instrument de bonheur. » Son titre, *Le Blason*, l'inscrit dans la tradition littéraire de l'éloge de parties du corps féminin ; de nombreux hommes poètes du XVIe siècle ont rivalisé dans cette célébration, avec des pièces intitulées « Blason du tétin » (sein), de la cuisse ou du con. En revanche, des contre-blasons violents et orduriers en font la satire. Ce procédé de dépeçage du corps féminin, de grossissement d'un morceau sur lequel se fixe une

* Ledit Bertrand est coutumier du fait. Quelques mois plus tard, en direct à la télévision, il lança un sonore : « Commencez pas à déconner[55] ! »

obsession masculine, traduit la difficulté à considérer la femme en question comme un tout, et d'abord comme une personne, qui pourrait aussi être une égale.

Renouveau ? En 1995, l'Espagnol Juan Manuel de Prada a fait sensation en publiant, à l'âge tendre de vingt-cinq ans, un livre intitulé *Coños* ; il est composé de cinquante-huit textes dont chacun vante un sexe de femme. Le livre a été traduit en français avec le titre *Cons*, alors que l'éditeur de la traduction italienne n'a pas osé faire de même[57].

« Soyons cons » ! Encore quelques siècles de déconstruction du système machiste, encore quelques milliers de livres comme celui-ci, et le mot con deviendra peut-être un compliment. « C'est un homme vraiment con », dira-t-on avec admiration d'un prix Nobel, tandis qu'un jury prestigieux élira chaque année le roi des cons !

Vive le vagin !

Longtemps, le mot vagin est resté un nom technique, un mot de l'écrit, employé dans des rapports de médecine ou de police. En France, Simone de Beauvoir fit scandale en 1949 avec son livre monumental sur les femmes, *Le Deuxième Sexe*, où elle osa écrire ce mot, ainsi que d'autres tout aussi choquants, comme clitoris. Le livre provoqua un déluge d'insultes, et aussi une remarque ahurissante de François Mauriac, écrivain alors très célèbre ; il dit à Jean Cau, secrétaire des *Temps modernes*, la revue que Beauvoir dirigeait avec Sartre : « Maintenant, je connais tout sur le vagin de votre patronne ! »

Pendant la guerre d'Algérie, afin de défendre Djamila Boupacha, combattante pour l'indépendance de son pays, Beauvoir rédigea pour *Le Monde* un article qui dénonçait les tortures subies par cette jeune femme vierge, à qui on avait notamment enfoncé une bouteille dans le vagin. Un responsable du journal lui demanda d'atténuer la crudité de l'expression, et elle remplaça vagin par ventre. Néanmoins, dans la préface du livre qui relate l'affaire, elle tint à employer des mots précis : « déflorée à coups de bouteille[58] ».

À partir des années 1960, des féministes, surtout nord-américaines, ont voulu transformer en fierté la honte du féminin dominante dans la culture occidentale. Elles ont revendiqué leur féminité, et elles ont osé regarder leurs organes. Elles ont apprivoisé le spéculum, l'instrument en métal ou en plastique qui permet d'élargir l'entrée du vagin, et dont le nom signifie miroir en latin*. Elles ont appris à examiner leurs propres organes dans un miroir et à les reconnaître en les nommant de la façon qui leur plaisait[59]. Elles se sont approprié le mot vagin. Elles l'ont dit et répété, elles ont chanté, représenté et célébré leur vagin. Elles ont choisi comme bannière ce mot ou ses équivalents populaires, telle l'Espagnole Bianca Li qui fonda en 1985 à New York un groupe de rap féminin nommé The Xoxonees (les petites foufounes)[60]. À la fin du siècle, des *cybergirls* en ont fait des manifestes sur Internet, elles ont proclamé : « Nous sommes le con moderne [...], nous faisons de l'art avec notre con [...][61]. »

Hors quelques cercles de convaincues, cela resta sans effet notable sur le grand public, car le couvercle de la bienséance pesait lourd sur ce pauvre vagin. Ainsi, c'est seulement en 1989 qu'a été publiée aux Pays-Bas une version du *Journal* d'Anne Frank comprenant des passages inédits depuis la première édition en 1947, car ils avaient semblé alors inconvenants parce que trop intimes. On apprit donc qu'une adolescente néerlandaise de la classe moyenne écrivant

---

* Y aurait-il un rapport avec les spéculoos, délicieux biscuits belges rectangulaires parfumés à la cannelle ?

en 1942 connaissait le mot vagin, ce qui n'était certainement pas le cas dans des pays situés plus au sud. La nuit, pour utiliser le pot de chambre, et savoir précisément où le placer sous ses fesses, elle se repère, écrit-elle, sur son vagin, mot qu'elle met entre guillemets, ce qui indique qu'il ne lui est pas familier. Plus loin, elle se décrit s'observant dans un miroir, et elle détaille ce qu'elle voit de ses organes sexuels[62].

Plus d'un demi-siècle après, aux États-Unis, l'actrice Cybill Shepherd raconte que, dans le feuilleton télévisé qu'elle produisait en 1998, on lui a interdit d'employer le mot vagin. Elle l'explique ainsi : « Il y a une double norme à la télévision : vous pouvez dire pénis pratiquement autant que vous voulez, mais pas vagin. Pour moi, c'est important de pouvoir dire les noms. Nommer donne du pouvoir. Renommer est une façon de nous rééduquer[63]. »

Pourtant, en 1996, coup de théâtre, avec une pièce qui, depuis sa création aux États-Unis, connaît un succès international. Cela permet d'espérer que les mentalités commencent enfin à évoluer. L'auteure, Eve Ensler, qui s'est entretenue avec deux cents femmes de toutes origines et de tous âges, a composé avec leurs témoignages *Vagina Monologues*, *Monologues du vagin*[64]. Le mot vagin a semblé si choquant que, dans certaines villes de son pays, le titre est devenu sur les affiches *V... Monologues* : comme si vagin était l'un de ces mots obscènes dont on ose écrire seulement l'initiale*.

Des millions de personnes, femmes et hommes, ont assisté à une représentation de ces *Monologues du vagin* ; en deux heures, elles ont entendu prononcer

---

* Par exemple f... (*fuck*, foutre), s... (*shit*, merde) ou c... (*cunt*, con). Ce fut le cas dans le Paris d'après-guerre pour la pièce de Sartre, *La P... respectueuse*, où le mot gênant était putain. Ce dernier contamina le mot respectueuse, qui en vint lui-même à signifier putain, tandis qu'on s'amusait à rebaptiser la pièce *La Putain r...* !

cent vingt-huit fois le mot vagin, et elles ont pu constater qu'il n'écorchait ni les lèvres ni les oreilles. La pièce dit tout, et c'est pourquoi *Monologues de la vulve* aurait été un titre plus juste. Elle dit les violences et le plaisir, les règles et les poils, la découverte de soi dans la joie, et aussi le supplice des Africaines excisées, ou des Bosniaques violées pendant la guerre, comme le sont aussi tant d'autres femmes en temps de paix. Quand elle se termine, on voit dans le public qui applaudit debout beaucoup de mains levées, avec deux doigts formant un V, le V de vagin et de vulve, le V de la victoire sur la honte, l'ignorance et le mépris. Dans leur grande majorité, les spectatrices sortent de la représentation émues, ébranlées, en passe de se réconcilier avec leur propre corps et avec cet organe, leur vagin, si maltraité, si méprisé. Dorénavant, elles osent le nommer avec le mot juste, qu'elles s'approprient à la suite des actrices : « Vagin. Mon vagin. Ceci est mon corps, ceci est mon vagin. Je t'aime, mon vagin ! »

Depuis 1998, des féministes organisent une fois par an dans plusieurs villes (à Paris, depuis 2000), autour d'une représentation de la pièce, un *V-Day*, un jour V. À New York, le 10 février 2001, devant dix-huit mille personnes réunies à Madison Square Garden pour protester contre les violences que subissent les femmes, des prix ont été remis aux lauréates d'un concours d'idées lancé pour faire cesser les viols. L'argent réuni – 2,3 millions de dollars ce soir-là – est allé à des groupes antiviolence[65].

Recueillons l'héritage de Sumer, où la déesse Inanna et son amant Dumuzi chantent la beauté de la vulve humide ! Les mots du corps, s'ils sont dits avec respect, dans l'apprentissage de soi, dans l'émerveillement de la découverte, aident à se constituer, à s'accepter comme on est, à habiter son corps en connaissance de cause.

Ces mots soulagent, ils libèrent de la honte et de la haine de soi.

Pour les filles et les femmes, ils font exister quelque chose « en bas », là où beaucoup croient encore qu'il n'y a rien, un trou, du vide. Prononcer des mots comme vulve, clitoris, lèvres, mont de Vénus, poils, vagin, etc. les amène à se représenter leur propre corps avec clarté et précision. Si elles préfèrent, plutôt que vagin ou vulve, dire ou entendre con, chatte, frifri, touffe, moule, zézette, mistigri, kiki, piou-piou, zigouigoui, turlututu, poupounette, yoni, fleur, parties roses, ou même saint des saints, ou encore tout autre nom ou diminutif de leur choix ou de leur invention, c'est leur droit, leur plaisir, leur liberté !

CHAPITRE VIII
Une autre bouche

L'animal tapi

Les Françaises et les autres francophones savent-elles qu'elles ont à l'intérieur de leur corps un museau, mot réservé à la face des animaux ? En allemand, ce qui se trouve au fond du vagin a pour nom *Gebärmuttermund*, c'est-à-dire bouche *(Mund)* de l'utérus *(Gebärmutter)*, littéralement « mère qui porte ». En français, depuis le XVIIIe siècle, cela s'appelle un museau de tanche ! La tanche est un poisson d'eau douce, dont la face n'est pas plate, comme chez la plupart des poissons, mais se termine en pointe. Au XXIe siècle, on appelle toujours museau de tanche l'extrémité de l'utérus, c'est-à-dire le bout du col, la partie étroite qui se termine dans le vagin. Rien n'a donc changé depuis que le savant italien Mateo Colombo écrivait, dans un livre d'anatomie publié en 1559, que la bouche de la matrice « offre [...] l'image d'une tanche ou d'un chien qui viendrait de voir le jour[1] ».

L'image d'une bouche, d'un museau d'animal situé à l'intérieur du corps des femmes remonte à l'Antiquité. Selon les Grecs, leur ventre contenait un organe nommé *hysteros* qu'ils voyaient comme un animal autonome, de petite taille mais capable de s'agrandir en cas de grossesse ; ils se le représentaient avec une bouche tournée vers le bas, dont les lèvres pouvaient s'ouvrir et se fermer. Jusqu'à ce qu'on découvre, au IIIe siècle avant notre ère, qu'il existait des ligaments fixant l'utérus[2], les Grecs pensaient que cet « animal » pouvait bouger à l'intérieur du corps féminin. Selon Platon, c'était « un être vivant, possédé du désir de faire des enfants [...] ; quand il est demeuré longtemps stérile, il s'agite en tous sens[3] ».

Exprimant les angoisses masculines au sujet des femmes et de leur mystérieuse capacité d'enfanter, les auteurs de l'Antiquité ont attribué les troubles les plus divers à cet organe et à ses prétendues migrations. D'après Hippocrate, le plus grand médecin de l'Antiquité, les femmes d'un certain âge, ou celles qui n'avaient pas de rapports sexuels souffraient de « suffocations hystériques ». L'organe se desséchait, croyait-on, et à la recherche d'eau il pouvait monter jusqu'à la tête. On attribuait à ces déplacements diverses maladies qu'on soignait avec de douloureuses séances de fumigation, en envoyant des fumées à travers le vagin[4] ! Pendant vingt siècles, on a répété ces sornettes dont l'écho s'entend encore chez Rabelais : « Nature leur a dedans le corps posé en lieu secret et intestin [intérieur] un animal [...][5]. »

De la matrice à l'utérus

Pour expliquer des maladies de femmes ou des comportements féminins, des générations de savants ont eu recours à quatre mots qui devaient tout résumer ; attribuée à Hippocrate, la phrase est connue dans sa formulation latine : *Tota mulier in utero* (Toute la femme est dans sa matrice). C'est ainsi que le désir sexuel féminin, toujours jugé excessif, était attribué à une « fureur utérine » ; cette expression a été utilisée jusqu'au XIXe siècle, puis les femmes en proie à cette prétendue fureur ont été appelées d'un mot plus chic, nymphomanes*.

Rabelais fait dire à l'un de ses personnages que « l'animal » est effréné et peut être assouvi « par l'aliment que Nature lui a préparé en l'homme », c'est-à-dire le sperme. Le débat porte sur les dangers que court Panurge d'être cocu s'il se marie ; comme l'explique l'un des intervenants, exprimant la peur de bien des hommes de ne pouvoir combler le désir des femmes : « Ne vous esbahissez pas si sommes en dangier perpétuel d'estre coqüz, nous qui n'avons pas tousjours bien de quoy payer et satisfaire au contentement[6]. »

La matrice, mot féminin qui vient du latin *mater* (mère), reçut le nom savant et masculin d'utérus quand on cessa de la voir comme l'organe masculin en creux. C'est Ambroise Paré qui importa ce mot, vers 1560, du latin classique *uterus*, adapté du grec *hysteros*, qui a signifié ventre de femme, puis partie de son ventre pouvant abriter un embryon (le produit de la conception). En français, l'organe a aussi été désigné par des noms poétiques plus vagues. Par exemple, entrailles, qui signifie ce qui est à l'intérieur du ventre, comme dans la prière *Ave Maria* : « Jésus, le fruit de vos entrailles ». Au XVIIIe siècle, le traducteur de la Bible a voulu éviter le mot ventre pour rendre le latin *fructus ventris tui* (le fruit de ton ventre). La version du XXIe siècle est encore plus pudique : « Jésus, ton enfant ».

En allemand, le mot ancien pour désigner le produit de la conception est *Leibesfrucht*, c'est-à-dire fruit du ventre, et être enceinte se disait autrefois *gesegneten Leibes sein* (avoir un ventre béni). On parlait aussi de *Leibeshöhle* (creux du ventre) pour la matrice, que le polonais désigne par *macica*, mot ayant la même racine que mère.

Le français classique, celui des tragédies de Racine,

---

* « Saute-au-paf » en argot d'aujourd'hui.

ne connaît que sein ou flanc : « Dans quel sein vertueux avez-vous pris naissance[7] ? », ou : « Ce fils qu'une Amazone a porté dans son flanc[8]. » Le sein est plus haut que le ventre, les flancs sont les côtés du corps : ces images poétiques sont donc fausses, et elles ont contribué à épaissir le mystère autour de la grossesse. Jusqu'au XXe siècle, on a continué à employer ces mots imprécis : ainsi, la féministe Nelly Roussel (1878-1922) demandait-elle, pour la femme, « le droit de disposer de ses propres flancs[9] » !

Dans le langage courant, utérus a longtemps été concurrencé par matrice qui, en français d'Afrique, désigne toujours l'ensemble des organes sexuels féminins. Le français populaire lui donne aussi ce sens imprécis : ce qui est à l'intérieur du ventre des femmes. De même, en anglais, *uterus* coexiste avec *matrix**, ainsi qu'avec le mot plus ancien *womb.* Ce dernier, venu de l'anglo-saxon, signifiait à l'origine espace creux, et il correspond au mot entrailles : l'expression de l'*Ave Maria* est *the fruit of thy womb.* Il s'emploie aussi au sens figuré : *earth's womb* correspond à sein de la terre en français.

En russe, le mot *brioukho*, proche du brioche français, désigne la bedaine d'un homme bien en chair, et aussi le ventre d'une femme enceinte, dans des expressions comme « promener sa brioche », tandis que le mot familier *brioukhata*, engrossée, équivaut à « embriochée ». À la télévision française, un commentateur sportif à la langue fleurie parla d'un match qui partait « en brioche[10] », avec le même sens négatif que partir en eau de boudin, ou partir en couille.

Ces expressions font penser à une autre : tomber en quenouille**. Ce nom est celui d'un instrument – bâton

---

* Le film *Matrix*, des frères Wachowski (1999), qui joue sur le réel et le virtuel, montre des humains utilisés par la Matrice, à la fois mère et machine.

** Souvenir d'un temps où les femmes étaient écartées du trône ou canne de roseau – qu'on utilise avec un fuseau ou un rouet pour filer (transformer en fil) une matière textile brute (chanvre, laine, etc.). Tenue verticalement, la quenouille a le sommet garni d'une touffe de cette matière. Comme d'autres mots désignant des bâtons de toutes sortes, il a été employé pour dire verge*.

Un autre sens imagé, plus courant, est lié au féminin. Autrefois, c'étaient les femmes qui filaient : la quenouille, le fuseau et le rouet des fileuses étaient le symbole de leur vie et des travaux qui leur étaient réservés. Dans certaines régions, traditionnellement, les jeunes gens offraient une quenouille à leur fiancée. Du féminin au manque de virilité, il n'y a qu'une « petite différence ». Employée au sujet d'un homme, la quenouille a signifié au XIXe siècle la lâcheté : « Je n'ai pas voulu mériter la quenouille que vous envoyez aux poltrons[11] », fait dire George Sand à un personnage masculin de *Lélia*.

Le vide et le plein

Pas plus que le vagin n'est un étui vide en attente d'une verge, l'utérus n'est une poche préparée pour l'accueil d'un embryon. Chez une fille ou chez une femme, quels que soient l'âge ou le nombre de grossesses, il n'a rien d'un sac aux parois rigides.

Après des millénaires d'ignorance et de représentations imaginaires provenant des mythes et des fantasmes, la connaissance transmise par des dessins a

---

par la loi salique, et où l'héritage privilégiait le fils aîné. L'expression signifie qu'un pouvoir ou un patrimoine est passé en de mauvaises mains, celles de personnes incapables de l'assumer et amenées en général à l'abandonner. On l'a employée à partir du XVIIe siècle au sujet d'une maison dont une femme devenait l'héritière.

* En latin classique, quenouille se dit *colus* ; le mot français vient du nom populaire *conucula*, bien proche de *cunniculus* (lapin) qui a donné con !

conduit à une autre imprécision : certes, il est difficile de représenter par des lignes une structure en trois dimensions, mais rien n'est fait pour dissiper la confusion entre l'organe et sa fonction dans la continuité de l'espèce humaine.

Comme pour tout ce qui est à l'intérieur du corps, par exemple les circonvolutions du cerveau ou la circulation du sang, nous devons, pour nous instruire, faire confiance à ceux qui savent et qui nous expliquent avec leurs mots, leurs croquis, leurs raisonnements imagés. Or, transmettre un savoir sur les organes sexuels, fût-il le plus moderne, c'est aussi, parfois, faire passer des idées anciennes. Représenter l'utérus, dans les livres d'éducation sexuelle, comme une enveloppe, un sac, un contenant en attente d'un contenu conditionne les esprits à privilégier dans la sexualité féminine ce qui relève de la production éventuelle d'un autre être humain. C'est habituer les femmes à penser qu'il y a du vide en elles et que, pour devenir de « vraies » femmes, elles doivent accueillir une verge dans leur vagin, puis un embryon dans leur utérus : ne veut-on pas les persuader que c'est seulement ainsi qu'elles pourront se sentir comblées, complètes ? On leur ressasse qu'elles sont complémentaires des hommes, comme leurs organes sexuels le sont des leurs.

Toutes les femmes n'ont pas ou n'auront pas un enfant, mais tous les êtres humains sont nés d'une femme. Ils ont séjourné dans son utérus, et ils sont venus au monde en passant par son vagin, excepté dans les cas de césarienne. Ce nom vient du verbe qui signifie couper, et qui a donné aussi ciseaux ou césure. La méthode, qui consiste à couper le ventre et l'utérus pour sortir l'enfant, fut pratiquée pour un ancêtre de l'empereur romain Jules César. Extrait du ventre de sa mère morte, il survécut et porta ce surnom qui fut transmis à ses descendants. En allemand, césarienne se dit *Kaiserschnitt* ; ma sœur me rappelle que nous avons bien ri quand l'épouse allemande de notre cousin alsacien parla d'un enfant né par une « coupe de l'empereur ».

Du long séjour dans un espace fermé, chaud, obscur et baigné de liquide, du bref passage dans un conduit débouchant sur l'air et la lumière découlent des symboles parmi les plus forts que l'espèce humaine se soit donnés. Dès la préhistoire, les êtres humains ont construit des monuments funéraires, avec un tumulus en forme de matrice et un couloir étroit menant vers l'extérieur.

Chez les Grecs, le temple de Delphes, le plus sacré de tous avec ses oracles délivrés par la Pythie, était l'*omphalos*, temple de la matrice (*delphus* en grec) et centre du monde. Pour les Romains, celui-ci était situé dans le temple rond de Vesta, à Rome. Le mot *omphalos* a donné *umbilicus* en latin, et en français ombilic, avec sa forme populaire nombril.

Le jardin clos du Moyen Âge, *hortus conclusus* en latin, qui représente le jardin d'Éden, c'est-à-dire le paradis terrestre, avec son arbre de vie et sa fontaine, peut être vu comme une image de la matrice. Cette image est teintée de la nostalgie d'un paradis perdu, qu'on croit retrouver au creux des bras d'un être aimant. Ainsi, d'innombrables légendes illustrent le thème de la grotte refuge – par exemple celle où est né Jésus –, du creux accueillant, et donc de la maison, du foyer, avec leur douce chaleur apaisante qui protège du monde extérieur, de sa violence et de ses conflits. D'où des images fortes d'un « retour à l'origine », comme cette séquence en noir et blanc du film *Parle avec elle*, de l'Espagnol Pedro Almodovar (2002), dans laquelle un homme minuscule écarte les lèvres d'une vulve géante et disparaît à l'intérieur*. Chaudes

* Il fait penser au film hollywoodien de science-fiction, *L'Homme qui rétrécit*, de Jack Arnold (1957), dans lequel le héros, poursuivi par un chat, tombe dans une cave.

et sombres, les salles de cinéma elles-mêmes proposent ce refuge, et procurent une impression qu'on n'éprouve pas en regardant le même film à la télévision.

À l'opposé, de nombreux mythes illustrent le thème de « la » femme vue comme une matrice terrifiante, engloutissante. « Prends garde d'abîmer ton intelligence dans le commerce des dames, avertit Flaubert dans une lettre à un ami. Tu perdras ton génie au fond d'une matrice[12]. » Quelques siècles de découvertes scientifiques n'ont pas suffi à abolir des préjugés millénaires. De nos jours, beaucoup d'hommes, marqués par l'image de la mère toute-puissante, attribuent aux femmes un pouvoir magique, dont l'origine serait à l'intérieur de leur ventre, autour de ce mystérieux museau d'animal.

Au XIXe siècle, quand on a commencé à étudier la période de l'histoire de l'humanité qu'on appelle depuis 1874 préhistoire, on a nommé Vénus des statues ou statuettes de femme considérées comme le type d'une certaine culture, par exemple, la Vénus de Willendorf, en Autriche, qui date de trente-cinq mille ans et qui mesure onze centimètres. Seins, ventre, fesses, cuisses, tout est énorme chez elle, pour nos yeux habitués aux proportions des Vénus classiques. Les représentations des déesses mères, nombreuses au Proche-Orient il y a dix mille ans, ont des formes qui nous sont plus familières. Toutes symbolisent la puissance de la fécondité féminine, sans représentation masculine équivalente.

C'est pourquoi il est surprenant que Freud ait attribué aux femmes et aux filles l'envie d'avoir un pénis, sans imaginer de réciproque possible. Combien d'hommes et de garçons ont-ils rêvé d'avoir la puissance de l'autre sexe ! Ils ont pu ressentir le désir d'avoir des seins, regretter l'absence d'un clitoris ou envier le gros ventre des femmes qui peut abriter une promesse de vie et mettre au monde un enfant. C'est ce qu'on appelle, depuis les écrits féministes des années 1970, l'envie de matrice, en anglais *womb-envy*. Le film de Marco Ferreri, *Le Futur est femme* (1984) en offre une illustration : glorifiant la féminité, il montre l'effarement d'un homme devant la grossesse et le processus de la maternité.

Dès 1972, la Nord-Américaine Phyllis Chesler l'avait expliqué[13] : si des femmes ressentent une envie de pénis, ce n'est pas pour l'organe lui-même, mais pour ce qu'il symbolise, la liberté des hommes et leur pouvoir, bref leurs privilèges dans une société ravalant les femmes au rang de « deuxième sexe ».

Utérus reste un mot technique, qui n'est guère utilisé dans le langage courant : les femmes qui souffrent au moment de leurs règles ne disent pas : « J'ai mal à l'utérus », mais : « J'ai mal au ventre. » Dans plusieurs langues, les femmes parlent de cet organe comme d'un être masculin qui dominerait leur intérieur ; quand elles ont leurs règles, elles ont en italien « le marquis » *(il marchese)*, et en allemand « le roi rouge » *(der rote König)*, le rouge du sang.

Matrice, nom vieilli au sens concret d'utérus, conserve une valeur symbolique : par exemple, un article sur la reine mère d'Angleterre la qualifie de « matrice suprême[14] ». Entre ces deux mots, utérus et matrice, c'est le même décalage qu'entre le sexe masculin réel, la verge, et sa représentation, matérielle ou imaginaire, qu'exprime le mot phallus.

CHAPITRE IX

Bouton de rose et tortures

Mot propre et ignorance crasse

Retour aux fleurs ! Les amateurs de cinéma savent que *Citizen Kane*, le chef-d'œuvre d'Orson Welles, s'inspire de la vie du richissime patron de presse William Randolph Hearst, qui tenta de faire interdire le film lors de sa sortie aux États-Unis en 1940. Le mot *rosebud* (bouton de rose), l'une des clefs de l'œuvre, reste mystérieux. Il pourrait être le nom que donnait Hearst à « une partie intime du corps de sa maîtresse », l'actrice Marion Davies : c'est l'interprétation que j'ai lue dans un dictionnaire de cinéma « bon genre », c'est-à-dire restant dans le flou quand il s'agit de sexualité.

Bouton de rose : c'est la même image chez Verlaine : « Laisse errer mes doigts dans la mousse / Où le bouton de rose brille[1]. »

N'y a-t-il pas un mot plus précis pour cette « partie intime » ? Des noms familiers comme bigorneau, bouton, bitougnet ou haricot peuvent sembler trop concrets. Serait-ce plus raffiné d'employer des mots liés à une idée de valeur, comme petit bijou, perle – *Perle* est un nom courant en allemand –, rubis ou encore pépite, c'est-à-dire petite chose précieuse et difficile à trouver ? D'autres mots figurés renvoient à des nourritures de petite taille : lentille, grain de café, praline, framboise, fraise des bois, noisette ou amande. Des expressions populaires désignent des caresses appréciées par des femmes, comme sucer la friandise, picorer le bonbon, reluire le berlingot, ou grossir la cerise[2].

On peut citer l'auteur latin Juvénal et sa « crête de coq », ou des mots du XVIIe siècle, comme languette, c'est-à-dire petite langue, ou encore lampe amoureuse. D'autres mots font penser à un déclic, comme clochette, cliquette, ou le curieux gâchette (*trigger* en anglais, *grilletto* en italien), emprunté au vocabulaire des armes à feu et qui donne l'idée fausse d'un déclenchement brutal après qu'on a appuyé sur la détente d'une pièce.

Quel est donc le mot propre ? Qu'est-ce qui, chez une fille ou chez une femme, se situe en haut des petites lèvres de la vulve, situées elles-mêmes à l'intérieur des grandes lèvres ? Qu'est-ce qui a la taille d'un pépin de raisin, et qui ressemble à une verge en miniature, avec un gland et un capuchon ? Qu'est-ce qui, si on l'effleure en le caressant délicatement, gonfle en se dressant ? Qu'est-ce qui a une sensibilité si extraordinaire que, après une excitation suffisante, un déplacement infime ou une très légère variation de la pression modifient les sensations, tandis qu'un contact trop rude peut faire mal ?

On l'a longtemps nommé verge femelle, ou queue femelle[3], et en latin *veretrum muliebre* (verge de la femme). C'est donc le même nom que le vagin, à l'époque où il était vu comme un pénis en creux. Les hommes ont une verge, les femmes en avaient deux, l'une toute petite et l'autre en creux ! Au sujet de la première, l'historien Thomas Laqueur cite un texte français de 1612 où figurent, outre « verge féminine », différents autres noms : « tentation, aiguillon de volupté », ainsi que ce surnom révélateur, « le mespris [mépris] des hommes ». De même, un traité de 1662 la décrit en détail et conclut qu'elle fonctionne comme le membre viril ; enfin, selon un ouvrage médical de référence publié à la fin du XIXe siècle, c'est « un organe érectile ayant la même structure que le corps caverneux de la verge et doté des mêmes fonctions érotiques, mais sans urètre, donc sans semence[4] ».

En allemand aussi : dans le dictionnaire Grimms du XIXe siècle, le *Kitzler* (mot toujours courant de nos jours) est défini comme une verge femelle *(weibliche Rute)*. *Kitzler* vient du mot qui veut dire titiller, c'est-à-dire caresser légèrement en excitant agréablement. Il signifie aussi chatouiller, une façon de toucher, surtout à certains endroits, qui déclenche le rire. Attention ! met en garde un expert, San-Antonio, « y a des frangines que les préliminaires, ça les chatouille, et tu ne peux pas faire reluire [jouir] une frangine qui se marre[5] ».

Quel est son nom en français d'aujourd'hui ? Qu'est-ce qui, avec beaucoup de douceur et d'attention peut, au bout d'un certain temps, variable selon les sensibilités et les circonstances, faire ressentir des sensations exquises et même davantage : *summa voluptas* en latin, le plaisir suprême, en français d'avant-guerre ? Quel est le seul organe qui ne sert à rien d'autre qu'à donner du plaisir et qui existe seulement dans le corps féminin ? Comment s'appelle cette petite saillie de chair, ce tout petit bouton rose ?

Pourquoi, dans un livre sérieux sur le cinéma, tourner autour du pot pour définir *rosebud* et éviter d'écrire ce nom ? Est-ce parce que clitoris, appellation savante, est devenu, comme vagin, un gros mot, un mot sale ? Hélas, voilà la honte qui revient : si l'allemand d'aujourd'hui emploie plutôt le mot du langage médical *Klitoris*, jusqu'aux années soixante, on disait *Schamzünglein*, c'est-à-dire petite langue, languette honteuse.

En russe, on utilise aussi le mot clitoris, et en argot *klitornik* désigne un homme aimant lécher ce bouton.

En anglais et en français, c'est le même mot, clitoris (le s final se prononce), introduit en français à partir du XVIIe siècle – il figure chez Sade[6] –, et proposé dès le XVIe siècle par l'Italien Matteo Colombo*. Celui-ci le définit comme « par excellence, le siège du plaisir féminin », et le surnomma « douceur de Vénus »[8]. À l'origine, clitoris est un mot grec dont la signification, discutée – petite colline, clef, ou porte –, fait penser qu'il s'agit de l'accès à quelque chose : au plaisir ? À lire clitoris, ce mot étrange, on se demande qui, en dehors des savants ayant décidé de l'imposer, peut bien deviner qu'il est lié au plaisir féminin ? Au contraire, petit bouton, de chair, de rose, d'amour ou de plaisir, est simple et clair ; les personnes qui l'appellent ainsi se passent de la permission des autorités linguistiques, tandis qu'un groupe français donne un sens politique à CLIT : Commando de lesbiennes insoumises et transgressives[9] !

En latin, le nom de cet organe était *nympha*, qui est aussi le nom des nymphes, divinités des sources. Trop tard ! Nymphe avait été choisi, à la fin du XVIe siècle, pour désigner en français savant les petites lèvres de la vulve. Clitoris, avec ses trois syllabes brèves, est pourtant moins évocateur que nymphe et son long souffle. Même quand on l'apprivoise avec des diminutifs – clit' (le plus courant en anglais), clito ou cli-cli –, clitoris fait plutôt penser à une maladie, comme dans cette histoire marseillaise de Marius disant à son copain Olive :

– Tu le savais, toi, que ta femme avait un clitoris ?

– Oh, peuchère, ça ne m'étonne pas, les femmes, quand elles ont pas une chose, faut toujours qu'elles en aient une autre[10] !

---

* Il est l'auteur de *De re anatomica* (1559). L'histoire de sa « découverte » du clitoris est racontée dans un roman à succès de l'Argentin Federico Andahazi[7].

L'histoire de Hearst et du « bouton de rose » de sa maîtresse est d'autant plus digne d'intérêt qu'on relève trop peu de signes de bienveillance pour le clitoris et pour le plaisir qu'il peut procurer aux filles et aux femmes.

Au mieux, ce minuscule organe est ignoré. Selon un sondage publié par un magazine féminin en 1997, 10 % des Françaises ne savent pas ce qu'est un clitoris et ignorent qu'elles en ont un. Quant à celles qui disent le connaître, 23 % n'osent même pas en prononcer le nom[11]. Beaucoup croient qu'il est si petit qu'il est invisible à l'œil nu, et sont donc persuadées qu'il est inutile de le chercher !

Comment les Françaises le connaîtraient-elles et, pour celles qui l'ont découvert par elles-mêmes, où auraient-elles appris son nom ? Ni dans la famille ni à l'école ! Ni à la télévision : le 12 juin 2001, à 22 h 30, dans une émission de France 2 sur la sexualité, on a présenté une planche sur les organes sexuels féminins. Il y manquait le clitoris ! Au cours du débat, où intervenaient sexologues et médecins, la seule fois où on prononça le mot, mais sans préciser où était situé l'organe, ce fut dans une explication l'englobant avec les seins et les petites lèvres dans les organes qui « gonflent quand ils sont excités par le désir ».

Pourquoi, en effet, s'attarder sur quelque chose qui ne sert à rien d'autre qu'au plaisir féminin et pas nécessairement avec la participation d'un homme ? De même, pourquoi donner l'alerte aux lectrices du *Petit Larousse* de 2003 en citant le plaisir dans la définition de clitoris ? Mieux vaut se limiter à « petit organe érectile situé à la partie supérieure de la vulve » et éviter d'indiquer sa fonction ! Il faut avoir accès à l'édition en dix volumes de ce dictionnaire pour apprendre que « c'est un important organe érogène », c'est-à-dire qui peut « manifester une excitation de type sexuel » : toujours aucune mention du plaisir ! Le rédacteur de l'édition de 1962, qui présentait le clitoris comme « homologue dans une certaine mesure de la verge des mâles », avait plus d'audace : il le définissait comme « le siège d'une partie des sensations voluptueuses ».

Dans *Le Guide du zizi sexuel*, livre d'éducation sexuelle tout récent et très diffusé, Zep et Hélène Bruller décrivent ainsi « le sexe d'une fille » : « C'est une fente dont les bords s'appellent les lèvres. En haut de la fente se trouve le clitoris qui est comme un minuscule zizi de garçon. » Aucune indication n'est donnée sur l'usage ou l'intérêt de cette chose minuscule ! De même, la question : « Est-ce que les filles se masturbent aussi ? » suscite une réponse imprécise : « Si elles ressentent du désir, les filles ont aussi envie de se caresser le sexe[12]. »

Les Britanniques ne sont pas mieux loties. Dans ce pays où les enfants reçoivent à l'école une information sur la sexualité, une enquête portant sur les quinze livres scolaires utilisés l'année de l'examen de fin d'études montre que seulement cinq mentionnent le clitoris[13] ! Il s'agit pourtant du pays où les Beatles chantaient en 1968 : *« When I hold you in my arms and I feel my finger on your trigger »* (Quand je te tiens dans mes bras et que je sens mon doigt sur ta gâchette »)*.

De même, le clitoris est absent des schémas de la plupart des livres de biologie étudiés dans les collèges aux États-Unis[14]. Alors que la culture occidentale valorise à outrance les organes sexuels masculins, on préfère passer sous silence un élément essentiel de l'identité sexuelle féminine. La plupart des filles le découvrent par hasard dans leur enfance, en se lavant

---

* Dans *Happiness is a Warm Gun* (mot à mot : le bonheur est un fusil chaud).

ou en faisant du sport, par exemple en grimpant à la corde ou en montant à cheval. Est-ce pour leur éviter cette révélation que jusqu'au XXe siècle il était interdit aux cavalières de monter autrement qu'en amazone, les jambes serrées sur le côté ? Est-ce pour cette raison supplémentaire que les conservateurs ont combattu la liberté féminine apportée au XIXe siècle par la bicyclette ?

Pour trop de femmes, cette découverte, faute d'informations, reste un secret, entaché de la culpabilité liée trop souvent au plaisir. Quelle révolution ce serait si les mères, au lieu d'être prisonnières du silence et d'une éducation répressive, transmettaient à leurs filles leur fierté de disposer d'un organe aussi riche, doté d'autant de terminaisons nerveuses ! Si chaque femme prenait conscience de sa chance d'être née fille, et donc dotée d'une telle source de plaisir ! D'où la plaisanterie féministe au sujet de la « petite différence » entre les hommes et les femmes. Réponse : le clitoris, qui manque aux hommes !

Indifférence ou haine

Rares sont les femmes qui osent parler de leur clitoris, dire les plaisirs qu'il leur procure, ou qu'il pourrait leur procurer. Du côté de la majorité des hommes occidentaux, c'est en effet la curiosité qui fait défaut, à en juger par les nombreuses blagues que se transmettent des femmes déçues : « Quelle est la différence entre un clitoris et une balle de golf ? Réponse : un homme peut passer deux heures à chercher une balle de golf ! » Ou : « Quelle est la différence entre un clitoris et un bistro ? Neuf hommes sur dix sont capables de trouver un bistro ! » Hélas ! Les « clitouristes » manquent : c'est le nom que donne Titeuf, le personnage du dessinateur Zep, à ceux qui y font leur première visite !

Quand un homme doit être opéré de la prostate ou

de la vessie, on s'inquiète des conséquences sur sa fonction sexuelle et on tente au maximum de la préserver. Les femmes opérées dans cette zone ne font pas l'objet du même souci. Alors que le système de muscles, de nerfs et de vaisseaux qui produit l'érection masculine a été identifié depuis les années 1970, la plupart des chirurgiens connaissent encore mal les prolongements internes du clitoris, ainsi que les mécanismes qui le font gonfler et se dresser. Grâce aux progrès de la microdissection, le bouton de rose vient enfin d'apparaître dans sa complexité : Helen O'Connell, chirurgienne urologue australienne, a montré que sa partie externe est rattachée à une pyramide de tissus érectiles internes, prolongée par deux bras de neuf centimètres de longueur[15]. On espère que ceux et celles qui opéreront dans cette région y prendront garde afin de préserver le futur plaisir sexuel de leurs patientes.

Trois fois hélas ! La disposition la plus répandue à travers le monde à l'égard de cet organe à peine visible et inoffensif n'est pas le manque de curiosité ou l'indifférence, mais la haine. Déjà, au Moyen Âge, on l'appelait « mamelon du diable ». De nos jours, cette haine se manifeste par la coutume de l'excision ; pratiquée dans des pays, surtout africains, dont l'islam est la religion dominante, elle est cependant inconnue au Maghreb, dans les pays du Golfe, et parmi les descendants des esclaves noirs déportés aux Amériques. Elle ne figure nulle part dans le Coran et relève de la tradition, des hadiths, commentaires des actions de Mahomet.

Le mot excision vient du mot latin qui signifie couper en enlevant ; par exemple, on excise une verrue. Dans de nombreux pays, notamment dans vingt-huit pays d'Afrique, c'est le clitoris qu'on coupe aux petites filles, et parfois aussi une partie des lèvres, au prix d'atroces souffrances. Les exciseuses sont le plus souvent de vieilles femmes qui utilisent des instruments grossiers, couteau, lame de rasoir ou bout de verre ; quand la lumière est mauvaise, quand leur vue n'est pas bonne, quand leur main n'est pas précise, la torture en est aggravée, ainsi que les ravages qui en résultent, car elles charcutent sans anesthésie dans un endroit du corps extrêmement sensible. En outre, elles utilisent le même outil pour opérer à la chaîne, avec des risques élevés de contamination, notamment par le virus du sida.

Chaque année, deux millions de victimes viennent s'ajouter aux cent trente millions de « mutilées du sexe » – l'expression est de Benoîte Groult, dans *Ainsi soit-elle*, premier livre très diffusé à aborder ce sujet, en 1975. Des millions de femmes souffrent pendant toute leur vie des graves infirmités qui résultent de l'excision, sans compter les filles qui en meurent peu après, d'hémorragie ou d'infection. Dès les années 1930, cette pratique avait été dénoncée par des missionnaires occidentaux, protestants et catholiques, mais la hiérarchie n'intervint pas[16]. À partir des années 1970, des féministes, en premier lieu la Nord-Américaine Fran Hosken, se sont engagées contre ce qu'elles ont nommé plus précisément mutilations génitales féminines (MGF, FGM en anglais). Puis des organisations internationales ont inscrit cette question dans leurs programmes. Enfin, certains dirigeants, au Burkina Faso, en Guinée, en Côte d'Ivoire et au Sénégal, ont manifesté une volonté politique et pris des mesures, notamment en proposant des formations aux exciseuses : dans ces pays, la coutume commence à décliner.

En Égypte, malgré la loi qui l'interdit depuis 1959, malgré la confirmation de cette interdiction par le Conseil d'État en 1997, 97 % des femmes sont excisées. Parmi elles, l'Égyptienne Nawal el-Saadawi ; dans ses Mémoires, elle a raconté la barbarie subie à l'âge de six ans, la flamme qui transperça son corps, et aussi la terreur qu'elle vit dans les yeux de sa sœur de quatre ans, emmenée à son tour vers cette boucherie[17].

Je pense souvent à elles et aux millions d'autres filles ainsi torturées. Je vois luire le couteau de la haine, et je voudrais arrêter le bras des bourreaux. On me dit d'être patiente, on me rappelle que toutes les traditions anciennes paraissant aujourd'hui d'une violence insupportable ont évolué vers des formes atténuées ou des simulacres.

On me cite l'exemple des scarifications sur le visage en Afrique occidentale, ou d'une pratique d'autrefois que l'explorateur britannique Wilfred Thesiger a décrite chez les Bédouins, en Arabie Saoudite, vers 1946, et qui consistait à écorcher sur toute sa longueur, c'est-à-dire à dépouiller de sa peau, la verge en érection[18].

Dans un autre registre, sans douleur, on me rappelle l'évolution du baptême chrétien depuis les premiers siècles de notre ère : alors que les premiers chrétiens trempaient entièrement leur corps, il ne s'agit aujourd'hui que de quelques gouttes d'eau sur le front. On m'assure qu'il en ira de même pour les mutilations génitales féminines qui deviendront une cérémonie symbolique, sur une poupée par exemple.

Comment attendre patiemment le changement des mentalités alors que, à chaque minute qui s'écoule, quatre petites filles, en Éthiopie, au Mali ou ailleurs, subissent cette torture ?

En Occident aussi

Dans les pays occidentaux, les groupes immigrés continuent à respecter leurs traditions : c'est ainsi qu'il y aurait en France chaque année quatre mille excisions clandestines[19]. La loi l'interdit, comme toute autre mutilation, et plusieurs procès retentissants ont abouti à des condamnations de parents de victimes et aussi d'exciseuses, tandis que l'État mène des campagnes de prévention et d'information.

L'excision était connue des Occidentaux au XIXe siècle. Des voyageurs avaient noté le fait, sans s'en émouvoir. Ainsi, Flaubert, visitant l'Orient en 1849, écrivait-il à Louise Colet à propos des femmes : « Quant à la jouissance physique, elle-même doit être fort légère, puisqu'on leur coupe de bonne heure ce fameux bouton, siège d'icelle [de celle-ci]. » Il ne précise pas s'il l'a constaté par lui-même sur les seules Orientales qu'il ait rencontrées, celles des bordels. Dans la France de son époque, on prétendait que les prostituées avaient un clitoris très long, ce qui était le signe d'un désir sexuel excessif. Selon une autre croyance, il existait des clitoris de toutes tailles, certains étant aussi longs que des verges* !

La psychanalyste Marie Bonaparte, amie et disciple de Freud, voyait dans les mutilations sexuelles pratiquées en Orient « l'exact pendant physique des intimidations psychiques imposées dans l'enfance à la sexualité des petites filles des races européennes[21] ». Elle-même se fit opérer pour rapprocher son clitoris de son vagin, sans que cela lui apportât le plaisir escompté.

En Occident aussi, des médecins ont pratiqué ce qui était appelé plus précisément clitoridectomie : à partir du XIXe siècle, en Europe et en Amérique du Nord, ils ont enlevé le clitoris de filles et de femmes pour soigner une mystérieuse maladie féminine alors nommée hystérie (mot formé sur le nom grec de utérus), ou pour les empêcher de se « manuéliser », c'est-à-dire de

---

* Edmond de Goncourt le mentionne dans son *Journal*. Dans le *Manuel d'érotologie classique* de Friedrich-Karl Forberg, écrit en latin (1824), on trouve, au chapitre « Tribades » (mot ancien pour lesbiennes) : « Des femmes chez qui cette partie de la nature mulièbre, appelée le clitoris, atteint de telles proportions qu'elles peuvent s'en servir comme d'une mentule [verge], soit pour enfiler, soit pour pédiquer [sodomiser][20]. »

se caresser avec la main à cet endroit. Au milieu du XIXe siècle, le Britannique Isaac Barker Brown était le plus connu des médecins recommandant d'enlever le clitoris aux filles et aux femmes « anormalement » intéressées par la masturbation[22]. Ils procédaient par cautérisation, c'est-à-dire par brûlure avec un fer rouge, ou en appliquant du nitrate d'argent. Cela s'est produit dans tous les pays occidentaux, et particulièrement aux États-Unis, jusque dans les années 1950. On n'a pris pleinement conscience de l'existence de cette barbarie civilisée et hygiénique que depuis trente ans, grâce aux recherches d'historiennes. Elles ont permis de découvrir, par exemple, que l'écrivaine nord-américaine Charlotte Perkins Gilman, souffrant d'une dépression en 1888, s'y était elle aussi soumise, car l'excision était censée « guérir de tous les maux féminins[23] ».

Une mutilation du même ordre continue aux États-Unis, pour d'autres motifs officiels et sous le nom plus chic de clitoroplastie. Recommandée dans un article scientifique de 1966, elle a été mise en question depuis 1993[24]. Il s'agit d'une opération de chirurgie esthétique pratiquée chaque année dans ce pays sur environ deux mille filles, nées avec un clitoris jugé « trop grand ». On abîme ainsi des enfants « pour leur bien », afin qu'elles aient une apparence plus « normale », c'est-à-dire plus conforme à l'image qu'on se fait de la féminité*.

Aucun garçon n'a jamais été amputé de sa verge ni de ses testicules parce qu'il se les caressait. Nul ne se risquerait à ôter à un homme des testicules sains, par

---

* Il existe aussi des cas de nouveau-nés porteurs d'anomalies génétiques, chez lesquels les organes sexuels ne sont pas facilement identifiables. Parfois, cela est dû à des hormones sexuelles que leur mère a absorbées pendant sa grossesse pour éviter une fausse couche. (Informations transmises par la docteur Gabrielle Valersteinas.)

exemple pour tenter de le guérir d'une sexualité trop agressive. Même si des hommes comme des femmes, malades, infirmes mentaux ou « inaptes ou socialement inadaptés », ont été stérilisés, il semble qu'on ait en général moins de scrupules quand il s'agit du sexe féminin*. Depuis que la chirurgie moderne s'est développée au XIXe siècle, grâce aux progrès de l'anesthésie, on n'a pas cessé d'enlever des ovaires ou des utérus sains, ni d'opérer des filles et des femmes sous le prétexte de désirs sexuels excessifs ou de maladies d'origine mal identifiée[25].

Pourquoi cette mutilation ?

L'excision peut paraître relever d'une cruauté absurde. Pourtant, elle s'enracine dans des convictions profondes et anciennes. En Afrique aussi, elle est faite « pour le bien » de l'enfant, et des adultes excisées disent leur satisfaction d'être « de vraies femmes », c'est-à-dire des femmes conformes aux normes de leur société. L'excision s'inscrit à l'origine dans un rituel initiatique et peut donner lieu à une fête, pour célébrer l'admission de l'enfant comme membre à part entière du groupe.

Parmi les justifications présentées, certaines portent sur la « saleté » supposée du clitoris et sur les risques qu'il ferait courir à l'enfant ; lors d'un procès de familles maliennes installées en France, l'une des mères se justifiait ainsi : « Quand on laisse cette chose-là, la petite fille se gratte et ça peut s'infecter[26]. » Autre croyance : lors de l'accouchement, si la tête du nouveau-né touchait le clitoris de la mère, il en

* En Suède, où le scandale a éclaté en 1997, une commission a établi que, depuis le vote de la loi, en 1934, jusqu'en 1975, soixante-trois mille personnes avaient été stérilisées, dont 90 % de femmes (*Libération*, 16 juillet 2003).

mourrait[27]. Au Sénégal, où la loi interdit l'excision depuis 1999, un homme de l'ethnie mandingue déclare qu'une « femme non excisée souille tout ce qu'elle touche et ne peut pas servir à manger » !

Autre raison avancée, les dangers que le clitoris présenterait pour l'homme. Il est vu comme un dard qui tuerait le mari lors de la première pénétration sexuelle, d'où la difficulté à marier une fille dite « entière », ou « non coupée » ; selon un mythe du centre de l'Afrique, quand la vieille exciseuse coupe le clitoris, elle le jette dans l'eau du marigot où il se transforme en sangsue [28]. Au Burkina Faso, beaucoup croient que la présence du clitoris empêche l'érection masculine ; ou encore, comme le déclare un participant à une séance publique de prévention, « le clitoris encombre le trou ; si on l'enlève, ça facilitera le travail de l'homme[29] », c'est-à-dire le passage de sa verge.

« Qui veut noyer son chien l'accuse de la rage », dit le proverbe : tout est bon pour alimenter la haine contre ce minuscule organe. L'une des motivations les plus profondes est sans doute la recherche d'une garantie de la fidélité de l'épouse : « Quand on n'a pas de clitoris, explique une femme soninké du Sénégal, on n'a pas envie de faire l'amour. Alors, pour les maris, il y a moins de risques qu'on aille voir ailleurs. »

Tissés de peur et de haine du féminin, ces raisonnements ont une origine respectable, liée à la conception du monde et de l'humanité dans ces cultures. À sa naissance, chaque être humain aurait dans son corps quelque chose de l'autre sexe ; le lui enlever, c'est supprimer ce caractère double, c'est donc achever de le confirmer dans son identité sexuelle de future femme, ou de futur homme.

C'est pourquoi, de même qu'on coupe le clitoris qui ressemble à une verge minuscule, de même procède-t-on à la circoncision chez le garçon, en enlevant le prépuce, trace de féminité qui pour les Dogons ou pour les Bambaras du Mali correspond à l'âme femelle. Cette explication serait plus satisfaisante si excision et circoncision étaient pratiquées également ; pourtant, relève l'anthropologue Françoise Héritier, « les cartes de ces pratiques ne se recouvrent pas[30] ».

Prépuce : avec ou sans ?

Le prépuce est le repli de peau qui couvre le bout de la verge, le gland, ainsi nommé parce que sa forme ressemble à celle du fruit du chêne. Le mot latin *balanus*, francisé en balane par Rabelais[31], figure dans des dictionnaires de médecine du XIXe siècle[32]. En allemand, gland se dit *Eichel* (de *Eiche*, chêne) et en anglais, *glans*, et il s'est aussi appelé *nut* (noix). L'idée d'un repli de peau est bien rendue par le mot allemand *Vorhaut*, ou l'anglais *foreskin*, qui signifient littéralement avant-peau, l'anglais ayant aussi le mot savant *prepuce*. De même, l'argot français parle d'un capuchon.

Quand le prépuce est déplacé avec la main vers la base de la verge, ou en cas de pénétration dans le vagin, il se retrousse et laisse le gland à découvert, comme un cou, ou une tête chauve, entourés par un col roulé, d'où de nombreux mots et expressions inspirés par cette image. On l'appelle le chauve, ou autrefois Jean nu-tête. On le surnomme le chauve à col roulé, ou Charles le Chauve, nom d'un roi français. « Le petit chauve », font dire les Guignols de la télévision à la marionnette de Bernard Tapie[33]. En russe aussi, le pénis est « le chauve » *(lysyï)*, et le gland la « calvitie » *(lysina)*. En allemand, on parle de *Schoßglatze* (tête chauve). Autre image, dans des textes érotiques chinois, celle d'une « tête de tortue » sortant de sa carapace. On emploie aussi tête à la place de gland dans l'insulte tête de nœud, qui correspond à l'italien *testa di cazzo*, à l'anglais *dick-head* ou au russe *hueva golova*.

Autres images de tête, dans l'argot anglais, où un homme circoncis est nommé une tête ronde et, s'il ne l'est pas, un cavalier. Cela remonte à la guerre civile du XVIIe siècle, où les soldats d'Oliver Cromwell, appelés Têtes rondes *(Roundheads)*, portaient de simples casques plats, tandis que les *Cavaliers* du roi Charles II ornaient le leur de plumes. On parle aussi de *clipped* (tondu), ou de *low neck and short sleeves* (cou bas et manches courtes) pour les circoncis, et de *blind* (aveugle) ou *near-sighted* (à la vue basse) pour les non-circoncis. La toute petite ouverture par laquelle passent l'urine et le sperme fait penser à un œil qui se découvre quand le prépuce est abaissé, ce que Molly Bloom décrit ainsi dans *Ulysse* : « J'ai rabattu la peau il y avait une espèce d'œil au bout[34]. » Encore d'autres noms de ce type, le borgne (*one-eyed* en anglais, *a'war* en arabe), ou le cyclope, comme si l'ouverture figurait un œil ; en catalan, on nomme la verge *ocell*, du mot latin qui signifie petit œil.

Quant au nœud, nom familier pour la verge, déjà utilisé en latin *(nodus)*, le mot désigne l'enroulement d'un serpent, ou celui des cordes sur un navire, et peut-être rend-il compte des replis du prépuce.

Circoncision et circoncire viennent du mot latin qui veut dire « couper autour », ce dont l'allemand *beschneiden* est l'équivalent. Alors que le français distingue l'excision féminine de la circoncision masculine, l'anglais utilise *circumcision* dans les deux cas.

Réduire le plaisir ?

Cette tradition, qui rend manifeste sur le corps de l'individu masculin son appartenance à une communauté, vient d'Afrique. C'est par l'Égypte qu'elle est passée dans le monde méditerranéen. L'historien grec Hérodote mentionne la circoncision dans son *Enquête* ; l'examen de momies a montré qu'elle était déjà pratiquée il y a six mille ans, notamment chez les prêtres. Elle est répandue aussi en Polynésie, chez les aborigènes d'Australie et chez des Indiens d'Amérique latine.

Quelle est son origine ? Rabelais raconte une histoire qui en dit long sur les rapports entre hommes et femmes au XVIe siècle. Il s'agirait de l'échec d'une conspiration féminine. Voici son récit (dont j'ai modernisé l'orthographe) : « Les femmes, au commencement du monde, ou peu après, ensemble conspirèrent écorcher les hommes tous vifs, parce que [ils voulaient les dominer] [...]. Elles commencèrent à écorcher l'homme, [...] par la partie qui plus [les réjouit], c'est le membre nerveux, caverneux ; [il y a plus de six mille ans de cela], et toutefois jusqu'à présent n'en ont écorché que la tête [bout]. Dont, par fin dépit, les Juifs eux-mêmes en circoncision se le coupent et retaillent, aimant mieux être dits recutitz [circoncis] et retaillatz [retaillés] marranes [convertis], que écorchés par femme, comme les autres nations[35]. »

En effet, dans la religion juive, la circoncision masculine est une obligation. « Va falloir penser à lui biseauter le robinet[36] », selon l'expression de l'auteur dramatique Jean-Claude Grumberg ; d'autres parlent de « baptême au sécateur[37] ». Les hommes qui se convertissent au judaïsme doivent s'y soumettre. Il n'y a pas de prescription équivalente pour les femmes et donc pas d'excision, tandis que les deux opérations sont usuelles dans la plupart des pays d'islam, qui se réclament eux aussi d'Abraham.

Dans la Bible, celui-ci est présenté comme le premier patriarche d'Israël, celui qui « sera le père d'une grande nation », l'origine d'une nouvelle humanité dont naîtra le Sauveur. C'est à cette humanité que s'adresse l'ordre de la Genèse : « Croissez et multipliez-vous ! » Croître est l'ordre premier : pour que la sève monte dans l'arbre symbolique, explique Annick de

Souzenelle, pour que l'arbre de vie puisse se multiplier et donner tous ses fruits, il faut le tailler, en bas[38].

La Bible rapporte que Dieu dit à Abraham : « Vous circoncirez votre chair afin que cette circoncision soit la marque de l'alliance que je fais avec vous. L'enfant de huit jours sera circoncis parmi vous et dans la suite de toutes les générations, tous les enfants mâles [...][39]. » La cérémonie d'alliance de la circoncision, en hébreu *Berit Milah*, comprend trois temps : la coupure de la peau (le prépuce), jetée dans la poussière pour qu'apparaisse la lumière ; l'écartement des chairs, afin que soit découverte la chair originelle, principe de vie et de fécondité ; le sucement du sang par le circonciseur afin qu'apparaisse l'âme vivante liée au sang[40].

Pour justifier cette pratique, explique l'historien David Biale, Philon d'Alexandrie, philosophe juif influencé par les stoïciens, a développé « un raisonnement antisexuel » qui a été répété pendant des siècles : il s'agit d'« exciser le plaisir ». La circoncision « est le signe physique qui rappelle aux Juifs de n'entreprendre des relations sexuelles qu'en vue de procréer et non pour la jouissance qu'elles procurent ». Selon Maïmonide, rabbin de Cordoue au XIIe siècle, elle avait pour but « d'affaiblir l'organe afin d'en restreindre l'action et de le laisser en repos le plus possible »[41]. Jusqu'à la Renaissance, on s'accordait à penser que la circoncision réduit le plaisir : « Dieu ordonna la circoncision aux Juifs, écrit le savant Fallope, de sorte qu'ils se concentrent sur son service plutôt que sur les plaisirs de la chair[42] ».

Comme tout nouveau-né juif, David a été circoncis. Pourquoi le *David* sculpté par Michel-Ange ne l'est-il pas, comme on peut facilement le voir sur la gigantesque statue de Florence ? Était-ce pour éviter de choquer les spectateurs du XVIe siècle ?

Jésus, lui aussi, a été circoncis, et de nombreux peintres ont représenté la scène : c'est aussi ce que célèbre la fête chrétienne du 1er janvier, soit huit jours après sa naissance à Noël. Jusqu'en 1961, elle a figuré au calendrier chrétien avec l'intitulé « circoncision de Jésus ». Quant à son « Saint Prépuce », d'innombrables exemplaires en ont été vénérés dans des églises !

Les premiers hommes chrétiens étaient, comme Jésus, des juifs circoncis. En 135, quand l'empereur romain Hadrien interdit cette pratique, les juifs persistèrent, tandis que les chrétiens décidèrent d'y renoncer pour leurs fils nouveau-nés. Déjà l'apôtre Paul en avait appelé à une circoncision « du cœur, celle qui relève de l'Esprit et non de la lettre[43] ». « Puisque le prix a été payé pour tous par la souffrance du Christ, expliquait saint Ambroise, il n'est plus nécessaire que chacun* verse son sang par la circoncision. » En outre, dans la tradition chrétienne, le corps humain est l'œuvre de Dieu, et il est interdit de le mutiler.

La verge intacte devint l'un des traits distinctifs des adeptes de la nouvelle religion ; ceux-ci furent désignés par le nom latin *praeputium*. Le mot passa de la personne à la chose, et au XIIe siècle il fut francisé en prépuce.

Aujourd'hui, dans le monde musulman, le rite est pratiqué bien après la naissance, et il marque dans la douleur le passage vers le monde des adultes. En Afrique noire, l'âge peut être soit de trois ans à sept ans, soit à partir de dix ans, lors de la puberté, comme au Sénégal. En Turquie, les garçons ont entre huit et dix ans, et l'opération, pratiquée par un barbier, donne lieu à une grande fête[44] ; en Indonésie, on festoie comme pour un mariage.

C'est aussi l'occasion d'une fête pour les juifs, et la circoncision, *mila* en hébreu, est pratiquée en Israël par un rabbin spécialisé, un *mohel*. En 2001, la Cour suprême a étendu ce droit aux médecins, provoquant la fureur des « religieux » et la satisfaction des « laïcs »[45].

---

* Ou plutôt, chaque être humain masculin !

On espère que des médecins seront plus vigilants quant au risque d'infection qu'ils font courir au nouveau-né en suçant sa plaie !

Cette façon de « raccourcir » l'homme à un endroit capital de son corps a donné lieu à des expressions ou à des blagues racistes contre les juifs et les musulmans. À la fin du XIXe siècle, au temps de l'affaire Dreyfus, des antisémites français désignaient les hommes juifs comme ayant le « bout coupé ». Autre exemple, la réaction, qui fit scandale, du président russe Vladimir Poutine, le 11 novembre 2002, pendant une conférence de presse à Bruxelles : furieux contre un journaliste qui l'interpellait au sujet de la guerre en Tchétchénie, et feignant de croire que celui-ci allait se convertir à l'islam, il l'invita à venir se faire circoncire à Moscou : « Je vous recommanderais de faire cette opération de sorte que rien ne puisse repousser. »

Pour des juifs ou pour des musulmans, pratiquants ou non, un cas de conscience se pose en cas de mariage mixte, quand le conjoint n'appartient pas à l'une de ces religions et s'oppose à la circoncision des fils qui pourraient naître. Cela peut être posé comme une condition au mariage. Le faire, c'est inscrire l'enfant dans la chaîne des générations ; s'en abstenir, c'est rompre avec un très fort symbole d'identité. Celui-ci atteste de l'appartenance à une communauté, parfois dans des circonstances tragiques, comme on l'a vu lors des déportations raciales décidées par les nazis : pour eux, une verge circoncise était alors une preuve suffisante de judéité.

Refuser la circoncision peut aussi procéder d'une bonne raison : c'est une mutilation. Des signes de contestation de cette tradition si ancienne apparaissent dans des milieux musulmans. Au congrès de solidarité avec les femmes arabes qui s'est tenu au Caire en 2002, des voix se sont élevées contre cette pratique, qualifiée de violence et qui peut aussi être « traumatisante pour les mères » ; la féministe égyptienne Nawal el-Saadawi, médecin et musulmane, employa même un argument religieux : « Comment peut-on mutiler un enfant que Dieu a créé à son image[46] ? »

La santé : raison ou prétexte ?

Pour des raisons de santé, il faut parfois couper le prépuce d'un garçon s'il se révèle trop étroit : quand on tire dessus, il ne laisse le gland se découvrir qu'en partie, ce qui ne permet pas de nettoyer suffisamment les replis de peau et peut favoriser une infection. Cette étroitesse du prépuce s'appelle un phimosis ; on pourrait se contenter d'élargir l'ouverture par une incision, mais en général on procède à une circoncision.

En Occident, cela pouvait se comprendre à l'époque où il fallait transporter l'eau dans des seaux. En 1959, le *Petit Larousse* justifie encore l'opération pour cette raison : « Elle facilite l'hygiène locale[47]. » De nos jours, en Afrique, on observe que les régions les plus touchées par l'épidémie de sida sont celles où la circoncision est peu pratiquée. La présence du prépuce, ajoutée à la rareté de l'eau et au manque d'hygiène, pourrait favoriser des infections qui facilitent le passage du virus dans l'organisme.

Dans ce cas, on peut admettre l'argument de la circoncision systématique, mais son intérêt reste à démontrer dans les pays occidentaux, où on dispose de l'eau courante et du savon nécessaires et suffisants pour un nettoyage quotidien de la verge et des replis du prépuce. Au Danemark, chez les hommes qui ne sont ni juifs ni musulmans, seuls 2 % ont été circoncis pour des raisons médicales, et 6 à 7 % au Royaume-Uni[48]. Au contraire, aux États-Unis, où l'opération est présentée comme une mesure d'hygiène, c'est le cas d'au moins 70 % des hommes, et c'est donc la norme, témoin cette séquence de la série télévisée *Sex and the City*, où un homme se dénude devant une femme qui recule horrifiée en voyant sa verge « entière ».

À partir de la fin du XIXe siècle, la circoncision s'est développée dans ce pays, les arguments d'hygiène masquant les raisons « morales » : l'obsession de la lutte contre les « caresses solitaires », car on pensait ainsi faire diminuer le désir sexuel.

C'est l'acte chirurgical le plus fréquent aux États-Unis, et il ne présente aucun bénéfice pour la santé publique. Il concerne 1,2 million de nouveau-nés chaque année (de 60 à 80 % selon les régions), dont la majorité ne reçoit aucun médicament contre la douleur[49]. En 1999 enfin, l'Académie américaine de pédiatrie a émis une recommandation : « Estimant qu'il n'est plus nécessaire de circoncire systématiquement les nourrissons, elle préconise, en tout cas, une anesthésie[50]. » En France, à la demande de parents juifs, des médecins pratiquent des circoncisions. Pourtant, il s'agit d'une mutilation, interdite par la loi française (article 16.3 du Code civil), comme l'excision ou la stérilisation. Pourquoi, dans un pays laïc, n'est-elle pas autorisée seulement pour un motif médical ?

Certes, aujourd'hui, des accidents graves, dus à une infection et pouvant entraîner l'amputation de la verge ou même la mort, n'arrivent que dans des cas où des précautions d'hygiène ne sont pas respectées, par exemple chez les Xhosas d'Afrique du Sud[51]. En Occident, de tels cas sont rarissimes*, mais tout acte chirurgical, comme toute anesthésie, comporte des risques.

Quel qu'en soit le motif, enlever le prépuce porte atteinte à l'intégrité du corps, dont le respect devrait

* Un film documentaire britannique raconte l'histoire du Canadien Bruce Reimer, né en 1965, et amputé par accident de sa verge. On décida alors de l'élever comme une fille (Andrew Cohen, *The Boy who was Turned into a Girl*, BBC Science).

être une valeur universelle, au-delà des différences culturelles. Quand il n'y a pas d'urgence de santé, la circoncision peut sembler tout aussi critiquable que l'excision : c'est pourquoi des hommes, en Amérique du Nord ou en Europe, reprochent cet acte à leurs parents, tandis qu'un mouvement se développe pour défendre l'intégrité génitale des enfants des deux sexes[52]. Un magazine français « pour hommes » condamne ce qu'il qualifie de « mutilation » et demande son interdiction en France : « Les femmes ont bien su dénoncer la pratique de l'excision. Qu'attendons-nous, nous les hommes, pour faire de même ? »[53]. Nuance : ce ne sont pas « les femmes », mais des féministes, c'est-à-dire des personnes, femmes et hommes, ayant pris conscience de cette violence spécifique que subissent des petites filles parce qu'elles sont du sexe féminin.

Quant à la façon dont les femmes voient la circoncision, rares sont celles qui y décèlent une pratique à combattre. Quand elles en parlent entre elles, c'est plutôt pour se demander ce qui est le plus beau, en comparant leurs expériences. Quand une femme envisage de faire l'amour avec un homme inconnu, elle peut ressentir la curiosité qu'exprime Molly Bloom dans *Ulysse* : « Je mourais d'envie de savoir s'il était circoncis[54]. »

« Couper le cigare » ou, selon l'une de ces images militaires si fréquentes à propos du masculin, « décasquer le guerrier », a des conséquences beaucoup moins graves que dans le cas de femmes excisées. Si le plaisir peut être atténué dans certains cas, c'est que chez un homme circoncis la sensibilité se serait émoussée avec les constants frottements du gland contre le sous-vêtement. Le prépuce protégeant le gland de l'extérieur, lors de la pénétration dans le vagin, cette zone de la verge, soudain découverte, ressent des sensations plus fortes. Comme l'attestent des hommes qui ont subi cette opération à l'âge adulte, un pénis circoncis perd un peu de sa sensibilité dans la zone modifiée, tandis qu'une verge indemne procure un plaisir plus grand. Pénis ou verge ? Comment nommer correctement l'organe ?

CHAPITRE X

Histoire(s) du membre

Quel est son nom ?

Comment s'appelle la « petite différence » entre l'homme et la femme, qui faisait tant sourire au siècle dernier* ? Quel mot désigne avec précision ce que, chez un homme, on préfère souvent nommer, de manière vague, son sexe, parce que les mots précis gênent, ou encore son organe, comme s'il n'en avait qu'un seul ? D'où des sourires entendus quand on dit d'un chanteur qu'il a un bel organe, c'est-à-dire une belle voix !

Comment s'appelle le mystérieux « membre viril », expression déjà utilisée en latin et qui apparaît en français au XIVe siècle ? De même, on dit *Glied* (membre) en allemand. En anglais, on emploie le latin *membrum virile*, traduit en *virile member*, et

---

* Cette expression a donné lieu à de prétendus bons mots, par exemple : « Les hommes et les femmes sont égaux ; n'empêche qu'il y a entre eux une petite différence. » En témoigne un échange du film de Cukor, *Adam's Rib* (*Madame porte la culotte*, 1949). Amanda : « Il y a peut-être une différence [entre les sexes], mais une toute petite » ; Adam : « Vive la différence ! » (cette réplique est en français). On retrouve l'expression dans le titre du livre de la féministe allemande Alice Schwarzer, *La Petite Différence et ses grandes conséquences* (trad. Wendt et Gaspar, Des femmes, 1977).

d'autres expressions tout aussi imprécises, tels *privy member* (membre secret), ou *virile appendage* (appendice viril). En suédois, on dit *manslem* (membre mâle). Parfois, on le limite à l'une de ses fonctions, comme dans le mot allemand *Fortpflanzungsorgan* (organe de la reproduction), qu'on emploie de nos jours quand on n'ose pas dire le mot propre : comme s'il s'agissait d'un étalon de concours ! Ce nom, formé sur le verbe *pflanzen*, planter, fait penser à bien d'autres images empruntées à la nature, comme « la petite graine du papa ».

« Tout tout tout / Vous saurez tout sur le zizi / Le vrai, le faux / Le laid, le beau / Le dur, le mou / Qui a un grand cou / Le gros touffu / Le p'tit joufflu / Le grand ridé / Le mont pelé, etc.[1] », chantait Pierre Perret. Ce mot d'enfant, zizi, est toujours l'un des plus employés en France. Quel est le nom adulte, le nom acceptable puisque pine, bite ou queue, tout aussi courants, sont classés comme « vulgaires » ? Qu'est-ce qui se cache derrière ces savoureuses images populaires : os à moelle, battant de cloche, mont chauve, et tant d'autres encore, chers à San-Antonio, tels au bonheur des dames, bilboquet à moustaches, locataire du dessous, sucre d'or, ou perchoir à cigognes. « La présence de cette sauterelle réveille mon locataire du dessous qui se met à exiger que je l'emmène au cirque[2]. » Comment nommer correctement le principal organe sexuel du mâle chez les mammifères, cet appendice étonnant qui, au repos, pend entre ses cuisses et qui, en cas d'excitation sexuelle, durcit, grossit, s'allonge et se dresse ?

Est-ce la verge ? Est-ce le pénis ? C'est seulement en 1959 que ces deux mots sont entrés dans le *Petit Larousse*[3]. Les dictionnaires d'aujourd'hui leur donnent un sens identique, mais avec une définition limitée à l'union sexuelle.

Le *Trésor de la langue française* définit le pénis comme « l'organe copulateur du mâle chez les mammifères ». C'est le voir d'une manière uniquement fonctionnelle, et oublier l'évacuation de l'urine ; c'est aussi le réduire à une seule fonction : la pénétration, et dans un seul endroit, le vagin. La verge est mieux traitée dans le *Trésor de la langue française*, mais à la proposition « organe de la copulation et de la miction [chez l'homme et les mammifères] » il manque le mot « mâle ». On trouve celui-ci dans le *Petit Larousse* 2003, où le pénis est défini comme l'« organe mâle de la copulation et de la miction », la verge ne figurant qu'avec un renvoi à pénis. Quant au *Robert*, il oublie à la fois le mot « mâle » et la miction : le pénis y est seulement l'« organe de la copulation chez l'homme », alors que la verge est définie avec une précision supplémentaire : « et les mammifères ».

Comment expliquer ce cas exceptionnel en français ? Deux mots venant du latin, utilisés de la même manière et ayant exactement le même sens. On pourrait imaginer que l'un concerne l'enfant et l'autre l'adulte. On aurait pu s'attendre à une adaptation des deux mots corrects du latin classique, correspondant à deux états possibles de l'organe : quand il est au repos, il est appelé d'un mot féminin, *mentula* ; en érection, il devient *fascinum*. Ce mot neutre a donné fasciner, c'est-à-dire exercer un attrait irrésistible, tenir sous le charme, comme par un enchantement : c'est dire quelle puissance les Romains lui attribuaient.

En français, pénis ou verge, employés seuls, désignent plutôt le sexe au repos, puisque dans le cas contraire on précise « en érection », ou un adjectif : dur, raide, gonflé, etc. Depuis le XIXe siècle, on emploie parfois phallus avec le sens de pénis en érection, mais il a surtout le sens symbolique d'une représentation, matérielle ou imaginaire, de la verge.

Pourtant, mentule, dérivé du latin, était employé en français du Moyen Âge, et il l'est encore en anglais savant d'aujourd'hui. *Mentula* est aussi le mot corse familier le plus courant, avec *cazzo*, pour désigner la verge[4]. On le lit chez Rabelais : Gargantua « destacha sa belle braguette et, tirant sa mentule en l'air, les compissa[5] ». Ailleurs, l'auteur joue sur les mots en rapprochant mentule de *mens*, qui signifie esprit en latin : « *habet tua mentula mentem*, ta mentule a de l'esprit » et plus loin « j'ay mentule, voyre diz-je mémoire, bien belle et grande assez pour emplir un pot beurrier[6] ». De même, Guillaume Apollinaire, dans *Les Onze Mille Verges*, texte érotique de 1907, joue sur le sens de « mentule ou petite intelligence ». Aujourd'hui, seuls connaissent le mot mentule des érudits, ou des personnes cultivées, comme le poète Aimé Césaire : « Et toi terre tendue terre saoule / terre grand sexe levé vers le soleil / terre grand délire de la mentule de Dieu[7]. »

Le latin avait un autre nom courant familier pour désigner la verge en érection : *veretrum*, qui vient sans doute de *vir*. Ce mot aurait pu passer en français sous la forme vérètre, témoin ce passage de *Pantagruel* où un « escholier » (étudiant) de Paris raconte dans un jargon latin-français ce qu'il fait quand, avec ses camarades, il visite des lupanars (bordels) : « En ecstase vénéréique [de Vénus], inculcons nos veretres ès penitissimes recesses des pudendes de ces meretricules amicabilissimes », ce que l'éditeur traduit par : « Enfonçons nos membres virils dans les très profonds enfoncements des parties secrètes de ces petites putes très aimables[8]. »

De la verge au pénis

Des deux mots corrects d'aujourd'hui, verge est le plus ancien : il figure dans la formule d'autrefois « la verge anoblit », appliqué aux enfants bâtards (nés de parents non mariés) dont le père était noble et non la mère.

Verge vient du latin *virga* qui signifie baguette, branche souple, et il s'emploie en français depuis le

Moyen Âge. Si le sens de baguette n'est pas oublié, c'est grâce à l'expression « donner des verges pour être fouetté », qui signifie fournir des armes contre soi-même, donner des arguments à ses adversaires. Le mot est donc associé à l'idée de coups, à rapprocher de l'un des sens familiers de coup – acte sexuel.

Dans la Bible, Dieu choisit Aaron, frère de Moïse, en le faisant reconnaître par un signe. Il a demandé à chacune des douze tribus d'Israël de déposer dans la tente une verge. De celle d'Aaron il fait « surgir un bouton, éclore une fleur et mûrir des amandes[9] ». Pour éviter le sens sexuel, les traductions modernes préfèrent écrire bâton, alors que le titre du roman de D. H. Lawrence, *Aaron's Rod* (1922), est bien traduit en français par *La Verge d'Aaron*, ce qui préserve le double sens.

On lit dans *Le Roman de Renart* (XIIe siècle) la plaisante expression « verge pelée » qui signifie, au sens propre, branche servant de baguette et dont l'écorce a été enlevée. Loin d'être protégée par une dure écorce, la verge de l'homme est enrobée par une peau délicate, à preuve, cette blague sexiste : « Quelle est la partie la moins sensible de la verge ? L'homme ! »

Le signe « , » est une petite verge : tel est le sens originel du mot virgule en français. Il vient du latin *virgula* (petite baguette, petite verge), et il lui a été donné au XVIe siècle à cause de sa forme ; auparavant, Étienne Dolet et d'autres grammairiens l'appelaient « poinct à queue ». Une verge bien plus grande est la mesure de longueur utilisée dans l'agriculture depuis le XIIIe siècle et dont le nom s'est conservé en français du Québec : elle équivalait à trois pieds trois pouces, soit un peu moins d'un mètre. Il y a une vingtaine d'années, on vendait encore du tissu à la verge, et certains souriaient d'entendre « acheter du ruban à la verge » !

Plutôt que verge, mot féminin, ou d'autres mots d'une syllabe, alors courants dans le langage parlé, les savants du XVIIe siècle ont choisi une fois encore un mot latin, entré en français en 1618[10] : pénis, mot masculin et de deux syllabes, dont le *s* final se prononce. Au lieu de reprendre mentule qui venait d'un mot latin « correct », ils ont retenu le mot populaire *penis* qui désignait la queue du taureau ou du cheval, et ce que l'argot appelle queue chez le mâle humain. Ce mot désignait aussi la brosse à peindre, outil fait avec des poils ; le diminutif, *penisculus*, était un petit pinceau, et il a donné ce mot en français. Le pénis serait-il le « pinceau de l'amour* » ?

Pénis ou verge ? C'est l'histoire de ces deux mots qui explique les nuances entre eux. Choisi pour désigner l'organe sexuel des mammifères mâles, pénis ne signifie que cela, tandis que verge veut aussi dire baguette de bois, et a d'autres sens techniques. Pendant longtemps, seuls des médecins ont employé l'un ou l'autre. De nos jours, où les mots propres gênent moins qu'autrefois, pénis est plus utilisé que verge, à la fois dans l'écrit et dans le langage parlé correct. C'est sans doute l'influence de l'anglais, et aussi de l'allemand puisque c'est avec ce mot que Freud a forgé un concept devenu célèbre, l'envie du pénis *(Penisneid)*. Verge est sans doute plus évocateur : on n'imagine pas Apollinaire appelant son récit érotique *Les Onze Mille Pénis* !

En italien, le *penis* latin est devenu *pene*, et pour verge le mot *verga* est moins courant. En anglais et en allemand, et de même en suédois, en norvégien, en danois, en finlandais, en roumain, en albanais, etc., c'est *penis* qui a été choisi comme mot correct**. En

---

* Tel est le titre du livre d'un urologue flamand, Bo Coolsaet, trad. Dengler-Mahe, Le Seuil, 2000.

** En anglais, le mot plus rare *rod*, qui signifie baguette, canne à pêche, tringle, a aussi le sens de verge. Le mot *verge* existe aussi, venant du latin ; son sens courant aujourd'hui est bord, limite. En allemand, *Gerte* et *Rute* sont deux mots corrects, mais moins employés, pour désigner la verge. *Gerte* signifie aussi baguette, verge, gaule, et *Rute* fouet, queue du loup ou du renard. Ils sont tous deux féminins, tandis que *Penis* est masculin.

anglais, il se prononce pinès, et au pluriel la forme est *penes*. En français, pénis reste comme clitoris un mot importé, de consonance étrangère, qui peut donc sembler plus chic, ce qui permet à San-Antonio de se définir comme « un pénisman* » !

Je me sens plutôt « vergemane », et je préfère utiliser verge, plutôt que d'obéir aux savants du XVIIe siècle qui ont imposé pénis.

Trésors de la langue

Entre le vermisseau du nouveau-né mâle et la colonne impressionnante de l'homme adulte en érection s'inscrit toute une gamme d'expressions, de la dérision à l'adoration, avec des litanies de mots, cocasses ou poétiques, des séries de surnoms moqueurs, « nouille », « pissette » ou « bigoudi », de représentations flatteuses ou d'images puissantes. Parmi celles-ci, les plus grandioses proviennent d'écrivaines admiratives : « axe du monde » (Marie Dauguet), « racine du monde » (Violette Leduc), « vivant cigare » (Joyce Mansour), « épée de chair » (Pauline Réage), « pilier solaire » (Suzanne Lilar), « serpent fabuleux » (Emmanuelle Arsan), « trompe céleste du Dieu Éléphant » (Catherine Breillat)[11], dans la même veine que les « branche de saule » ou « tige, poignée ou hampe de jade** » des textes chinois anciens.

Adoration aussi chez Jean Genet, avec ce chapelet de noms courants adressé à un homme aimé : « Suce mon membre dur comme on suce un glaçon. / Mordille tendrement le paf qui bat ta joue, / Baise ma queue enflée, enfonce dans ton cou / Le paquet de ma bite avalé d'un seul coup. / Étrangle-toi d'amour,

---

* À rapprocher de tennisman, comme le fait cette petite fille qui, voulant parler du pénis du garçon qu'elle aime, dit : « Lui, il a un tennis. »

** Le jade est la pierre dure la plus appréciée en Asie.

dégorge, et fais ta moue ! / Adore à deux genoux, comme un poteau sacré, / Mon torse tatoué, adore jusqu'aux larmes / Mon sexe qui se rompt, te frappe mieux qu'une arme, / Adore mon bâton qui va te pénétrer[12]. »

Dans chaque groupe humain, le langage parlé offre en abondance, pour désigner la verge, des noms, des surnoms ou des diminutifs, avec des images pittoresques illustrant les changements qu'entraîne l'excitation sexuelle. Ils figurent par centaines dans les dictionnaires spécialisés où, du latin jusqu'aux langues modernes, ils sont plus nombreux que les mots désignant le sexe féminin.

En anglais, *prick* (piqûre), *cock* (coq), *tool* (outil) sont des mots courants. Au Québec, le nom le plus usuel, après queue, est graine, et on emploie aussi bizoune, pissette, dine, moine, batte ou zézine. Entre hommes, on dit aussi *shaft*, mot anglais, qui signifie hampe, arbre de transmission. Le mot d'enfant pitoune pourrait venir d'un dialecte algonquin (une tribu indienne), avec le sens originel de petit cylindre de bois.

Dans les Antilles françaises, c'est lolo, coco ou bâton. En allemand, *Pimmel*, *Schniedel*, *Schwanz* (queue), *Schwengel* (balancier, battant d'une cloche) et, en langage d'enfant, *Schnecke* (escargot).

Que de noms chez Rabelais, dans la scène où les gouvernantes de Gargantua s'amusent avec la braguette de l'enfant ! Avant d'être une simple fermeture de pantalon, la braguette était un triangle de tissu attaché par des lacets et couvrant la zone sexuelle chez l'homme ; au XVIe siècle, c'était une vaste poche saillante, et on l'ornait de bijoux pour attirer l'attention sur elle. Montaigne s'étonnait de cette pratique concernant ce « membre que nous ne pouvons seulement honnêtement nommer, duquel toutefois nous faisons montre et parade en public[13] ».

Chez Rabelais, le mot braguette désigne tantôt la pièce du costume masculin, tantôt l'organe qu'elle recouvre, et c'est bien à la verge de l'enfant que les gouvernantes donnent de charmants petits surnoms dont, même sans connaître le sens précis, on peut savourer les sonorités : « L'une la nommoit ma petite dille, l'aultre ma pine, l'aultre ma branche de coural, l'aultre mon bondon, mon bouchon, mon vilbrequin, mon possouer, ma terière, ma pendilloche, mon rude esbat roidde et bas, mon dressouoir, ma petite andoille vermeille, ma petite couille bredouille*. » Beaucoup de ces mots désignent des objets et des outils utilisés pour le travail du bois, et on devine quel tendre bois féminin le géant percera quand il sera en âge. Ailleurs, on lit le nom virolet : « Il faut, déclare Panurge, que le virolet trote, aultrement vivre ne sçauroys[14]. » Ce mot ne vient pas du latin *vir*, car il est d'origine celtique ; il signifie vrille, autre outil servant à percer le bois.

Comme verge, de nombreux mots d'argot sont en rapport avec le bois, par exemple bâton, trique, gourdin, gaule, ou encore manche à balai, surnom donné au pénis dans le quartier populaire du Lapaviès, à Madrid[15].

L'un des mots les plus utilisés dans plusieurs langues est le manche, la tige dure qui permet de tenir un outil ; en français, on parle aussi de la queue d'un outil ou d'une poêle. D'où des allusions lourdes, par exemple celle d'un journaliste sportif le jour de la finale féminine du tournoi de Roland-Garros, en 2001 : « Les demoiselles vont tenir le manche… de la raquette de tennis cet après-midi[16]… » Le coin, autre

* L'éditeur traduit en note : dille = fausset de barrique ; pine = épingle ; bondon = bouchon de tonneau en bois ; possouer = mot angevin, tige de bois servant à pousser les balles dans un canon de sureau ; terière = tarière, instrument pour percer ; pendilloche = pendeloque. (Rabelais, *Gargantua*, chap. XI, p. 39.)

outil servant à fendre le bois, se retrouve dans l'anglais *quim wedge* (coin de con), ou dans le coingnouoir de Rabelais[17].

Celui-ci ajoute que les gouvernantes de l'enfant ornent sa braguette de fleurs et de rubans « et passoient leur temps à la faire revenir entre leurs mains comme un magdaléon d'entraict [petit cylindre d'emplâtre médical], puis s'esclaffoient de rire quand elle levoit les aureilles[18] ». Cette pratique se poursuivait au siècle suivant : ainsi, le médecin du futur roi Louis XIII note souvent dans son *Journal*[19] que le « guillery » du dauphin est flatté et cajolé en public par les dames de la cour, celles-ci applaudissant à ses érections.

Quel contraste avec la haine et la méfiance dont nous avons tant de témoignages des XIXe et XXe siècles ! Une femme m'a parlé d'un événement de son enfance qui marqua sa vie sexuelle : la seule fois où elle vit son père nu, celui-ci, très gêné, cacha son sexe de ses mains en disant : « Tu vois comme c'est laid ! » Sans doute avait-il été élevé dans le même climat que l'écrivain Julien Green, né en 1900 ; ce dernier raconte aussi dans ses *Journal* que sa mère, le baignant enfant, murmura en regardant la petite verge : « Oh ! que c'est donc laid[20] ! »

La laideur est dans l'œil qui regarde, et trop souvent les yeux en sont pleins. Autrefois, on appelait les femmes le « beau sexe ». « C'est la femme qui est la beauté », dit naïvement Molly Bloom dans *Ulysse*, en se moquant des organes masculins : elle admire les statues de femmes « est-ce qu'elles sont si belles oui en comparaison de ce qu'un homme a l'air avec ses deux poches pleines et son autre machine qui pend par-devant ou qu'il vous dresse en l'air comme une patère pas étonnant qu'ils cachent ça avec une feuille de chou[21] » !

On regarde une verge, comme une vulve, à la lumière de ses propres souvenirs, bons ou mauvais, et aussi à travers le filtre des préjugés de son temps. Les pionniers de l'étude de la sexualité en étaient imprégnés : ainsi, selon Henry Havelock Ellis, les organes sexuels sont « inesthétiques » parce que « primitifs », « tout désirables et attrayants qu'ils deviennent d'un point de vue sexuel pour le sexe opposé, sous l'influence de l'émotion[22] ». De même, Freud parle d'une « défectuosité des organes génitaux[23] » qui justifierait le souci de les cacher !

Vit et ses successeurs

Autre mot courant chez Rabelais, le plus employé jusqu'au XVIIIe siècle, par exemple chez Sade : vit, qui se prononce vi. Il vient du latin *vectis* qui signifie levier, barre, pilon. On le rencontre dans les premières pages de *Pantagruel* : un ancêtre du héros « avoit les couillons de peuple [peuplier, arbre au bois tendre] et le vit de cormier [une sorte de sorbier, à bois très dur] ». Plus loin, l'auteur prend plaisir à composer des noms propres d'hommes commençant par vit : ainsi, Vitdegrain est le nom du grand-père de Gargantua ; ailleurs, il donne une liste de noms de cuisiniers, parmi lesquels Vitet, Vitault, Vitvain, Vitneuf, Vitvieux et Vitvelu[24] !

Vit figure dans certains dictionnaires d'aujourd'hui, avec la précision qu'il est vieux et rare*. Il est toujours utilisé dans des grilles de mots croisés, dans des chansons d'étudiants ou dans des contrepèteries, comme celle que cite Rabelais : « à Beaumont le Vicomte[25] » (à beau con le vit monte). Une chanson populaire du début du XXe siècle prête à une femme les paroles suivantes : « Marcel, j'aime son vi… goureux […], il s'occupe de mon con… tentement[26]. »

---

* Il est encore utilisé dans des textes érotiques, comme *La Mécanique des femmes*, de Louis Calaferte. Un marin me signale que la ferrure articulée reliant la bôme au mât d'un voilier s'appelle un vit-de-mulet.

Pine, chibre, paf, dard, bite, zob, queue, ou encore zizi ou kiki dans le langage enfantin : bien d'autres mots ont remplacé vit*. Jean de Meung écrivait déjà pine au XIIIe siècle[27], avant Rabelais. Chibre vient peut-être de chèvre, et paf date de la fin du XIXe siècle.

Le dard, à l'origine organe piquant renfermant le venin de l'abeille ou du scorpion, contient donc aussi le « jus de l'homme ». Le destin a donné ce nom à un héritier de Rabelais pour la langue verte, Frédéric Dard. L'inventeur de San-Antonio se fait un plaisir d'employer le verbe darder au sens de bander. Darder, au sens de s'élancer, est sans doute à l'origine de la locution familière dare-dare, qui signifie très vite, sans tarder. À celles qui préfèrent la remplacer par « clito-clito », je suggère de laisser la rapidité aux machos, car le plaisir féminin demande du temps.

Parmi d'autres surnoms d'un sens voisin de dard, il y avait en latin le mot *subula*, qui signifiait alêne, poinçon métallique servant à coudre le cuir, et aujourd'hui en anglais *prick* (aiguillon, piqûre), ou en russe *chilo* (alêne).

Le mot le plus courant depuis le XIXe siècle, bite, teub en verlan, vient sans doute du verbe habiter, qui voulait dire autrefois faire l'amour. Il amuse des anglophones car, en anglais, *to bite* signifie mordre. Il n'a pas de rapport avec bit, l'unité d'information en informatique, contraction de l'anglais *binary digit*, chiffre binaire ; ni avec bitte d'amarrage, borne sur un quai pour enrouler des câbles de navires ; ni avec biture (ivresse, cuite), par exemple dans l'expression familière à toute biture, à toute allure : biture est un mot de marine qui désigne la partie de la chaîne qui file avec l'ancre lors du mouillage. En anglais, l'expression *a little bit* (un petit peu) est très courante, mais

* En français du Québec, la pine est seulement, sur un parcours de golf, la tige qui soutient le drapeau à chacun des trous.

c'est seulement en français du Québec qu'on peut parler, avec le même sens, d'une « p'tite bite ».

Zob a été emprunté à la fin du XIXe siècle à l'arabe du Maghreb *zob* ou *zeb (zubb)* en arabe classique, pluriel de *zebuba*[28] ; dans l'argot des zouaves de cette époque, « peau de zob », ou « peau de zébi » était une façon énergique de dire non, comme « peau de balle ». Quant à zizi, bien avant la chanson de Pierre Perret, il était entré dans la littérature grâce aux batailles d'enfants décrites par Louis Pergaud[29]. Louis Pradel, qui fut maire de Lyon de 1957 à 1976, était surnommé Zizi Pradel, à cause d'une déclaration où il justifiait ainsi la prostitution de femmes pour combler de prétendus besoins masculins : « On ne peut pas couper le zizi à tous les Français. »

Aujourd'hui, les adolescents emploient souvent des diminutifs comme zigounette ou bistouquette. Ce dernier, qui vient de bistoquer ou biscoter (faire l'amour), a donné quéquette, mot utilisé par les enfants, et aussi par les grands enfants qui chantent « J'ai la quéquette qui colle », un succès *via* Internet en 2001.

Queue, nez, doigt

Queue, et son équivalent dans d'autres langues, par exemple *Schwanz* en allemand, est l'un des plus employés, tant il semble évident de rapprocher ce qui pend entre les jambes de l'homme et ce qui prolonge la colonne vertébrale d'autres mammifères. En argot latin, on disait déjà *cauda* ou *penis*. En français, queue est utilisé avec ce sens sexuel surtout depuis le XVIe siècle. Jusqu'alors, on pouvait utiliser, en parlant d'un homme et sans prêter à sourire, des expressions venues d'une comparaison avec le chien, qui ont pris ensuite un double sens : « Avoir la queue basse » ou « la queue entre les jambes », pour dire être honteux ; au contraire, la joie s'exprimait par « la queue levée », et « voir sa queue reluire », c'était éprouver de la fierté, comme un chien au beau poil luisant. Parmi les expressions d'aujourd'hui qui peuvent faire sourire : « quand on parle du loup, on en voit la queue », « je n'en ai pas la queue d'un », ou encore cette observation doublée d'une croyance populaire à propos des hommes de petite taille : « Petit chien, belle queue ». L'expression très courante faire la queue (attendre en file), qui apparaît à la fin du XVIIIe siècle, ne s'emploie en général que dans ce sens. Il faut avoir l'esprit « mal tourné » pour rire de cette histoire : « J'étais au cinéma avec une amie. Avant le film, nous passons aux toilettes. Dans celles pour femmes, il y avait un monde fou. Elle me dit : "Viens, on va chez les hommes, il y a moins de queue !" »

À l'entrée de Borest, village proche de Senlis, s'élève une pierre oblongue de trois mètres de haut, sans doute un menhir de la préhistoire : on l'appelle queusse de Gargantua. Ce mot, forme locale de queue, signifie pierre à aiguiser la faux, et il suscite des commentaires malicieux. On raconte que le géant, occupé à moissonner, perdit à cet endroit sa queusse, qui se ficha dans le sol. Les faits et gestes de Gargantua ont ainsi inspiré beaucoup de légendes lui attribuant l'origine de restes de cultes préhistoriques ou de particularités du paysage. Rabelais reprit ce personnage populaire dans ses propres récits.

Autrefois, les moissonneurs portaient sur eux une pierre à aiguiser, dans un étui attaché à leur ceinture et contenant de l'eau. Cet étui, en bois, en métal, ou parfois fait dans une corne de vache, s'appelait coffin ou coyer ; coffin vient des mots latin et grec qui veulent dire corbeille, panier, noms désignant aussi le sexe féminin.

Chez les Baruya, une population de Nouvelle-Guinée, le nez symbolise la supériorité masculine : en sommes-nous si éloignés en Occident où, selon une croyance populaire, la longueur du nez d'un homme est en rapport avec celle de sa verge[30] ? « Qui a bon nez a bon membre », affirme le dicton, et la tradition berbère, rapporte Pierre Bourdieu, « établit explicitement un lien entre le volume du nez *(nif)*, symbole du point d'honneur, et la taille supposée du phallus[31] ».

Au contraire, les Occidentales préfèrent en général avoir un nez petit, mutin, retroussé, comme celui d'un enfant, tandis qu'on représente les sorcières avec un long nez pointu. Si tant de femmes se font raccourcir le nez, n'est-ce pas pour accentuer leur féminité ? La tradition assignant aux femmes un rôle d'influence ou un pouvoir indirect, l'expression « elle le mène par le bout du nez » a aussi un sens sexuel, bout étant un autre mot d'argot pour verge.

Le pif – le nez – serait-il en relation avec le paf, la verge ? On peut lire en ce sens l'histoire de Pinocchio : son nez s'allonge quand il ment, le rendant aussi confus qu'un homme bandant au mauvais moment. Dans la pièce d'Edmond Rostand, *Cyrano de Bergerac*, le héros, dans la célèbre tirade des nez[32] où il revendique avec panache le sien, exprime le sentiment complexe qu'il éprouve, mélange de fascination et de répulsion, analogue à celui que certains hommes ressentent pour leur verge.

Autre croyance, celle qui associe la longueur de la verge et celle des doigts ; la science l'a confirmée, car on a découvert que les éléments commandant leur développement se trouvaient sur le même gène. Les images sexuelles du doigt, « onzième doigt », « doigt du milieu » ou « doigt sans ongle », sont courantes, et l'expression « mettre la bague au doigt » ne concerne pas seulement le rituel de mariage, avec l'anneau qu'on passe à l'annulaire. Un proverbe russe dit d'une femme avertie : « Elle sait distinguer la bite du doigt. »

Chaque doigt peut être employé avec un sens sexuel. Le pouce de la *figa*, le talisman brésilien, figure dans le titre du film *Hedwig and the Angry Inch*, de John Cameron Mitchell (2001) : après l'échec d'une opération de changement de sexe, le héros n'a plus entre les jambes qu'un *angry inch*, un pouce en colère. Le pouce est lié au nez et à la verge dans un tour joué à de petits enfants par un adulte ; il approche la main du visage de l'enfant et la retire en montrant son pouce coincé entre l'index et le majeur, comme s'il avait emporté le nez de l'enfant ! Jeu plutôt cruel s'il s'agit d'un garçon, car celui-ci pourrait s'imaginer que la puissance magique des adultes peut faire se détacher sa verge.

Le majeur est utilisé dans le geste obscène dit « doigt d'honneur » (ou « doigt ») qui consiste à le dresser vers le haut, les autres étant repliés. Cette insulte, déjà pratiquée chez les Romains, correspond à la pire honte pour un macho : être enculé (pénétré par l'anus). Quant à l'auriculaire, le plus petit doigt, celui de la mère ou d'une autre « grande personne », il est utilisé avec malice – « mon p'tit doigt m'a dit » – pour détromper un enfant qui croit avoir échappé aux regards : n'est-ce pas une allusion à une puissance propre à l'adulte, dont le petit doigt devient une baguette magique ?

Le doigt rejoint la queue et le pinceau dans cette superbe repartie du peintre Renoir, vieillard aux mains presque paralysées, à un journaliste lui demandant : « Comment ferez-vous quand vous ne pourrez plus vous servir de vos doigts ? », il répondit : « Je peindrai avec ma queue[33]. »

On en mangerait

J'avais seize ans quand j'entendis pour la première fois le mot biroute. Mon amoureux m'avait emmenée chez La Marie, un café qu'il fréquentait. Biroute, c'est ainsi que la patronne appelait la saucisse de Francfort badigeonnée de moutarde qu'elle fourrait dans un tronçon de baguette, en commentant d'un air entendu sa taille et sa fermeté. J'appris que biroute était aussi le nom familier de la manche à air qu'on voit sur les terrains d'aviation : ce gros tube de toile à rayures rouges et blanches flotte en haut d'un mât ; il se gonfle avec le vent dont il indique la direction. La manche à air est apparue avec les premiers avions, au début du siècle ; pendant la guerre de 1914-1918, l'argot des soldats l'associait au maréchal Joffre sous le nom de « bite à Joffre ».

Biroute : le mot a toujours ce sens sexuel. Un réalisateur français de films pornographiques a choisi le pseudonyme de John B. Root ; le B anglais se prononce bi, et *root* signifie racine qui, en français comme en anglais, a aussi le sens de verge. Quant à la saucisse, ou au saucisson, ou à la merguez d'Afrique du Nord, leur forme en fait des surnoms très courants pour désigner la verge, merguez étant même réduit à guez. En français, le mot andouille a été utilisé pendant des siècles*. « Pour cent grammes de viande, dommage qu'il faille se taper tout le cochon[34] ! », concluent certaines.

Dans le vocabulaire sexuel, les images de nourriture abondent, tremper son biscuit ou sa mouillette, et aussi des surnoms comme pain au lait ou os à moelle. D'où une question de Marcel Duchamp, jouant sur les mots : « Faut-il mettre la moelle de l'épée dans le poil de l'aimée ? »

Rabelais insiste sur « le bon morceau dont [la femme] était friande[35] ». Panurge, débattant avec Pantagruel de son mariage, déclare : « Ma femme me suggera le bon bout. Je m'y dispose. Vous entendez assez que c'est le baston à un bout qui me pend entre les

* Il se trouve dans *Le Roman de Renart*, et on a noté ci-dessus la « petite andoille vermeille [rouge vif] » chère aux gouvernantes de Gargantua ; à rapprocher du mot d'argot anglais *beef* (bœuf), *meat* (viande) ou *hunk of meat* (gros morceau de viande), et du plus rare *sugar stick* (bâton de sucre).

jambes. Je vous jure et promectz que tousjours le maintiendray succulent et bien avitaillé. Elle ne me le sugcera poinct en vain. Éternellement y sera le petit picotin* ou mieulx[36]. »

Dans la même veine, un épisode du feuilleton américain *Sex and the City* montre une femme un peu ivre à la fin d'un repas ; elle annonce à un charmant jeune homme qu'elle a envie de le manger et, joignant le geste à la parole, passe sous la table[37]. Plus mystérieuse et symbolique, cette illustration dans la marge d'un manuscrit du *Roman de la Rose* : une femme, tête couverte et corps entièrement vêtu, cueille les fruits d'un étrange arbuste et les met dans son panier ; dans le feuillage, on peut voir quatre verges en érection avec leurs testicules ; elles sont de couleur blanche, avec le gland marron[38].

Les noms de fleurs, fréquents pour la vulve, sont plus rares : un conte russe décrit un champ de « bites se dressant, avec leur tête rouge, comme des pavots en fleur[39] ». La partie mâle des fleurs, l'étamine, a pourtant bien la forme d'une verge, et l'affiche du film *Sexes très opposés*, d'Éric Assous (2002), en joue. Elle montre deux fleurs représentant les deux sexes : un arum, à la corolle blanche évasée, et un anthurium, composé d'un pétale rouge et d'une grosse étamine jaune.

L'arbre et d'autres mots liés à la végétation sont couramment utilisés pour désigner la verge. Dans des écrits érotiques, celle-ci est comparée à un pilier sacré, à une racine de vie, à un tronc, à un arbre dont le sperme serait la sève. « Je louerai ta sève immense / Où l'univers est en puissance[40] », proclame la poète Marie Dauguet. Apollinaire y sent un fruit mûr quand il écrit à son amante : « Ma queue éclatait sous tes lèvres comme une prune de juillet. » Prune fait plutôt penser à testicule ; un fruit plus approprié est la banane, sujet d'innombrables plaisanteries. « Vers 1970,

* Le picotin était une ration de nourriture.

me raconte ma sœur Sylvie, j'allais souvent, avec mon petit ami, au Drugstore des Champs-Élysées. Je commandais une banana split, et le serveur, apportant cette banane flanquée de deux boules de glace, généreusement arrosée de crème Chantilly, m'annonçait : "Voilà le rêve de jeune fille !" »

Le latin populaire appelle la verge arbre *(arbor)*, tronc *(truncus)*, poutre *(trabus)*, rameau *(ramus)*, tige *(scapus)*. Le français offre baguette ou tige. Ce n'est pas la tige toute fine d'une fleur, ou alors celle du lotus qu'on appelle « verge d'or ». Quand elle est assez rigide pour que l'homme soit en mesure de « planter son bambou », elle a le diamètre d'une grosse asperge ou d'un poireau. Ces légumes servent à nommer familièrement la verge : l'asperge et son bout violacé au goût plus fin, le poireau avec sa tête blanche et sa queue verte, ce qui donne lieu depuis des siècles à des jeux de mots sexuels. Ainsi, chez Rabelais, quand Panurge se dit « de la nature des pourreaux [poireaux], esquelz nous voyons la teste blanche et la queue verde, droicte et viguoureuse[41] ».

À Cuba, explique l'écrivain René Vazquez Diaz, « la *yuca* (manioc) a un aspect fibreux et phallique, et le gombo, qui glisse entre les doigts, lubrifie l'imagination pour qu'y pénètre la *yuca*[42] ».

Autres légumes de taille respectable, l'aubergine, le concombre (*cucumis*, en latin), le panais, la carotte ou la courgette sont aussi des surnoms familiers, notamment la carotte, mot très courant en russe. Elle fait penser au nez du bonhomme de neige, autre lien entre la verge et le nez. En Ardèche, j'ai assisté à un rituel de mariage où la mariée mettait le feu à un bonhomme de paille, une sorte d'épouvantail habillé de vieux vêtements, avec une grosse carotte à la place de la verge*.

* Vu en juillet 1990 à Vernoux-en-Vivarais ; la mariée était la fille d'un cultivateur.

Le petit pois de David et de la princesse

Désireux de joindre sa contribution à mes recherches, mon fils m'a rapporté de Florence un calendrier dont la couverture est ornée d'une photo de la partie centrale du *David*, avec pour titre : *il pisello*. Chacun des douze mois offre un échantillon de différents modèles de verge, avec une illustration de statues ou de dessins anciens. *Pisello* (petit pois) est en effet le mot italien le plus courant pour désigner celle-ci, comme zizi en français[43].

Petit pois ? Petite boule verte ? N'y aurait-il pas confusion avec d'autres boules qui vont par deux* ? Pour éclaircir ce mystère, il faut remonter à l'époque où les petits pois ne se trouvaient pas au rayon surgelés ou conserves, mais au jardin ou au marché. C'est à la maison qu'on se donnait le mal de les écosser, c'est-à-dire de fendre la cosse ou gousse, l'enveloppe allongée, et d'en sortir les graines. Les pois, qui peuvent être petits, longs, gourmands ou mange-tout, sont donc, quand on les récolte, un légume de forme allongée. Comme pour les haricots de toutes sortes, et aussi pour les fèves ou les lentilles, le contenu – la graine – a pris le nom du contenant – la cosse.

De même, c'est avec le sens d'un objet long et non rond que je propose de relire *La Princesse au petit pois*, le conte d'Andersen dont le titre français ne traduit pas exactement l'original. En danois, comme en italien ou en allemand, il s'appelle *La Princesse sur le petit pois*. Si on comprend qu'il s'agit d'un *pisello*, tout s'éclaire.

Un prince cherchait une « vraie » princesse. Par un soir d'orage, une princesse arriva au château, dégouli-

* Et qui peuvent aussi avoir un sens érotique, par exemple chez Louis Calaferte : « Écossant des petits pois, elle plonge voluptueusement ses mains dans le récipient où ils s'entassent. – Je les ai sous les doigts, c'est frais, doux. Je pense que c'est un tas de petites couilles et ça m'excite » (*La Mécanique des femmes, op. cit.*, p. 53).

nant de pluie. « L'eau ruisselait de ses cheveux et de ses habits, elle lui coulait du nez dans les chaussures et ressortait par les talons. » Pour vérifier que c'était bien une vraie princesse, la vieille reine mit un petit pois sous vingt matelas et vingt édredons. Au matin, on demanda à la princesse comment elle avait dormi.

« Oh ! Affreusement mal, je n'ai presque pas fermé l'œil de toute la nuit. Dieu sait ce qu'il y avait dans ce lit ! J'ai couché sur quelque chose de dur, j'en ai le corps tout couvert de bleus ! C'est absolument affreux ! » Alors, on eut la certitude que c'était une vraie princesse « puisque, à travers les vingt matelas et les vingt édredons, elle avait senti le petit pois. [...] Alors le prince la prit pour femme [...] et le petit pois fut placé au cabinet des Curiosités où il est encore visible si personne ne l'a pris[44] ».

Quelle curiosité, ce petit pois si dur, ce *pisello* si remarquable qu'il pourrait figurer dans le calendrier rapporté par mon fils ! Quant à cette princesse qui arrive ruisselante comme une fontaine, c'est en effet une vraie femme, inondée de désir.

« Voilà, c'était une vraie histoire ! » conclut Andersen en une formule très rare chez lui. Comprenne qui voudra, et en particulier les parents qui racontent ce conte à leurs enfants, ou ceux qui traitent de « princesse au petit pois » leur petite fille au sommeil trop léger !

Serpents, oiseaux et autres animaux

L'écrivaine du Bangladesh Taslima Nasreen raconte le viol qu'elle a subi à l'âge de sept ans : « Je vois mon oncle soulever son *lunghi* [vêtement], découvrant à mes yeux comme un gros serpent qui se dresse dans ma direction pour me mordre de ses crochets. J'ai beau tenter de me pelotonner sur moi-même, je sens avec effroi le serpent me mordre entre les cuisses.

Une fois, deux fois, trois fois[45]… » Le sperme devient venin dans cette violence qui empoisonne à jamais la vie d'une enfant !

Devenue une femme en révolte, Taslima Nasreen a accédé à l'universel par la puissance de la littérature. C'est aussi en écrivain que Michel Leiris joue magnifiquement avec des mots liés au poison : « Sperme – terme du spasme, vipère, venin superbe », ou : « Venez, nids vénériens et vénérés, au niveau de nos nœuds vénéneux[46]. »

Pour désigner la verge, serpent est un mot d'argot répandu. L'anglais *schlang*, ou *schlonger*, vient de l'allemand *Schlange*, qui a le même sens. Le serpent, dont les mouvements ondulants peuvent faire penser à la verge changeant de forme, est l'un des plus forts symboles des énergies vitales ; depuis la Bible, il est lié à la tentation d'Ève, à la connaissance et au désir.

De quelle bête s'agit-il quand on parle de la « bébête », ou de « la p'tite bête qui monte, qui monte » du jeu enfantin ? Est-ce l'anguille, dans sa variété « anguille de caleçon » ? Ou celle de l'expression à double sens « il y a anguille sous roche », pour parler de quelque chose de caché ? Est-ce l'écureuil, comme on l'appelait au Moyen Âge ?

Le « guerrier » de Christiane Rochefort vante ainsi sa « meilleure arme » : « Grand comme un éléphant, doux comme un papillon, glissant comme un poisson et toujours prêt à l'emploi[47]. » Quant à l'éléphant, on peut le voir soit avec admiration comme Ganesh, le dieu hindouiste à tête d'éléphant, soit avec la familiarité des enfants qui appellent la verge une trompe, « comme celle de Babar », disait l'une de mes filles !

De tous les animaux, les oiseaux sont les plus utilisés, dans le langage courant ou dans les chansons d'autrefois qui l'associent à une fleur, surtout la rose : petit oiseau palpitant caressé par la belle, et rose éclose pour le plaisir de l'amant relèvent d'un vocabulaire conventionnel qui enjolive le désir. Au Québec, on parle du petit moineau du garçon. En allemand, *vögeln*, verbe qui vient de *Vogel* (oiseau), est un mot populaire signifiant faire l'amour.

« J'ai du poil qui pousse aux pattes », note l'écrivain Laurent Gidon se rappelant son adolescence, « des difficultés à monter au contre-ut, et l'oiseau d'entrecuisse qui veut sortir du nid[48] ». Dans les lettres d'amour échangées entre Balzac et Mme Hanska, il est souvent question d'un « bengali » chéri ; à rapprocher de ce vers de Marie Dauguet : « Je t'ai baisé comme un rouge-gorge dans ma main. »

Petit oiseau coloré et palpitant, oiseau qu'on veut attraper, dans le film *Irma la douce*, de Billy Wilder (1963), avec cette variante de « Tu montes, chéri ? » : des prostituées chantent, sur l'air de « Alouette, gentille alouette », *Little birdie, pretty little birdie, [...] come fly with me* (Petit oiseau, joli petit oiseau, [...] viens voler avec moi). L'alouette figure déjà chez l'Arétin, écrivain italien du XVIe siècle connu pour ses écrits obscènes ; par exemple, « il se tripotait le manche en attendant de s'en servir pour faire chanter l'alouette[49] ». En France, le « guillery » du futur Louis XIII vient d'un mot désignant le chant du moineau, mais le mot signifiait verge depuis des siècles.

Pour la désigner, le latin populaire parlait de tourterelle *(turtur)* ou de moineau *(strutheum* ou *passer)* ; dans un poème de Catulle à son amante Lesbie, le mot *passer* est à double sens, car le pauvre moineau est mort de s'être épuisé à la tâche avec une femme trop exigeante ! En latin, *pipinna* (petite verge) vient de *pipillare*, pépier, et d'autres animaux, lézard, couleuvre ou charançon, sont utilisés. En italien, *uccello* (oiseau) est un surnom courant, et l'équivalent de « je bande » est *l'uccello mi tira* : on voit l'oiseau tenter de déployer ses ailes, comme s'il voulait s'envoler. L'un des mots les plus employés[50], *cazzo*, dont l'origine est discutée, pourrait venir du mot qui signifie le jars, le mâle de l'oie*.

Autre oiseau, le coq, associé à la virilité depuis des millénaires, d'où la fierté que tirent les Français du symbole national, le coq gaulois. En dérive Coquette, surnom préféré de San-Antonio, utilisé aussi par Louis-Ferdinand Céline[52].

En anglais, *cock* (coq, et aussi robinet) désigne la verge en érection. Dans la traduction française de *L'Amant de lady Chatterley*, on lit cette phrase : « Si mon coq chante pour la dernière fois, je m'en moque », et le traducteur croit bon de préciser en note : « jeu de mots intraduisible[53] », tout en se gardant bien de l'expliquer.

Correct jusque dans les années cinquante, *cock* a ensuite été considéré comme vulgaire. L'insulte *cock-sucker* (suceur de bite) est courante. En français, elle n'est pas répandue, tandis que « suceuse », encore rare, me semble promise à un grand avenir : adressée à un homme, elle pourrait bien remplacer le « lèche-cul » de ma jeunesse.

Le mot masculin comparable à *cock-sucker* est plutôt enculé, ou enfoiré (empli de merde). Cela en dit long sur l'estime dans laquelle sont tenues, et la fellation aux États-Unis, et la sodomie en France.

Cock-teaser (*to tease* : taquiner) désigne une femme excitante, que certains appellent en français une allumeuse. *Cock-a-doodle* (cocotte) est comme en français un mot du langage des enfants, et ces innocents ignorent que *doodle* est un autre mot d'argot pour verge.

Quant au « zizi » des enfants français, il vient peut-être du mot oiseau, déformé en « zozio ». Quand j'étais enfant, on m'avait fait croire, comme à d'autres naïfs,

---

* Certains le font venir du mot grec *akàtion* qui signifie mât d'un navire, d'autres y voient une évolution de *oco* (masculin de *oca*, oie) vers *ocazzo* (qui est péjoratif), puis *cazzo*, après disparition du premier o[51].

que pour attraper un oiseau il fallait lui mettre du sel sur la queue. Aujourd'hui, sur ma boîte de sel fin de la marque Cérébos, je vois un petit garçon, la salière à la main, courir après un oiseau : maintenant que je connais le lien, transmis par la tradition populaire, entre le sel et la virilité, je comprends enfin la malice de cette histoire de queue et d'oiseau ! De même, on peut entendre un double sens dans l'avis des photographes, pour attirer l'attention des enfants avant le déclic : « Attention ! Le petit oiseau va sortir… »

Lui et moi

« Il » va sortir… Comme le pénis est un organe extérieur, bien repérable au bas du ventre, et dont la longueur et la largeur sont dans le même rapport que celle d'un corps humain, il est souvent personnalisé, et de manière valorisante, tandis que la vulve peut être ignorée ou méprisée. Dès les premiers soins du corps, l'intérêt particulier que son entourage porte à sa verge peut amener le petit garçon à la percevoir comme distincte de son corps, à la différence de son pied ou de son oreille, qui ne déclenchent pas de telles réactions.

S'il entend des exclamations tendres ou flatteuses sur son « petit robinet chéri », son « mignon petit Jésus », ou sa « queue de cochonou rose », il peut comprendre que son « vermicelle » n'appartient pas seulement à lui, mais aussi à sa mère ou à sa famille qui le jugent si important. Que de commentaires sur sa taille, son aspect, sa façon d'arroser ! Cela contraste avec la vulve des petites filles, dont on parle rarement et qui ne semble pas être un sujet de fierté pour les parents.

L'autre jour, j'ai vu, en plein Paris, un homme pissant contre une palissade ; je lui ai lancé un regard sévère, et il s'est justifié : « Eh ben quoi, les chiens le font bien ! » Est-il donc un animal ?

Les femmes qui dans l'intimité donnent un nom à leur vulve la considèrent rarement comme une partie séparée de leur corps. Au contraire, les hommes ou leur entourage traitent souvent leur verge soit comme une réplique d'eux-mêmes en miniature, soit comme un objet extérieur dont ils ne sont pas maîtres. En effet, l'érection est un phénomène complexe qui ne dépend ni de la volonté ni de la raison. Beaucoup d'hommes sont donc amenés à voir dans leur verge un acteur à part entière, un petit personnage autonome qui leur semble avoir sa vie, ses désirs, ses caprices, ce qu'illustre le livre de Moravia, dialogue entre *Io e lui* (*Moi et lui*, 1971).

Ils lui donnent un nom propre, prénom ou diminutif. Ils entretiennent avec lui une relation intime, souvent amicale – en russe, c'est « l'ami rose ». Le dialogue est plutôt décevant, car « il » se montre souvent rétif aux ordres tels que : « Du calme, Toto ! », « Sois sage, asticot ! » ou au contraire : « Réveille-toi, l'arsouille ! » Ils en parlent à la troisième personne : « Mon vit baisse la tête et n'a point de vigueur », écrit Théophile de Viau au XVIe siècle. « Popaul est très excité, il ne peut pas se retenir », regrette un homme qui éjacule trop vite. « Milord ne veut plus », constate celui qui est catalogué comme « impuissant », et un autre, qui n'a plus d'érection, va jusqu'à dire : « Jojo est mort. »

Ils l'affublent souvent d'un prénom masculin, en général démodé, Cyprien ou Théodule, d'un nom ou d'un diminutif, parfois précédé de « l'ami » ou de « Monsieur ». Extraits de la riche collection de San-Antonio, outre Popaul, le préféré : Agénor, Alfred, Anatole, l'ami Bébert, oncle Benjamin, mister Braque, Casimir, César, Dudule, monsieur Dunœud, Duzob, le camarade Gaspard, Julot, Lagode, le copain Lapointe, le pote Mandrin, Marius, Médor, le Nestor folâtre, Prosper youp la boum, le camarade Zifoloff à tête chercheuse.

Alexandre est choisi dans plusieurs langues, pour une raison que rapporte Jorge Semprun : parce que « Alexandre le grand »[54] ! Chez les géants de Rabelais, la grande taille s'accompagne de noms assortis et de proclamations solennelles : « Tenez (monstrant sa longue braguette) voicy maistre Jan Chouart qui demande logis » ; ou : « voicy Maistre Jean Jeudy qui vous sonneroit une antiquaille [une danse] dont vous sentirez jusqu'à la moelle des os[55]. »

Grâce à *L'Amant de lady Chatterley*, on apprend que « John Thomas » et « lady Jane » étaient, dans l'Angleterre du début du XXe siècle, des noms populaires donnés aux organes sexuels masculins et féminins. Les amants du livre s'appellent aussi entre eux « chevalier du Brûlant Pilon » et « dame du Mortier Rouge »[56]. Dans l'anglais d'aujourd'hui, l'un des favoris est *willy* ou *willie*, diminutif du prénom William (Guillaume)[57].

Aux États-Unis, on emploie *peter*, ou encore *dick* (diminutif de Richard*) : *Dick and Jane*, titre d'un manuel de lecture mettant en scène deux enfants, a donc aussi un sens sexuel, comme le note l'écrivaine d'origine indienne Bharati Mukherjee[58] ! Joe Blow est un autre nom courant, ou encore Johnson : dans le film des frères Coen *The Big Lebowski* (1997), le héros parle souvent de son *johnson* qui est l'un des personnages principaux.

Dans l'argot suédois, sont utilisés les prénoms Niklas Petter (Nicolas Pierre), et aussi Karl-Johan, allusion

---

* L'acteur britannique Richard Burton raconte dans ses *Mémoires* que, lors de son arrivée à Hollywood, on l'accueillit avec cordialité. Tout de suite, on l'appela Dick. Il répliqua : « Appelez-moi plutôt Richard ! Je préfère. » Le sel de cette histoire a dû échapper à la plupart de ceux qui, le 24 août 2003, regardaient à la télévision française (sur France 5, à 13 h 30) un documentaire sur Richard Burton et Elizabeth Taylor. Sur des images du couple à Hollywood, le commentaire était une citation des *Mémoires*, lue en traduction et sans explication !

au roi Karl XIV Johan, autrement dit Jean-Baptiste Bernadotte, venu de France en 1810 et réputé pour sa vie sexuelle.

Seuls sont du féminin quelques adjectifs utilisés comme noms : la vigoureuse, la vibrante, la frétillante, la précieuse ou la ravissante. Un pronom féminin figure dans une expression employée quand on a dit une bêtise : « Je la prends et je la remets dans ma culotte » : c'est comme si le mot sorti de la bouche correspondait à la verge apparue de manière involontaire et gênante.

De la petite taille du personnage dérive une autre série : en russe, c'est le garçonnet ; très courants aussi, Tom Pouce (*Tom Thumb* en anglais), ou le petit Poucet (*der kleine Däumling* en allemand). Autres noms français, petit frère, frérot, ou dans le Midi, titoulet, qui vient de petit. On en fait un jouet, un « guignol » ou un « polichinelle », grâce auxquels l'homme « fait bravo de la marionnette » !

« Le petit bout » fait penser à la malicieuse chanson des Frères Jacques : « C'est le p'tit bout d'la queue du chat… » Le surnom « frère Jacques », dont l'équivalent anglais est *Brother Peter*, conduit à entendre un double sens dans la chanson enfantine portant ce titre et qui demande : « Dormez-vous ? » La fin du refrain « ding ding dong », en anglais *ding dong bell*, loin de l'anodin tintement (*bell* en anglais), est une allusion à un acte sexuel, avec le battant qui frappe l'intérieur de la cloche : *ding-dong*, ou *dong*, sont des mots d'argot anglais pour verge, et *ring my bell* (fais sonner ma cloche) est une invitation sexuelle.

Un outil : pour perforer ?

Quand on veut parler de la verge en restant dans le vague, machin, chose, truc, outil, engin ou instrument, en anglais *dingbat* ou *thingy*, font l'affaire. Toute précision technique ajoute une image concrète : pilage des graines (pilon et mortier), électricité (prises mâle et femelle), menuiserie (tenon et mortaise, ainsi que les outils des gouvernantes de Gargantua) et bien d'autres domaines encore.

Le latin populaire abondait en noms d'outils pour désigner la verge : outre les différents types de baguettes ou de bâtons *(radius, virga, virgula, caduceus, thyrsus)*, il offre le pilon *(pilum)*, le verrou ou la cheville *(pessulus)*, le tisonnier *(rutabulum)*, la louche *(trua)* ou le fouet *(natrix)* ; parmi les outils des paysans, le soc de charrue *(vomer)*, la faucille *(falx)*, la pioche *(ligo)* ou la houx *(raster)*. Tous sont liés à la dureté de la verge en érection, de même que le mot courant os (*bone* en anglais), car on a longtemps cru qu'il y avait un os dans la verge du mâle humain, comme dans celle d'autres mammifères.

L'humanité a toujours associé la terre à la fécondité féminine. Avant de pouvoir récolter ses fruits, l'homme (plus rarement la femme) doit la travailler avec des outils qui figurent la verge, et ces opérations sont autant de symboles de la rencontre sexuelle : il la retourne, la laboure en la striant de sillons, la troue pour y déposer des semences, l'arrose, etc. Les images agricoles, comme le « laboureur de nature » cher à Rabelais[59], ou le plantoir (*dibble* en anglais) qui plante la petite graine, sont courantes. Le mot nature lui-même ou, en latin, le champ *(ager* ou *arvum)* désignaient le sexe féminin, et la verge était appelée « l'instrument naturel ».

Partout, des traditions associent sexualité et travaux agricoles. Toutes les langues ont des images de cet ordre : ainsi, en latin, *sulcus*, le sillon ouvert par le soc pointu de la charrue, désignait la vulve ; en anglais, le nom *husband*, qui signifie mari, est aussi un verbe, qui signifie cultiver la terre. Dans le monde arabo-musulman, le pénis est le fouilleur ou le perforateur[60].

Les images sexuelles d'outils ou d'instruments, sans

doute aussi anciennes que le langage, ont suivi l'évolution des techniques. Ainsi, depuis la diffusion de l'électricité on emploie moins des mots d'argot courants jusqu'au XIXe siècle comme chandelle, bougie ou cierge. Autre exemple, *joystick* (bâton de joie), qui signifiait verge en érection dans les bordels nord-américains du XIXe siècle et s'emploie toujours en suédois. C'était aussi le nom du levier de commande des avions qui, aux débuts de l'aviation, avait la forme d'un manche à balai, nom qu'il portait en français. À partir des années 1960, grâce à l'électronique, cette commande a diminué jusqu'à ne plus mesurer que quinze centimètres de longueur et trois de diamètre : c'est alors que *joystick* est passé du domaine de l'aviation à celui des jeux vidéo, pour désigner la manette de la console[61].

Chez San-Antonio, le rayon bricolage est très fourni. Pour qualifier son outil à faire reluire (jouir) sa partenaire, le héros a le choix entre antenne télescopique, bec verseur, brise-jet, canne à Marcel, canne à pêche, chignole, club de golf tout terrain, concasseur à chaglatte, défonceuse, jauge à amour, lance d'arrosage, levier de force, manche à gigot, manivelle du sapeur, marteau-pilon, palonnier, pic à glace, pilon-noceur, piolet, rouleau à pâtisserie, tringle à frissons, vilebrequin baladeur ou zoom à réglage salivaire[62] !

En anglais, *hammer* (marteau) est un nom courant, qu'on lit plusieurs fois dans *Sexus*, de Henry Miller[63], ainsi que *sledge-hammer* (marteau de forgeron). Autres noms d'outils : *poker* (tisonnier), *pole* (perche, hampe), *prong* (dent de fourche), ou *ram-rod* (écouvillon).

Quant aux hommes qui déclinent le plaisir sur le mode musical, le français leur propose de nombreux instruments : biniou, fifre, épinette, cornemuse, et plusieurs sortes de flûtes à bec, comme flageolet ou mirliton ; en russe, on entend parler de flûte de peau (*skin flute* en anglais), ou d'archet. Le mot *flute* est courant aussi en anglais, et l'expression *Play me a tune* (joue-moi un air) a un double sens.

Une légende aborigène australienne raconte l'invention du didgeridoo, instrument à vent d'une longueur moyenne de 1,3 mètre, qui pourrait bien être le plus ancien instrument de musique du monde. Un jeune guerrier tombé au fond d'un puits appela au secours ses compagnons en soufflant dans sa verge. Le son les stupéfia, et ils décidèrent d'imiter le héros en soufflant dans des branches d'eucalyptus creusées par des termites. Selon une autre légende, le didgeridoo aurait été employé par les Grands Ancêtres pour insuffler la vie et créer le monde. Utilisé par des hommes dans des cérémonies, il produit un son grave et envoûtant, qui serait la voix de la Terre Mère.

Une arme : pour blesser ?

« Louange à Dieu qui créa les verges droites comme des lances, pour guerroyer dans les vagins ! », proclame un commentateur du Coran au XVIe siècle[64]. Si le vagin est un champ de bataille pour le « défonceur » *(hattâk)* en arabe[65], par quelles prouesses l'homme doit-il y prouver sa virilité ? En versant le sang, en blessant, en tuant ? Faut-il prendre au mot ceux qui emploient ces images sexuelles* ?

Le langage populaire associe la virilité à une verge dure et souvent à un engin de mort. Déjà, le latin qualifiait les organes masculins d'armes viriles *(arma virilia)*, avec pour la verge des surnoms comme *cuspis* (épieu), *hasta* (lance), et aussi des lames de toutes sortes : *ensis*, *gladius*, *machaera*, *mucro*, *sica*, *sicula*, ou *pugio*.

* Par exemple la femme, à qui Louis Calaferte fait dire : « Je voudrais ton sexe comme un couteau planté dans mon ventre » (*La Mécanique des femmes, op. cit.*, p. 40).

De même, chez l'Arétin, avec l'expression « massue d'Hercule » (la massue est un gros bâton), ou chez Rabelais, avec différents noms d'épée : braquemart, courtault, ou pistolandier. Par exemple, quand frère Jean demande « des filles », c'est, dit-il, « pour les saigner droict entre les deux gros horteilz avecques certains pistolandiers de bonne touche[66] », le but étant d'engendrer de nombreux enfants. Même objectif sur une carte postale du début du XXe siècle : elle représente un fusil avec, suspendus au canon, huit nourrissons dans leurs langes ; la légende va droit au but : « Le fusil à répétition, ça c'est bon pour la repopulation » !

En français, « arme secrète » est toujours une expression courante, et le catalogue de l'armurerie machiste comprend aussi : épée, flamberge, sabre, lance, arc, flèche, javelot, arbalète, gourdin, pistolet, lame, rapière, lance-flammes, couteau, coutelas, etc., avec les images assorties, telles que dégainer son sabre, sortir son épée du fourreau, mettre flamberge au vent, ou sabre au clair, et la plus courante : tirer un coup*. San-Antonio ajoute à la panoplie le poinçon, la matraque, le bazooka, le missile, l'ogive à tête plongeante, les charmants bâton d'amour et pistolet à délices, ainsi que le plutôt décoratif bâton de maréchal. L'anglais propose *bayonet* (baïonnette), *club* (gourdin) et un expressif *beaver cleaver* (fendeur de castor, ce dernier désignant la vulve poilue).

Les images guerrières et le vocabulaire militaire, si répandus à propos de la sexualité, sont le produit d'un système de pensée et d'images remontant à l'époque des chevaliers et limités au point de vue masculin. Les femmes sont vues comme une citadelle à assiéger, une

* Le rappeur français Joey Starr se vante que sa chambre soit « un vrai champ de tir », et il ajoute « dans tous les sens du terme » ; le journaliste précise qu'il « sourit, content de son bon mot » (*Libération*, 19 août 2002).

place forte à prendre, une conquête qui perd tout intérêt dès qu'elle n'oppose plus de résistance.

Les images érotiques de ce type font de la rencontre sexuelle un duel intime, elles valorisent l'homme « rude au combat de Vénus », comme on disait au XVIIe siècle[67], et elles transforment son petit bout de chair en bélier enfonçant les portes d'une forteresse. Depuis des siècles, la langue affirme la puissance de cet engin fabuleux, qui donnerait à son porteur le droit de vie et de mort. Rien d'étonnant à ce que certains hommes s'imaginent dotés d'une arme entre les jambes et que de nombreuses femmes en aient peur !

Utiliser des mots liés au combat et donc à la brutalité, à la souffrance, au meurtre pour qualifier cet organe si fragile et si délicat en dit long sur la violence dont l'idéologie machiste imprègne la sexualité masculine, faisant de la verge une arme, ce qui assigne les femmes, ou les faibles, au rôle de cibles. Chaque femme, selon son histoire, selon l'homme et le moment, peut regarder une verge avec tendresse ou avec terreur, avec désir ou avec horreur. Elle peut être sensible à sa peau si délicate, à ses changements si étonnants.

Instrument de haine qui torture un autre être humain, ou « serpent fabuleux » se déployant pour le ravissement d'une amoureuse fascinée ? C'est bien du même organe qu'il s'agit, mais tout dépend de l'usage qu'en fait son porteur : il y a un abîme entre un crime de violeur et un acte accompli pour le plaisir, dans la rencontre de deux libertés, de deux désirs.

CHAPITRE XI

Être ou ne pas être… à la hauteur

Bander

Que se passe-t-il dans son corps quand l'homme cocorique, pigeonne du calcif, éprouve des turlurances dans l'antenne, allume du kangourou, frémit du bigoudi, piaffe du manche, sort la rallonge, se met au beau fixe, ou encore fait le salut aux couleurs[1] ? En un mot, quand l'homme, ou plutôt sa verge, bande ? Ce verbe si simple, si courant, est propre au français, car dans les autres langues les mots populaires les plus répandus expriment plutôt l'idée de dur ou de droit. Bander n'a pas non plus d'équivalent en français « bon genre ». Pour rendre compte de ce phénomène, il faut au moins trois mots et une tournure compliquée : être en érection, être en état d'érection, entrer en érection, ou encore avoir une érection. De même, l'opération inverse, débander, se traduit en langage correct par cinq mots : cesser d'être en érection.

C'est en vain que San-Antonio a proposé les verbes érecter et érectionner, ainsi que le contraire dérecter. Érecter est sans doute trop proche de éructer, c'est-à-dire roter, action moins prestigieuse. Érection, qui date du XVIe siècle, resta longtemps dans un splendide isolement : aucun mot n'en dériva jusqu'au XIXe siècle, où des savants fabriquèrent le mot érectile, pour qualifier un organe, ou l'une de ses composantes, pouvant être en érection. Au contraire, bander est accompagné depuis des siècles par un cortège de mots familiers : bandaison, bandant*, bandeur, ou bandard, flatteurs quand ils sont précédés de « un fameux » ; bande-mou, ou bande-foulard, pour qualifier un homme manquant de fermeté ; et aussi les fantaisies comme bandouiller, bandocher, bandoche ou bandocherie.

En français du Québec, on emploie couramment l'expression être bandé, parfois accompagnée d'une précision – être bandé bien raide – ou d'une comparaison avantageuse : comme un cheval, ou comme un taureau, alors qu'en France, c'est plutôt l'âne qui est l'animal de référence. On dit aussi au Québec être bandé, ou être bandé raide sur une personne ou sur une chose, ce qui signifie la désirer passionnément, et l'expression est parfois employée par des femmes.

En français familier, bander évolue vers un sens figuré, pour désigner le fait d'être excité, sans signification sexuelle. Il devient un mot banal, qui ne choque plus dans une interview. Par exemple, « est-ce que ce que je fais me fait bander[2] ? » se demande gravement l'animateur de télévision français Laurent Boyer en 2002.

Quant à débander, on l'entend souvent dans l'expression « sans débander », c'est-à-dire sans arrêter, qui est aussi employée par des femmes n'ayant pas peur des mots. Le mot ancien débandade a été employé à partir des années 1970, avec parfois le sens de déroute, de fuite honteuse**. Le sens sexuel de bander est

* Ou plutôt bandante, pour une femme qu'un homme juge excitante.

** Dans son film *La Débandade* (1999), Claude Berri, âgé de soixante-cinq ans, a eu le courage de s'exposer en jouant le rôle principal, celui d'un homme que son vieillissement plonge dans le désarroi. Il aime et désire sa femme (magnifiquement incarnée par Fanny Ardant), mais se désole de « bander mou et pas assez longtemps ». Elle l'aime comme il est et comme il devient, et refuse attesté par écrit depuis le XVIIIe siècle, mais il est bien plus ancien dans la langue parlée. Son contraire, débander, figure dans le dictionnaire de Furetière de 1690. En italien, l'image sexuelle « bander son arbalète » figure dans *Le Décaméron* de Boccace (XIVe siècle).

Ce sens est venu d'un rapprochement avec l'action de bander ses muscles en vue d'un effort physique. L'image est voisine de celle de l'arc qu'on bande en tirant sur la corde fixée aux deux extrémités de la tige. Le mot bander lui-même vient de bande, morceau de tissu avec lequel on serre, on maintient quelque chose. De tous ces emplois se dégage l'impression d'un effort, d'une tension volontaire, d'une préparation à une action : lancer, tirer, ou frapper. L'idée est fausse, puisque la bandaison ne dépend pas de la volonté, mais l'image est forte et correspond à une représentation à laquelle certains veulent croire.

Quant au mot érection, Ambroise Paré l'a importé en 1562[3], en adaptant le latin *erectio*, qui signifiait action de dresser une chose, par exemple une statue, à partir du bas, de la mettre à la verticale. Auparavant, érection avait en français le sens figuré d'élévation, et son contraire était dépression, c'est-à-dire abaissement. C'est ainsi qu'un personnage de Rabelais célèbre la gloire de Dieu, qui apparaît en « l'érection des simples et humbles [et en] la dépression des puissants[4] ».

L'érection, qui vient du verbe ériger, est l'action de mettre droit ; c'est donc le même mot que pour la construction d'un monument ! Dans son *Dictionnaire des idées reçues*, Flaubert ironise sur ce mot lié à une image si solennelle : « Érection : ne se dit qu'en parlant de monuments. »

---

toute méthode artificielle avec garantie médicale d'« une belle érection durable ». Rayonnante d'amour et d'humour, elle attend qu'il revienne de ses pauvres aventures. Quand il rentre, elle lui a réservé une surprise érotique…

Au repos, la verge, attirée vers le bas par la loi de la gravité, pend, comme un bras tombant le long du corps. Quand l'homme bande, s'il est nu et debout, sa verge se dresse, certes, mais dire qu'elle s'élève d'elle-même à la verticale en sens inverse est exagéré, comme dans l'expression marquer midi. Un homme plus modeste dira qu'il a un palonnier parallèle à ses godasses*. Parcourir un tel arc de cercle est déjà spectaculaire, et de même quand l'homme est couché sous un drap et que, grâce à son poteau personnel, il « monte la guitoune », mot arabe qui signifie tente.

Il y a plus qu'une nuance de style entre bander, c'est-à-dire avoir la trique, la barre, la banane, la crampe, la gaule**, le mandrin, etc., et être en érection : une différence aussi fondamentale, aussi philosophique qu'entre avoir et être. Le mâle qui a l'« asperge en pleine germinance[5] », qui « brandonne du calbar », ou qui « trépigne du mât de Cocagne » éprouve dans sa chair la tension momentanée d'une bandaison, d'une démangeaison, mots bien terre à terre. En changeant de mot, on passe du registre matériel à celui de l'héroïque. Bien au-dessus des contingences, l'homme en érection participe à la majesté d'un phénomène cosmique : il oppose sa résistance à l'inévitable chute des corps.

Gonfler dur, être debout

En réalité, ce n'est pas l'homme qui bande, c'est sa verge. Par un déplacement du sens, on attribue au tout – l'homme – ce qui relève d'une partie – son sexe. Un afflux de sang dilate des tissus, ce qui fait durcir la

---

* Le palonnier est la barre servant à commander le gouvernail de direction d'un avion. L'expression se trouve chez San-Antonio.

** Mon fils me signale un pastiche d'*Astérix et Obélix*, intitulé *Nos ancêtres ont la gaule*. À chaque âge son plaisir de découvrir ou de réinventer les jeux sur ce mot !

verge et augmenter de moitié sa longueur et son diamètre, tandis que les testicules doublent presque de volume : voilà l'orgueil des machos qui enfle en proportion ! Pourtant, l'homme n'est pas le seul à bander, même si le phénomène est plus visible chez lui. Combien de femmes savent-elles qu'il leur arrive la même chose ? Elles aussi ont des organes érectiles : le clitoris et les mamelons, c'est-à-dire le bout de leurs seins. Tous trois se dressent et durcissent sous l'effet d'une excitation : c'est ainsi qu'une femme peut « bander des seins ». Quant au clitoris, son gonflement est plus impressionnant, en proportion, que celui de la verge, car il comporte davantage de tissus érectiles. C'est pourquoi il lui faut plus de temps pour atteindre ses dimensions maximales. Ce qui est unique et extraordinaire chez l'homme, c'est que sa verge s'élève visiblement : c'est comme si l'afflux de sang, loin de l'alourdir, la rendait plus légère, comme si elle lévitait, délivrée de la pesanteur.

Gonfler, enfler, ou se dilater sont des verbes simples, courants en français depuis le Moyen Âge. Les jugeant trop concrets, ou trop communs pour s'appliquer au seigneur pénis, les pédants du XIXe siècle leur ont préféré des noms, plutôt que des verbes, et des noms à leur mode, calqués sur des mots latins de même sens. Pour le gonflement de la bandaison, ils ont choisi tumescence[6], et détumescence pour le contraire. L'origine est le verbe latin *tumere*, gonfler, qui a donné en français le mot tumeur. L'expression « pénis tumescent » me fait plutôt penser à une maladie ! En latin populaire, on parlait de *cauda turgens*, queue gonflée, et turgescence est un autre mot du langage savant depuis le XVIIIe siècle.

Heureusement, tumescent et sa clique sont restés des mots de papier, et leur emploi dans les livres de médecine n'a en rien empêché la prospérité de bander, triquer, et de leurs nombreux parents et alliés qui s'invitent sans façons au festin de la langue vivante.

Par exemple, raide, qui se disait roide jusqu'au XXe siècle et qui vient du latin *rigidus*, est, avec ses dérivés, l'un des préférés de Rabelais, qui emploie des expressions comme « caiche [queue] roidde », « bracquemars enroiddys » ou « roidir le bout[7] ». Décrire l'organe dressant ou levant l'oreille ou les oreilles est aussi une expression courante, par exemple chez les gouvernantes de Gargantua[8].

En anglais, le rayon pédant offre aussi *erection*, *tumescence* et *tumescent*, tandis que bandaison se traduit par des expressions illustrant la notion de dur *(hard)* : *hard-on* ou, avec l'image d'un os, *bone*, *bone-on*, *boner* (*I have a boner for you* signifie je bande pour toi), ou encore celle d'une corne, *horn* ou *horny*. *Stiffy*, ou *stiff one* vient de *stiff*, raide, dur. Le suédois propose *stake* (qui se tient droit).

Dans l'argot américain, *bonk-on* et *stonk-on* sont formés sur les verbes voulant dire baiser. *Blue-veiner* désigne une bandaison ferme, avec l'image de la veine bleue de la verge, saillante et donc visible sur toute la longueur. Le mot *hot* étant lié au désir, de la sensation de chaleur dérivent les expressions *to have the hots for somebody* (avoir des chaleurs pour quelqu'un), ou *to have hot pants* (avoir des pantalons brûlants). En français, on parle de se dégeler ou de prendre feu.

En allemand, *Erektion* coexiste avec *Steifwerden*, *steif* voulant dire raide, dur. Bander, c'est avoir entre les jambes quelque chose de dur : *einen Steifen* ou bien *die Beule* (la bosse), ou *die Latte* (la latte, un morceau de bois). La bandaison, c'est aussi *der Ständer*, c'est-à-dire le poteau, du verbe qui signifie être debout. De même, en russe, les verbes les plus courants pour dire bander signifient se lever ou être debout, et un dicton rimé affirme : *Papa lioubit tchaï goriatchiï / Mama lioubit houï stoiatchiï* (Papa aime le thé bouillant, maman aime la queue debout).

Debout ! Cette position symbolise la dignité de l'homme : « Mieux vaut mourir debout que vivre à genoux », disaient les héroïques républicains espagnols en 1936. Debout : c'est un mot positif, lié à l'énergie, au courage, à l'action. Il s'oppose à « couché ! » : le maître domine le chien docile auquel il impose sa volonté par cet ordre. De même, les femmes « tombent » dans les bras du séducteur. Le soudard renverse, culbute, bascule ou bouscule des femmes. La virilité conquérante de la bandaison protège les hommes de la honte qui s'attache aux « filles faciles », aux marie-couche-toi-là.

Debout, c'est l'attitude du garde-à-vous, d'où les verbes de San-Antonio, quand Popaul met baïonnette au canon ou au caleçon[9] : gardavouser ou se payer un garde-à-vous. Cette position réglementaire chez les militaires consiste à garder le corps immobile et droit. Coucher, qui est le contraire de dresser, c'est mettre (ou se mettre) à l'horizontale, et c'est aussi faire l'amour. Même si l'homme s'allonge, même s'il « couche » lui aussi, le mot et la position, quand ils prennent un sens négatif, sont réservés aux femmes. L'idée de mollesse, de douceur s'oppose aux vertus traditionnellement viriles, dureté, rudesse, force, vigueur, associées à l'érection.

Debout : ce symbole si fort est interprété à leur guise par des hommes cherchant à démontrer la supériorité virile. Ils associent l'horizontale à la terre, à la mort, à la femme ; la verticale à la montée vers le ciel, au feu, à l'homme. D'où l'interprétation érotique de la croix donnée par l'architecte autrichien Adolf Loos : « Une ligne horizontale : la femme allongée. Une ligne verticale : l'homme qui la pénètre[10]. » Hervé Bazin interprète à sa façon le genre féminin ou masculin en français de certains noms : « Que la terre, la mer, comme la plaine, soient du féminin, on veut bien : ce sont, à l'horizontale, de grandes fécondes, au-dessus de quoi l'air, le feu, l'arbre, l'oiseau, qui se dégagent à la verticale, sont correctement masculins[11]. »

Pour certains, les femmes sont restées du côté de

l'animalité, tandis qu'il revient aux seuls mâles humains, passés de la posture à quatre pattes à la station debout, d'incarner l'évolution de l'espèce. C'est ce que montre le double sens de l'expression *Homo erectus*, nom latin donné au XIXe siècle par les préhistoriens à l'être humain, femme ou homme, au stade où il se met debout. Qui n'a pensé à l'érection, et donc à l'homme mâle, en lisant ces deux mots pour la première fois, par exemple en titre d'un article sur le Viagra[12], la pilule magique qui fait bander ?

Bruits et chuchotements au masculin

Même si la violence sexiste a colonisé la langue, il est d'autres hommes, et d'autres mots, plus délicats.

Du côté bruyant des premiers, il y a les jeux avec des mots, le plaisir des images fortes, les vantardises, les amusements, les gros rires. Il y a les plaisanteries obscènes sur biroute, manche à air, ou frein à main. Les graffitis des sales gosses qui dessinent des bites au tableau ou sur les murs. Les insolences d'enfants qui tirent la langue ou font un pied de nez, en une exhibition moqueuse d'un organe qui peut faire penser à un autre. Les joyeusetés sonores de fin de noces et banquets : ainsi, on souffle dans un mirliton appelé langue de belle-mère ; quand il se déroule, il ressemble plutôt à une « couleuvre qui fait la belle[13] », ou « au chauve en col roulé bombant le torse ».

Il y a les prétentions des « queues de béton », qui se vantent d'être des bêtes de sommier, d'avoir à volonté la sentinelle sur le qui-vive, d'avoir un sacré mandrin, d'en choper une comme un madrier (une planche épaisse), de bander comme un cerf ou comme un tigre, de hisser le grand foc (une voile) ou de protubérer de la massue, quitte à se polir le casque à la main, à s'astiquer le spaghetti, avec des caresses bien utiles pour se relancer à la manivelle, pour redresser la situation quand ils ressentent du mou dans la gâchette.

Certains disent ne craindre aucun rival pour la dureté réelle, tel le héros de Henry Miller, qui se vante d'avoir une érection *fit to break a plate* (à casser une assiette)[14]. Ou celui dont la femme chante, selon Pierre Perret dans *Le Zizi* : « J'ai roulé de la pâtisserie / Avec celui de mon mari. »

D'autres préfèrent affirmer une dureté symbolique, tel Serge Lama qui chante : « Écoute le long fouet qui siffle à genoux et dis-moi merci / Prosterne-toi mais si mais si / Soumets ton regard insolent / Et livre ton sexe indolent / À ma volonté inflexible[15]. »

Il y a les vantardises des héros de papier, tels les mâles imaginaires de Sade, aux « vits plus durs que des barres de fer[16] », ou encore Panurge, chez Rabelais : « Je l'ay à commandement, docile, bénévole, attentif, obéissant en tout et partout. Il ne luy fault que lascher les longes [qui maintiennent les oiseaux de volerie], je dis l'aiguillette [qui attache la braguette], luy montrer de près la proye et dire : Hale, compaignon [cri de chasse][17] ! »

Il y a la description de Molly Bloom, entre ironie et admiration : « C'est comme du fer ou une espèce de pince-monseigneur qui se tient droite tout le temps[18]. »

Il y a les images expressives de San-Antonio : branle-moi le combat, avoir le manche à paf branché sur la force, ou le mandruche (mandrin) qui surdilate, frétiller du mancheron (poignée d'un outil), piaffer du bénouze (pantalon), etc.[19]. Il y a les charmantes tournures du XVIIIe siècle dans le dictionnaire de Le Roux, pour définir le verbe bander : « Sentir la résurrection de la chair humaine, être en humeur d'en découdre avec une femme, sentir des démangeaisons amoureuses, appéter [désirer] l'union. »

Il y a des femmes assez « gonflées », hardies, telle l'actrice américaine Mae West qui, invitée à danser, osa demander à son cavalier dès les premiers pas :

« Vous avez un pistolet dans votre poche, ou vous êtes juste content de me voir ? »

Il y a les hommes qui jouent à être des super-machos, tel Jean-Marie Bigard. Pendant son spectacle *Des animaux et des hommes*, on voit dans un film projeté en ombres chinoises un couple danser. L'homme cherche à embrasser la femme qui refuse ; il la gifle, la fait se retourner et se pencher vers l'avant ; il sort une verge qui semble mesurer un mètre de long, et pénètre la femme de telle façon que l'engin lui sort par la bouche. C'est une scène de viol, et cela a fait rire chaque soir des milliers de personnes à Paris en 2003[20].

Du côté d'hommes plus discrets, plus sensibles, c'est le contraire : malaise, soucis, secrets, honte, chez certains, des jeunes le plus souvent, terriblement gênés par cette réalité qui leur échappe, qu'ils ne maîtrisent pas, qu'ils hésitent à nommer.

Il y a la pudeur du jeune homme timide, décrivant ce qu'il ressent avec ses mots à lui, par exemple Michel Quint : « Mes parties nobles sont entrées en grande émotion[21]. »

La délicatesse de l'homme notant la surprise d'une femme : « Elle a pu constater qu'elle ne m'était pas indifférente. »

La honte du héros d'Aragon : « J'avais beau me regarder dans le miroir, de face, de trois quarts, de profil [...]. Me serrer le vit à pleurer [...]. Je restais avec cet appendice congestionné, terriblement ridicule[22]. »

Le malaise du conscrit décrit par Alain Roehr ; il dort dans une chambrée, où il faut « se mettre à poil » devant les autres : « La première fois je bande, je me cache comme je peux, le sexe des autres c'est mon propre sexe en objet, toujours étrange – d'ailleurs je ne regarde jamais “en face” celui de Léon[23]. »

La panique du jeune homme chez le médecin : « Tout à coup, mon truc s'est mis à durcir, je ne savais plus où me mettre. Je me suis dit : “Il va penser que je suis homo…” »

La réticence de garçons d’aujourd’hui à se montrer avec un « moule-bite », un maillot slip dont le port est obligatoire en France dans les piscines municipales. Combien sont soulagés d’enfiler plutôt un maillot de bain short ou bermuda ne mettant pas en valeur l’attirail parfois encombrant de leur entrejambe, surtout en cas de poutre apparente imprévue !

Le refus d’hommes d’aller pour la première fois sur une plage naturiste, de peur que leur « engin » leur réserve une « mauvaise surprise ».

La gêne de l’homme posant nu pour les étudiants : « Un jour à l’École des beaux-arts, raconte la sculptrice Louise Bourgeois, un modèle croisa le regard d’une élève et eut une érection. Pour moi, ce fut traumatique. Il exposait une vulnérabilité que je n’aurais jamais soupçonnée. J’ai soudainement eu de la compassion pour les hommes[24]. »

Il y a le grand ancêtre, le sage Montaigne, et son constat de « l’indocile liberté de ce membre s’ingérant si importunément lorsque nous n’en avons que faire, et défaillant si importunément lorsque nous en avons le plus affaire, et contestant de l’authorité si impérieusement avec nostre volonté, refusant avec tant de fierté et d’obstination noz sollicitations mentales et manuelles[25] ».

Fantaisies et hypocrisie

« J’en ai vu des impulsifs / Qui grimpaient dans les calcifs / J’en ai vu de moins voraces / Tomber dans les godasses », chante Pierre Perret. « Et mon zizi, pourquoi il est dur ? » demandent des petits garçons à leurs parents, souvent bien incapables de répondre.

Pour certains, c’est simple. Selon la tranquille affirmation de Bérurier : « J’sus un homme d’appétit. Une bouteille m'donne soif, un lit sommeil, et une femme le tricotin[26].» Une femme? N'importe laquelle? Brassens fait la distinction dans la chanson *Fernande* : «Quand je pense à Fernande, / Je bande, je bande. / Quand j'pense à Félicie / Je bande aussi. / Quand j'pense à Léonore / Mon Dieu, je bande encore, / Mais quand j'pense à Lulu / Là, je ne bande plus.» Et de conclure : «La bandaison, papa / Ça n'se commande pas.»

Autre affirmation simpliste, celle des mollahs iraniens : si un homme voit les cheveux d'une femme, cela provoque chez lui une érection, ce qui est dangereux s'il n'est pas marié avec elle. C'est attribuer aux femmes un pouvoir extraordinaire, comme si elles détenaient une télécommande magique! Les mollahs s'imaginent-ils que les hommes occidentaux sont en érection permanente?

Selon ces intégristes, pour «éviter de corrompre les hommes[27]» – comme si la sexualité et le désir relevaient du malsain et du maladif –, toutes les femmes, toutes les jeunes filles dès la puberté, quand elles sortent de la maison, doivent se cacher la tête, et même le corps, avec le *hedjab*, un grand voile noir opaque qui les enveloppe entièrement. La forme extrême en est la *burqa* des Afghanes, qui masque aussi le visage, un grillage devant les yeux ne laissant qu'un champ visuel restreint. L'argument du danger des cheveux, symbole de la féminité haïe et méprisée parce que crainte, est toujours utilisé par certains musulmans pour défendre le voile islamique. Vouloir que les femmes cachent leurs cheveux, c'est les punir du désir qu'elles inspirent aux hommes, c'est avoir peur de son propre désir et projeter sur l'autre ses contradictions, à la façon de Tartuffe demandant hypocritement : «Couvrez ce sein que je ne saurais voir[28].»

Bander n'est ni bien ni mal; il en va de même pour débander, malgré la curieuse justification «morale» qu'avance Ambroise Paré : «Si la verge était toujours droite, ce serait un spectacle vitupéreux et déshonneste [blâmable et répréhensible][29] » !

Comment ça marche, quand ça marche ?

Pour répondre à la question du petit garçon : « Pourquoi mon zizi, il est dur ? », il faut d'abord comprendre comment se produit le phénomène, et on ne le sait que depuis quelques siècles. Il ne s'agit pas d'un muscle, comme pourrait le faire croire l'un des noms de la verge dans l'argot anglais : *love-muscle*, muscle d'amour.

On a parfois cru qu'il y avait un os, comme chez la plupart des animaux. Les ignorants, des enfants par exemple, qui ont regardé une récente affiche de publicité pour le spectacle de Michaël Youn, ont dû en être perturbés. On voit la photo de cet homme vêtu d'une veste, le pantalon baissé jusqu'aux genoux. Des hanches aux genoux, il n'y a que des os, comme si c'était une partie d'un squelette ; à la place de la verge, trois petits os articulés comme ceux d'un doigt[30]. Si l'éducation sexuelle était une réalité en France, on pourrait en rire…

Ni un muscle ni un os ; alors, quoi ? Au Moyen Âge, on expliquait l'érection par la théorie « pneumatique » d'Aristote : les nerfs étant emplis d'air venant des poumons, c'est le *pneuma*, le souffle de l'esprit, qui assure l'érection[31].

À la Renaissance, les savants commencèrent à penser par eux-mêmes, en se libérant de ces erreurs vieilles de vingt siècles. Le premier à l'avoir écrit, mais en secret, est Léonard de Vinci, dont le génie n'était pas seulement artistique, mais aussi scientifique. Il avait observé le phénomène de l'érection, chez l'homme et chez l'animal, et il avait disséqué des cadavres. Il en conclut que la dilatation de la verge venait d'un afflux de sang, et non d'une « addition de chair ou d'air ». Vers 1506, il rédigea ses observations en langage codé, et elles n'ont été publiées que récemment. Il notait par exemple que « le pénis rigide a un gland rouge, ce qui est le signe d'une abondance de sang ; lorsqu'il n'est pas rigide, il a une apparence blanchâtre[32] ». Un demi-siècle plus tard, Rabelais, qui était aussi médecin, détaillait ainsi l'effet d'une certaine « sauce verte » aphrodisiaque : elle « dilate les vases spermaticques, abbrevie les crémastères [muscles suspenseurs des testicules], [...] enfle les génitoires, corrige le prépuce, incruste le balane [gland], rectifie [redresse] le membre, [...] [fait] dresser le virolet[33] » !

Au début du XIXe siècle, le savant français Cuvier, fondateur de l'anatomie comparée, inventa l'expression corps ou tissu caverneux, avec le même sens que érectile, pour qualifier les tissus du clitoris et de la verge dans lesquels se trouve un réseau de vaisseaux sanguins : quand une excitation provoque un afflux de sang, ceux-ci gonflent comme une éponge. Comme certaines parties se dilatent moins que d'autres, la verge est plus ou moins courbe. L'écrivain haïtien Dany Laferrière emploie même l'expression « pénis arqués[34] ».

À la question « pourquoi l'érection ? », seuls les spécialistes de l'évolution proposent une réponse, expliquée par Antonio Fischetti[35] : pour remplacer l'os pénien de la plupart des mammifères mâles. Chez les singes, il est le plus petit de toutes les espèces animales. Cet os aide à maintenir la verge en érection, comme un tuteur pour une jeune plante. Un os peut casser, aussi l'érection a-t-elle représenté, pour l'espèce humaine, une adaptation utile, la rigidité de la verge étant assurée chez le mâle par l'action des vaisseaux sanguins.

Pour expliquer au petit garçon comment son « zizi est devenu dur », on peut lui dire qu'il a durci à cause de frottements contre ses vêtements, ou parce qu'il a été caressé par la main, ou encore qu'il a durci tout seul. Dans ce dernier cas, il s'agit d'un réflexe, qu'on observe chez des enfants de tous âges, et même chez des fœtus. De temps en temps, la verge durcit et grossit, parce qu'elle se déploie, d'elle-même, comme un corps qui s'étire, pour s'entraîner à atteindre son volume maximum. À partir de la puberté, cela se produit beaucoup plus souvent, et il arrive parfois aux adolescents de se réveiller dans des draps mouillés par leur sperme.

Chez l'homme, il y a deux sortes d'érections. À partir de l'adolescence, certaines, qui s'accompagnent de la sécrétion d'hormones sexuelles, sont provoquées par le désir sexuel, suscité par une personne réelle et présente, par une image, un souvenir, ou une représentation imaginaire. Toutefois, les plus nombreuses s'expliquent par une réaction réflexe, et elles n'ont aucun rapport avec la sexualité. Celles du matin sont fréquentes : c'est ce qu'on appelle réveil en fanfare, ou lever du roi ; on parle aussi de se réveiller au pied du mât. En anglais, c'est *morning glory* ou *morning prouder* (gloire, ou fierté du matin) : quel orgueil déplacé, alors qu'il ne s'agit que du résultat d'une stimulation nerveuse automatique !

Que ce soit le matin ou au cours de la nuit, il ne s'agit pas toujours de l'effet d'un rêve érotique, et des hommes sans aucune vie sexuelle peuvent en avoir. Ces érections ont lieu pendant la phase du sommeil appelée sommeil paradoxal ; elles résultent d'un processus réflexe du système nerveux parasympathique, celui qui assure les fonctions vitales et contrôle les activités involontaires du corps, comme la circulation ou la digestion. Le même réflexe explique ce phénomène qu'on observe parfois chez des hommes morts par pendaison[36].

On a calculé que, à l'âge de soixante-dix ans, un homme a eu en moyenne environ cinquante mille érections, dont la grande majorité n'avaient rien à voir avec le désir sexuel, et dont seules deux à trois mille ont donné lieu à un rapport sexuel[37]. Au-delà de cet âge, il en aura encore, car les érections réflexes involontaires durent autant que la vie, sauf dans le cas de certaines maladies. Les vieillards bandent, et les mourants aussi, même s'ils sont dans le coma : la verge est le dernier organe qui reste actif, d'où la juste observation populaire « il n'est pas mort, car il bande encore ». On observe le même phénomène chez des hommes paralysés, dont la colonne vertébrale a été brisée, et chez des hommes dits impuissants, ce qui peut prouver que la cause de leurs troubles est psychologique.

Pourquoi ces si nombreuses érections, incompréhensibles, incontrôlables et qui peuvent être gênantes ? Des savants pensent qu'il s'agit d'un mécanisme d'entretien, qui aurait pour but d'apporter régulièrement de l'oxygène aux tissus. Cela n'a donc rien à voir avec la virilité, au sens sexiste. Par quelle aberration en est-on venu à assimiler l'effet visible d'une réaction le plus souvent involontaire du système nerveux avec un ensemble de qualités comme la force, le courage, ou la résistance ? Elles sont humaines et se trouvent chez des êtres que le système machiste méprise : femmes, enfants, vieillards, homosexuels, malades, infirmes, etc.

En voici une preuve par l'absurde, quand « sans débander » devient une réalité. Loin d'être une démonstration de vigueur, il s'agit d'une maladie des vaisseaux sanguins sans aucun rapport avec le désir sexuel : le sang afflue trop, ou ne reflue pas assez. Une érection qui, sans possibilité d'éjaculer, se prolonge plus de quatre heures devient très douloureuse et risque de causer de graves dommages, à moins qu'on n'entoure au plus vite la verge de glaçons. Cette maladie s'appelle priapisme ; son nom ancien était satyriasis. Ces mots étaient déjà utilisés en grec et en latin ; le français les a adoptés au XVIe siècle. Priapisme vient de Priape, dieu de la fertilité, et satyriasis des satyres, les compagnons du dieu de la vigne Dionysos (ou Bacchus), ces personnages étant représentés dans l'Antiquité avec une verge grosse et longue comme une massue.

Sans débander est pourtant le rêve proposé aux bons musulmans. Selon le *Coran*, « les hommes les plus proches de Dieu » trouveront au paradis, « en récompense de leurs œuvres », des houris*, c'est-à-dire de très belles femmes « aux grands yeux [...], vierges, aimantes[38] ». Les commentateurs ont ajouté des précisions : selon Al Suyuti (XVe siècle), « la verge de l'Élu ne se replie jamais. L'érection est éternelle[39] ». Un rêve bien différent de ce qui est promis aux chrétiens et chanté dans les requiem : *Requiem aeternam dona eis, domine* (Donne-leur le repos éternel, Seigneur).

Et les bonnes musulmanes ? Quand elles arriveront au paradis, elles auront la chance d'y retrouver... leur mari !

Dur ou mou ?

On se moque, avec des mots imagés, de ceux qui piquent du nez, des bande-mou, des pousse-mou, des moudubout ou des mous du genou. On se moquait autrefois des jean-qui-ne-peut, des hommes qui ont « perdu la clef de leur dressoir », qui font flanelle ou qui bandent foulard (deux étoffes légères), de ceux qui ont le « chibre mol », ou « froide queue ». Chez Rabelais, on raille ceux qui ont « le membre comme une pantophle [pantoufle][40] », ou les « jeunes haires esmouchetéz[41] » (pauvres diables à la pointe émoussée). San-Antonio plaint les flageoleants de la membrane, les désamidonnés du bigorneau, les fanés de l'os à moelle, ou les flétris du panais[42].

---

* J'entends houri dans souris, nom tendre donné par certains hommes à la femme aimée.

En effet, dans toutes les langues, un homme-un-vrai-de-vrai, c'est un dur, *un duro* en italien, *a tough guy* en anglais, cette dureté s'appliquant à la tête, au caractère, aux muscles et surtout à la verge. Un « vrai homme » doit bander sur commande, dur et durablement. Notre culture, telle qu'on peut l'analyser dans le langage ou dans les images les plus répandues, par exemple celles des publicités ou des films « d'action », exalte la virilité comme une domination brutale. Utilisant un raccourci expressif, l'humoriste algérien Fellag parle de la crise du logement dans son pays, qui s'ajoute à la frustration sexuelle ; il y voit une explication du terrorisme : « C'est ce manque d'amour qui produit l'érection des kalachnikov[43]. »

Un vrai homme est-il un chevalier en armure qui part à la conquête du monde et des femmes, la lance en avant ? Est-il un héros qui doit sans cesse mettre sa virilité à l'épreuve en dominant l'autre, en affirmant sa supériorité ? De ce modèle du Moyen Âge, de cet idéal de bravoure et de vaillance, découlent des représentations masculines, toujours en vigueur de nos jours, qui valorisent la dureté et même la violence. Elles conduisent à voir la rencontre sexuelle comme un duel où la force l'emporte sur la faiblesse, où le mâle doit se rendre maître de l'autre, lui enfoncer son arme dans le corps, tirer un coup et décharger.

Même des hommes doux et attentifs ressentent cette crainte au sujet de leur propre verge. Dans un couple dont la femme est enceinte, la pénétration de la verge dans le vagin est souvent ressentie comme dangereuse. Ses mouvements de va-et-vient pourraient-ils blesser le fœtus ou provoquer une fausse couche ? Sauf dans de rares cas de grossesses difficiles, il n'en est rien, mais cette peur montre combien est importante la représentation de la verge comme une arme.

« Je bande, donc je suis… un homme ! »

Jésus est très rarement représenté avec la verge visible, et il n'a pas eu d'activité sexuelle connue. Sa verge n'engendre pas, ne transmet pas de vie humaine. Selon la doctrine chrétienne, c'est sa parole qui est féconde, et elle promet la vie éternelle. Au contraire, le prophète Mahomet s'inscrit dans une tradition de virilité héroïque : il était réputé avoir la puissance sexuelle de trente hommes, et « faire le tour* » de ses neuf épouses en une matinée. Rabelais en transmet l'écho, dans une réplique de Panurge à frère Jean au sujet de Mahomet « qui se vente en son Alchoran avoir en ses génitoires la force de soixante guallefretiers [calfats, ouvriers qui rendent étanche un navire] [44] ».

De même, les régimes autoritaires sont centrés sur le culte de « l'homme fort », du chef, « père tout-puissant » ou « sauveur de la patrie ». Ils exaltent l'énergie virile, la fermeté, le courage des héros, vertus morales autant que qualités physiques. C'est Mussolini choisissant comme emblème de son mouvement les faisceaux des licteurs romains, un assemblage de verges autour d'une hache. Ce sont les partisans d'un régime autoritaire raillant la « mollesse » des démocraties. C'est le matraquage d'images organisé par les dictatures du XXe siècle, avec leur « homme nouveau », aux traits anguleux, aux muscles bandés, et à la mécanique sexuelle sans aucun raté. Bien plus tard, on apprit les problèmes d'érection de Hitler…

Jusqu'à nos jours, les discours de l'extrême droite abondent en références sexistes et en expressions à double sens. Des politologues, tel Pascal Perrineau, y voient la manifestation d'« un trouble de l'identité masculine » ; perturbés par les nouveaux droits des

---

* On ne précise pas dans quel sens !

femmes, les hommes attirés par ces idées auraient la nostalgie d'une autorité virile traditionnelle[45]. Le phénomène de la crise de l'identité masculine, qui remonte à plus d'un siècle, a été bien étudié, et l'historienne Christine Bard a montré que réaffirmer la domination masculine revient à garantir « le retour à un monde stable[46] ».

Pour le machisme, ce qui fait l'homme, le mâle, se concentre dans ses organes sexuels. Ce qui donne lieu à quelques méchantes blagues de femmes excédées, comme : « L'homme a deux cerveaux : le petit et le gland » ; ou à cette question de Molly Bloom (sans ponctuation) « où est-elle leur fameuse intelligence je voudrais bien le savoir la matière grise qu'ils ont est dans leur queue[47] ».

Réduire « la » femme à son utérus, selon la leçon d'Aristote, est aussi absurde que l'équivalent masculin, qui pourrait s'énoncer : *Totus vir in veretro* (tout l'homme est dans sa verge), avec pour la virilité l'exigence supplémentaire de produire une érection. C'est le sens de l'expression russe familière employée par une femme faisant une invite sexuelle à un homme « Prouve que t'es un homme ! », d'où le mot d'argot pour désigner la verge : la preuve.

Dans le système machiste, les hommes ne sont virils que s'ils peuvent bander, pénétrer et éjaculer. Comme si l'aptitude à réussir ces trois épreuves suffisait à définir l'identité masculine ! Imprégnés par cette idéologie, les jeunes gens, puis les hommes, doivent sans cesse démontrer aux autres hommes qu'ils « assurent » sexuellement. Alors que les jeunes filles sont tenues par la tradition de conserver leur virginité jusqu'au mariage, être « puceau » n'est pas valorisant pour un jeune homme, le mot signifiant aussi inexpérimenté, novice, naïf. Tout au long de sa vie sexuelle, il est tenu d'affirmer sa virilité, qui n'est jamais acquise. C'est pourquoi tant d'hommes essaient de la démontrer par la violence.

En effet, comment prouver sa « puissance sexuelle » ? La démonstration la plus absurde a été donnée en France par l'épreuve judiciaire du congrès, qui s'est prolongée jusqu'en 1677. Congrès vient du mot latin qui signifie union sexuelle. Un homme dont la femme demandait l'annulation du mariage pour impuissance devait, en présence de témoins, chirurgiens ou matrones, « s'unir » à elle, ce que l'angoisse provoquée par de telles circonstances rendait le plus souvent impossible.

Ceux qu'obsède « l'impuissance » sexuelle sont bien en peine de préciser de manière positive en quoi consiste la « puissance » virile. On le voit dans les récits de nuits de noces traditionnelles. Voici un exemple en Anatolie, raconté par Mahmut Makal : on enferme les mariés dans la chambre, et une femme guette par le trou de la serrure jusqu'à ce que le marié s'exécute ; elle transmet alors la nouvelle, et un coup de feu est tiré pour informer l'entourage que la jeune fille était vierge et que le jeune homme n'était pas impuissant[48]. « Pas impuissant » : il faut cette double négation pour définir la virilité !

En français, on distingue la notion d'impotence, pour une personne qui ne peut plus marcher, de celle d'impuissance qui ne s'applique qu'à l'homme et à sa capacité d'érection. Au contraire, en anglais *impotent* englobe les deux significations. Le sens sexuel des mots impuissant et impuissance date du XVIe siècle. Jusqu'à nos jours, les dictionnaires en donnent une définition vague et conforme aux clichés : « Incapacité physique d'accomplir l'acte sexuel normal et complet », propose le *Robert*. Complet, c'est-à-dire jusqu'à l'éjaculation dans le vagin, afin d'assurer une éventuelle fécondation. Quant à « normal », ce mot en dit long sur les préjugés dominants. De même, l'expression courante « un homme normalement constitué » renvoie au cliché selon lequel il serait normal de bander en présence d'une femme « appétissante » ou « provocante ».

Comme si le désir masculin était d'un seul type, comme si l'érection était un réflexe garanti !

« Je suis un homme, donc je bande » ; « je bande, donc je suis un homme » : c'est ce que croit ou ce que veut faire croire le macho. Et dans le cas contraire ? « Je ne bande pas, ou pas longtemps, ou trop mollement, bref, je suis impuissant : qui suis-je ? » Un minus (quelqu'un qui a moins), un pauvre type, un moins-que-rien, une femmelette, une demi-portion ? Bien des hommes se sentent mutilés. Ainsi, dans le film *Irma la douce*, le héros se définit lui-même comme « un demi-homme » *(half a man)* ; pour dissimuler ses problèmes d'érection, il se prétend victime d'une blessure de guerre à cet endroit. Blessé de guerre lui aussi, le mari de lady Chatterley est paralysé du bas du corps : il en est réduit à écrire des contes « se passant dans le vide » pendant que sa femme se sent dépérir[49].

Quoi de pire pour un homme imprégné de culture machiste que d'être « impuissant » ? C'est pourquoi ce mot est aussi une insulte. Dans *L'Homme des casernes*, film documentaire de Jacqueline Veuve, on entend de jeunes soldats suisses chanter : « Le major nous prend pour des cons / Le major est un impuissant / On se tape des nanas. » Est-ce la revanche, à chaque génération, des jeunes sur les vieux qui ont le pouvoir, mais qui ont perdu la puissance sexuelle de la jeunesse ? Celle-ci est à son apogée à l'âge de dix-huit ans et ne cesse de décliner ensuite.

L'impuissance ne concerne que l'homme. L'insulte équivalente pour une femme – mal-baisée – se traduit en langage correct par frigide, du mot latin qui veut dire froid. Par suite d'un blocage psychologique, souvent à cause de violences subies, le corps d'une femme ne réagit pas à une excitation sexuelle ni à des caresses. Au contraire, l'homme impuissant peut ressentir du désir, mais il ne bande pas, ou pas assez : il désire, il veut, mais il ne peut pas. La « puissance » sexuelle est si importante pour l'identité masculine que les troubles dans ce domaine donnent lieu à beaucoup plus d'intérêt, de consultations et de traitements que la frigidité féminine, appelée savamment anorgasmie (absence d'orgasme, de jouissance).

Rien d'automatique

Molly Bloom propose des raisons : « L'émotion du départ le rendait pâle ou qu'on pourrait nous voir de la route il n'arrivait pas à bander et moi en chaleur comme jamais[50]. » Peut-on expliquer la difficulté à bander ? « On ne sait pas pourquoi, dit un jeune homme, notre truc ne marche pas comme il faut : soit on éjacule au bout de trois minutes, soit on n'arrive pas à bander. » Son embarras ne tient-il pas à la conception qu'il a de son corps, à la représentation de son sexe que traduit l'emploi du mot marcher ? Pour lui, c'est comme si son « truc » devait toujours fonctionner, comme s'il était actionné de l'intérieur. De même, d'autres s'étonnent que « ça ne démarre pas au quart de tour » : s'agit-il de mettre en marche un moteur en tournant une clef, en appuyant sur un bouton ?

Pour nommer ce que San-Antonio appelle « avoir du fadingue dans le transistor » ou « rester en rideau, panne sèche, le chignolard façon mollusque, invertébré de l'épiglotte[51] », ce que Céline décrit ainsi : « Je reste là, moi, en berloque avec mon panais tendu[52] », on emploie souvent le mot panne, ou panne sexuelle, ou défaillance. Cela montre bien que la verge est vue le plus souvent comme une machine, avec un mode d'emploi, des performances, des ratés, des besoins périodiques de repos, d'entretien et de révision. L'érection dure moins longtemps quand l'homme avance en âge, ou s'il « a beaucoup de kilomètres au compteur » : faudrait-il pour autant assimiler sa verge à un modèle ancien, de moins en moins performant, dépassé et finalement classé HS (hors service) ?

De même, traiter des organes sexuels en termes de « tuyauterie », parler de « problèmes de plomberie », ou du besoin de « recharger les batteries » en cas de fatigue, sont d'autres façons de ne voir dans cette zone qu'un ensemble de pièces pouvant être réparées ou remplacées. C'est simplifier abusivement des situations complexes, ce qui peut amener à demander de l'aide comme on appellerait un dépanneur. C'est réduire le corps humain, avec sa prodigieuse diversité, ses capacités d'adaptation et d'évolution, à une mécanique, aux performances étalonnées, qui doit fonctionner sans surprise et assurer un rendement raisonnable. C'est voir le sexe masculin comme un outil au service d'un projet, soit la continuation de l'espèce (la conception d'un enfant), soit l'affirmation d'un pouvoir, pour des hommes hantés par la peur de l'échec.

Si on voit l'érection comme automatique, débander ou bander mou est une défaite ou un échec. Le désir et le fonctionnement des organes sexuels sont bien plus subtils que la plus complexe des mécaniques. Les images de machine sont fausses et même dangereuses. Le mot problème est trop rationnel, car les problèmes ont une solution : si ceux-ci découlent d'un manque d'information, il est facile d'apporter des réponses. Dans tout ce qui touche à la sexualité, il s'agit souvent d'énigmes aux racines enchevêtrées dans la personnalité profonde.

Pornographie et malentendus

Pourquoi l'homme serait-il cet athlète à la virilité sans faille, ce boy-scout « toujours prêt » à l'action sexuelle, comme le héros de Christiane Rochefort, réincarnation autoproclamée du « grand Pan », qui affirme : « Je désire tout ce qui se baise, toujours prêt[53] » ? Pourquoi serait-il disponible en permanence, au signal, bandant par un réflexe conditionné, tel un animal dressé ? Pourquoi serait-ce aussi simple, alors que la sexualité humaine n'a cessé de se complexifier en se différenciant de celle des animaux ? Un homme n'est ni une bête ni une mécanique. Le « roseau pensant » de Pascal n'est pas un robot bandant, tirant sur tout ce qui bouge.

C'est seulement dans des images pornographiques que les personnages masculins donnent l'impression de bander facilement et sur commande, les femmes étant des objets dont ils peuvent user à volonté. Ceux qui, faute d'informations sexuelles justes, découvrent la sexualité par des vidéos pornos ne peuvent qu'être déçus ensuite par les réalités de leur propre corps et étonnés par les réactions de l'autre. Loin de cet univers magique aux performances sexuelles sans limites, ils doivent affronter leur timidité, leur angoisse de l'inconnu, leur peur de l'autre.

« Suis-je normal ? » À quelle normalité renvoie cette question si fréquente chez les jeunes hommes ? Elle en cache une autre : « Suis-je comme les autres ? » Quels autres ? Les hommes réels, ceux de leur âge, ou les « héros » des films ?

Bande : ce mot, note le psychanalyste Didier Dumas, désigne à la fois le groupe masculin d'adolescents qui aide le jeune garçon à se sentir fort, et le changement de la verge lors d'une excitation sexuelle[54]. Le groupe impose son conformisme à ses membres : un garçon qui n'est pas « comme les autres » court le risque d'être exclu. Même si les clichés sexistes les mettent mal à l'aise, beaucoup n'osent pas les discuter entre eux : toujours l'obsession d'assurer, d'être bon, d'être le meilleur. Celui qui laisserait percevoir ses doutes et ses peurs ne serait pas « à la hauteur ». Résultat fréquent, le malaise exprimé dans la chanson d'Alain Souchon *Allô maman bobo* (1976) : « J'suis mal en homme dur / Et mal en p'tit cœur. »

De ce point de vue, on peut analyser la pornographie non seulement comme une manifestation du pouvoir des hommes sur les femmes, mais aussi comme une réponse à l'anxiété sexuelle masculine, au besoin si humain d'être rassuré. Elle donne des mâles une image en apparence flatteuse, mais en réalité ridicule et brutale : des hommes qui « pensent avec leur queue », des obsédés de la pénétration, des manipulateurs cruels. Quant aux héroïnes, même si elles s'en défendent au début, il apparaît vite qu'elles « aiment ça » : les grosses queues, la violence, les « trucs sales ». En imposant par une propagande mondiale des clichés aussi sommaires, la pornographie de masse martèle ses évidences : d'une part, les hommes ne pensent qu'à « ça » et ils seront toujours comme ça (en anglais : *boys will be boys*, *boy* ayant le sens général de mâle) ; d'autre part, les femmes aiment ces hommes-là, même s'il faut souvent le leur révéler par la violence !

Ces images imprègnent notre culture. Depuis une trentaine d'années, elles passent de la pornographie à la publicité, d'un monde souvent clandestin à un espace public. Au sujet de l'érection, elles aggravent le malentendu dû au manque d'informations. Combien d'hommes comparent la longueur de leur verge à celle des acteurs de porno ? Combien se disent que, si une érection se produit, il faut s'en servir, agir, manifester sa virilité, trouver d'urgence une femme, ou plutôt un trou, à enfiler !

Quant aux femmes, combien sont persuadées que l'érection traduit le désir qu'elles inspirent ! Combien sont flattées quand l'homme bande en leur présence, parce qu'elles se sentent désirables et donc valorisées ! Combien se désolent s'il ne bande plus et parfois l'accablent d'injustes reproches : « Tu ne me désires plus, tu ne m'aimes plus ! » Savent-elles qu'un homme qui aime passionnément, ou qui désire intensément, peut être troublé dans son érection ? Que celle-ci est peu durable ou même impossible s'il a trop peur, s'il se sent coupable, s'il est angoissé par le risque d'échec, par exemple lors de la première fois avec une femme ? « La bandoche, explique San-Antonio, c'est d'une fragilité féroce. Une pensée de traviole, et tu te retrouves avec le nœud en berne[55]. »

Comment faire comprendre, surtout à ceux que leur érection rassure sur leur virilité, que la perte de l'érection n'est pas si importante ? En attendant qu'elle revienne, ou non, il y a tant de façons de faire l'amour, tant de moyens de se donner du plaisir avec des gestes, pourvu qu'on ait des doigts, des mains, une langue, de la peau, un corps tout entier, et surtout un cerveau, le principal organe érotique !

Centrer toute la sexualité masculine sur l'érection est un désastre. Quelle pauvreté, quel manque d'imagination d'opposer puissance à impuissance, bandaison glorieuse à débandade honteuse ! Entre les deux s'étend un immense domaine qu'on n'a pas trop de toute une vie pour explorer. Apprendre à se connaître, à découvrir son corps et celui de l'autre, à s'accepter soi-même, à chercher ensemble, à admettre la complexité de ses désirs, suppose de ne pas faire dépendre sa virilité de l'opinion extérieure ou d'une définition imposée.

La sexualité masculine ne se limite pas à la verge et ne se résume pas à ses différents états. À force d'assimiler l'homme à son érection, de valoriser la dureté virile, par opposition à la mollesse féminine, les machos récoltent ce qu'ils ont semé. La hantise d'être nul, de ne pas y arriver, de perdre le pouvoir symbolisé par leur verge. L'horreur du mou, du flasque, du tendre. La peur de ne pas être à la hauteur : à la hauteur de quoi ? Si leur verge n'est pas brandie comme un étendard de la virilité, est-elle pour autant en berne, en signe de deuil, comme un drapeau roulé sur lui-même ou descendu à mi-hauteur du mât ?

Débander, c'est selon San-Antonio détriquer, baisser la garde, déhisser du cacatois (une voile), être endeuillé du slip, affligé de l'entresol, niqué du panoche, fané du kangourou ; c'est avoir le bas-ventre chagrin, le cigare en torche, le grognard indolent, le périscope magnétique branché sur ses godasses, le ziffolo en rideau ou Zifolette en cale sèche[56], expressions plus pittoresques que celles des bourgeois du XIXe siècle : ne plus pouvoir honorer sa femme, ou n'être plus en état d'accomplir le devoir conjugal. De même, San-Antonio donne la démonstration la plus convaincante des conséquences de l'alcool sur l'érection, quand Bérurier après une bonne cuite craint de mollusquer de la membrane : « Beurré monumental comme m'v'là, je risque d'dériver du panoche. Car c'est un chiendent de la défonce, ça : dégoder. Une biture, si elle est à point, elle t'augmente le voltage, comme l'ferait un compteur bleu. Mais si elle a dépassé ta ligne d'horizon, tu restes en rideau de paf, souvent. Tu t'croyes l'colosse d'Hérode et t'as le braque qui fait adieu à la dame, tel un mouchoir su' un quai de gare[57]. »

Montaigne emploie une jolie expression à propos d'un couple de l'Antiquité : « Lui qui se montrait gentil compagnon partout ailleurs se trouva court à jouir d'elle[58]. » À son époque, on parlait de « la mort dans le dos », car on pensait que le sperme venait de la moelle. Pour provoquer son écoulement, ce qui devait faire grossir la verge, on recommandait depuis Galien (IIIe siècle) les flagellations, c'est-à-dire les coups de fouet. Rabelais exprime des doutes sur cette méthode par la voix de Panurge : parlant de ceux qui « ne peuvent le nerf caverneux vers le cercle æquateur [la ceinture] dresser, s'ilz ne sont très bien fouettéz », il ajoute : « Qui ainsi me fouetteroit me feroit bien au rebours désarsonner*. »

La ceinture de flanelle d'autrefois, qui tenait « les reins au chaud », avait la même fonction. Dans l'imaginaire traditionnel, les reins semblent former avec la colonne vertébrale, qui contient la moelle, un trio analogue au service trois-pièces masculin. Rognons, mot ancien pour les reins des humains, ne désigne aujourd'hui que ceux des animaux, et c'est aussi un mot d'argot pour testicules. Au XIXe siècle, avoir les reins inféconds voulait dire être stérile, comme on le lit par exemple dans une lettre de Gauguin à propos des habitants des îles Marquises[59].

Dès 1894, le Britannique Henry Havelock Ellis, l'un des premiers à mener des enquêtes sur la sexualité, avait noté la proportion très élevée d'hommes « relativement impuissants ». Aujourd'hui, on estime que les difficultés d'érection concernent un homme sur huit entre dix-huit et trente-quatre ans, et près d'un tiers après soixante ans. Elles auraient une cause physiologique dans seulement un dixième des cas : diabète, troubles de la circulation, lésions nerveuses, tabac, ou excès d'alcool ; elles peuvent aussi résulter de la prise de médicaments contre l'hypertension. Les autres cas sont d'origine psychosomatique : c'est une réponse du corps à une souffrance de l'esprit. Il ne s'agit pas d'un « mauvais » fonctionnement, mais de variations individuelles d'une fonction physique.

Chercher le coupable

Il est bien plus facile de chercher le coupable à l'extérieur de soi. Au Moyen Âge, on l'avait trouvé :

---

* Il s'agit d'un passage du *Quart Livre* (chap. XII, p. 571), dans lequel Pantagruel découvre l'étrange manière dont les Chiquanous gagnent leur vie : « à être battus ». « Ils nous dirent qu'ils étaient tous à notre commandement, en payant » (orthographe modernisée).

c'était le diable, et son adjointe sur terre, la sorcière. Selon l'un des grands hommes du XIIIe siècle, Thomas d'Aquin, « la foi catholique affirme que les démons existent, qu'ils sont capables de nuire et qu'ils empêchent l'acte de chair[60] ». Les personnes malintentionnées usent de maléfices, dont le plus connu est le « nouement de l'aiguillette » (un cordon qui sert à lacer le haut-de-chausses, l'équivalent du pantalon d'aujourd'hui). Il leur suffit de se placer au fond de l'église pendant un mariage et, au moment où le marié prononce le « oui », de faire un nœud à un lacet : l'homme ainsi « noué » n'arrivera à rien pendant la nuit de noces.

Cette croyance est répandue dans de nombreux pays : ainsi, dans l'Anatolie du XXe siècle, on dit que, si un ennemi noue un fil pendant que le *hodja* (religieux) conclut le contrat de mariage, le marié sera « lié », frappé d'impuissance[61]. Autre pratique magique, dans la France contemporaine, celle qui est montrée dans le film *La Vie rêvée des anges* d'Erick Zonca (1998) : une jeune fille, dépitée que sa mère ait un amant, cache sous le matelas de celle-ci un grand couteau à découper la viande ; « il ne pourra plus bander, ce con », s'écrie-t-elle.

« Que ta tête gonfle et que ta bite rétrécisse ! » criaient les Roms dans le film *Gadjo Dilo*. Et si la malédiction se réalisait ? Rétrécir ? Pourquoi pas se dessécher et tomber ? Et si la transformation qu'est l'érection se produisait dans l'autre sens ? Certains ont entendu des adultes agiter cette menace pour les empêcher de se caresser ; un jeune homme qui avait souffert de cette cruauté dans son enfance m'a raconté que pendant longtemps il s'était senti coupable de se « toucher là » avant de s'endormir, et qu'il tremblait de se réveiller « sans rien »…

Imaginer que son bigorneau puisse rapetisser aux dimensions d'un bout de spaghetti, ou même disparaître, est une terreur répandue, notamment en

Afrique occidentale, où on croit qu'il existe des « raccourcisseurs de sexe », des personnes malintentionnées qui jettent des sorts. Depuis la fin du XIXe siècle, des ethnologues ont rapporté cette rumeur, qui resurgit périodiquement en période de crise. Ainsi, elle apparut en août 1996 à Bamako (Mali) et à Nouakchott (Mauritanie), puis dans les pays voisins[62]. Les journaux rapportèrent plusieurs cas de foules en furie massacrant des « voleurs de sexe », après des hurlements de panique d'hommes frôlés par un suspect. L'un d'eux déclara avoir senti sa verge « s'enfoncer profondément dans son corps ». Pourtant, le sexe des prétendues victimes « était bien en place », confirma un journaliste béninois après enquête. Curieusement, les prétendus coupables étaient des immigrés de pays voisins dont la réussite faisait des envieux.

En cas d'impuissance, il est commode d'accuser l'autre, sa propre femme ou une voisine ; ainsi, au Ghana, « il suffit [...] d'une panne de virilité pour qu'un voisin soupçonneux [...] désigne une coupable à la vindicte populaire », généralement une vieille femme, qui est frappée, chassée du village, parfois tuée[63].

Et en Occident ? Plusieurs « pannes » de grands hommes du XIXe siècle sont connues par leurs écrits. Elles portent le nom exotique de fiasco, un mot italien signifiant échec et adopté par Stendhal en 1820[64]. Par exemple, Baudelaire, au lendemain d'une nuit ratée, selon lui, avec Apollonie Sabatier, lui écrivit : « J'ai horreur de la passion[65]. » De même, Mérimée n'avait pas « pu » avec George Sand : cette belle jeune femme aux cheveux courts et au pseudonyme masculin lui avait fait peur, sans doute à cause des autres attributs qu'elle avait osé emprunter aux hommes, le pantalon, le cigare et surtout la plume.

Une femme hardie et entreprenante, c'est-à-dire ne respectant pas les codes de la séduction, peut en effet provoquer la déroute masculine. Ainsi, dans le film

L'Incorrigible, Jean-Paul Belmondo, habitué aux rôles virils, joue celui d'un homme qui devient impuissant face à une femme prenant l'initiative sexuelle[66].

Inversement, Marcello Mastroianni aimait raconter l'histoire suivante : après le succès de *La Dolce Vita*, il avait refusé plusieurs rôles de *latin lover*. Pour rompre avec l'image de macho italien qu'on lui attribuait, il avait choisi de jouer un jeune marié impuissant dans *Le Bel Antonio*. Un peu plus tard, la marine brésilienne avait acheté un navire de guerre qui ne marchait pas, et elle l'avait appelé le *Bel Antonio*[67] !

Certains hommes se plaignent de « l'exigence sexuelle » de femmes qu'ils voient en « mangeuses d'hommes » jamais satisfaites. Pourtant, en général, les femmes expriment plutôt leur indulgence et leur humour en cas de déroute masculine. L'une compatit : « C'est plus facile de rester la bouche ouverte que le bras tendu. » L'autre raconte une histoire sans méchanceté : « Un paysan des Cévennes, raconte-t-on à Nîmes, va à la ville et achète des charentaises [pantoufles confortables]. Rentré chez lui, il les chausse et s'admire devant l'armoire à glace, tout nu. “Regarde, dit-il à sa femme, même le titoulet les admire !” Réponse de l'épouse : “La prochaine fois, tu devrais t'acheter une casquette[68] !” »

Parmi les chanteuses, on a entendu Guesch Patti encourager « Étienne, Étienne, Étienne, oh ! tiens-le bien ! » (*Étienne*, 1987). Lynda Lemay aligne les bonheurs d'expression au sujet des « invalides de la culotte », dans une savoureuse chanson intitulée *Bande de dégonflés* (2000) : C'est « désagréable / Quand c'est mou comme un ver à pêche [...]. Le cou cassé, la tête en bas / Plié comme p'tit vieux plein d'rides [...], Oui, c'est un manque de politesse / Quand ça s'met pas au garde-à-vous / Qu'ça reste sur sa position / Devant la plus belle paire de fesses [...]. Quelle déception quand vous trouvez / À l'heure de passer à l'action / Le principal intéressé / Qui fait dodo dans son caleçon[69] ».

E' duro averlo duro che duri (C'est dur d'avoir le dur qui dure) : Paul Éluard a rendu cette belle expression italienne dans le titre de son recueil *Le Dur Désir de durer* (1946).

L'impuissance n'existe plus !

Bonne nouvelle : l'impuissance n'existe plus… dans la littérature médicale. On ne connaît que les « troubles de l'érection », les « dysfonctionnements érectiles » (de l'anglais *erectile dysfunction*), ou les « insuffisances de la fonction érectile ». Depuis 1997, ces prétendues maladies au nom scientifique ont leur traitement miracle : le Viagra.

L'angoisse de la « panne » faisant rêver d'un paradis où la verge serait baguette magique, de tout temps des hommes ont eu recours à des aphrodisiaques pour stimuler ou ranimer leur désir et leur érection. Aux femmes, que bien des hommes craignaient de ne pouvoir satisfaire, on conseillait plutôt le nénuphar ou la laitue, qui devaient les calmer, mais attention ! pas le cœur de la laitue, là où se trouve le suc laiteux qui ressemble à du sperme[70] !

La réputation des coquillages vient de leur lien avec la mer, origine de la déesse de l'amour. Quant à la corne de rhinocéros, à la racine de ginseng, à la banane ou au céleri, réputé « bon pour le mari », il n'est que de voir leur forme pour comprendre l'allusion. Jusqu'au XXe siècle, on entendait vanter au marché : « Allez, la petite dame, ça pour vot' mari ! Il sera amoureux toute la semaine[71] ! » On utilisait aussi le sel, les épices, tout ce qui réveille le goût, et donc qui est censé exciter le désir. Car des femmes se plaignaient… du manque d'ardeur de leurs maris. Ils n'avaient pas de goût à « ça » : des gravures humoristiques du XVIe siècle montrent des épouses versant du sel sur leurs maris ; elles les salent « pour du doux les rendre guéris[72] » !

Autrefois, les seuls produits efficaces, à base de cantharide*, étaient dangereux pour la santé. Quant aux autres, s'ils produisaient un effet, c'est uniquement parce qu'on y croyait !

Tout a changé avec la pilule bleue qui, sans agir sur le désir sexuel, garantit l'érection. Enfin, on a mis la main sur le ressort magique et coûteux permettant de bander à volonté ! Désormais, tous les riches éclopés de la braguette peuvent s'offrir un panais bandant neuf ! Chaque jour, je reçois des courriels me promettant des érections *rock hard*, dures comme du roc, ce qui me laisse de marbre.

Pour une campagne publicitaire financée par le laboratoire du Viagra, l'ancien footballeur brésilien Pelé, star internationale connue aussi pour ses nombreuses liaisons, osa admettre ses défaillances : « J'ai fait l'expérience du choc que cette maladie représente[73]. »

Une maladie du corps, ou de l'esprit ? « Selon la Food and Drug Administration, seuls 15 % des utilisateurs sont réellement impuissants, les autres [...] sont hantés par l'idée de ne plus pouvoir remplir leur rôle[74]. » Comme dit le proverbe russe : « Le riche se plaint que sa queue ne marche pas, le pauvre pleure parce qu'il n'arrive pas à la cacher. »

En France, le Viagra n'est pas remboursé, mais les pressions sont fortes pour qu'il le soit, comme en Suède, où il l'est « pour des motifs d'équité sociale ». Le devoir de solidarité nationale doit-il s'étendre jusque-là ? Et si on consultait des femmes à ce sujet, par exemple celles qui demandent : « Pour les calmer, y a rien ? »**.

---

* Un insecte dont on faisait une poudre ayant la propriété de faire gonfler.

** « Qu'on leur donne du bromure ! » aurait déclaré de Gaulle en mars 1968, en réaction aux revendications des étudiants de

Ce dopage de la virilité, avec érection mécanique garantie, est une réponse facile qui dispense d'avoir à se poser un problème relationnel. Combien d'hommes font ce choix par besoin de sécurité, pour se prémunir contre les cheminements et les aléas du désir, ou pour éviter de se poser la question de l'absence de désir ! Comme si tout dans la sexualité pouvait être prévisible et contrôlable ! Comme si elle se limitait à un emboîtement automatique ! Pourtant, la sagesse populaire russe l'explique bien : « Ce qui compte, c'est pas la cuiller, c'est le mangeur ; c'est pas la queue, c'est le baiseur. » Dans le film *La Débandade*, le héros demande : « Docteur, je vais faire quoi pour mon érection ? » Réponse clef de l'homme de science : « Vous avez une langue ? Vous savez vous en servir ? »

« Les faire bander, m'explique la médecin Suzanne Képès, c'est ce qu'ils disent vouloir, mais si on les écoute, c'est bien autre chose : ils voudraient qu'on les écoute, qu'on les comprenne, qu'on les aime pour ce qu'ils sont. Avoir recours à la technique est plus rapide que chercher du sens, comprendre ce qui ne va pas dans leur relation avec l'autre. On leur redonne une érection, et ils ne savent pas quoi en faire, car le symptôme masquait des problèmes personnels ou des perturbations dans la relation de couple[75]. »

Cela provient aussi de l'importance exagérée donnée à la pénétration, ce que dénonce la féministe australienne Germaine Greer : « Ce n'est pas la femme qui a besoin de l'érection de l'homme, c'est l'homme [...]. Tout homme a des moyens plus faciles, plus sûrs, moins dangereux, d'amener une femme à l'orgasme que de lui flanquer entre les jambes un organe bourré de Viagra[76]. »

Pourquoi vouloir à tout prix être meilleur que les

Nanterre, demandant que les filles puissent aller dans les dortoirs des garçons.

autres ? Ne vaudrait-il pas mieux s'arranger de ce qu'on est, se donner le droit à l'échec, au non-désir, à la fatigue ? Renoncer à vouloir être toujours performant, oublier le vocabulaire des machines ?

Avoir une verge fait d'un individu un mâle. Devenir un être humain accompli, un homme véritable, c'est bien autre chose. Peut-être cette dernière blague annonce-t-elle un progrès de la conscience : « Il y a eu le Prozac, il y a eu le Viagra ; maintenant il y a le Viazac : qu'on bande ou non, on s'en fout ! »

CHAPITRE XII
Du gode au phallus

Un remplaçant ?

Il arrive que la bandaison laisse à désirer ou qu'on doive se passer d'homme. Il existe un remplaçant : le godemiché, objet cylindrique de même forme, mais avec des dimensions et une fermeté au-dessus de tout soupçon. C'est à cet engin de mettre en œuvre le raisonnement machiste : pas d'acte sexuel sans pénétration vaginale. C'est seulement ainsi que toute « vraie » femme doit trouver le « vrai » plaisir*. C'est pourquoi de nombreux films pornographiques montrent un godemiché en action, ou un équivalent plus terre à terre, bouteille ou banane.

Dès le XVIe siècle, on lit le mot populaire godemiché, ou godemichet, par exemple dans des poèmes de Ronsard. Son équivalent anglais, *dildo*, plus évocateur et sensuel, date de la fin du XVIe siècle, et c'est aussi le mot qu'on emploie en allemand de nos jours.

Aux XVIIIe et XIXe siècles, la littérature érotique française a préféré un mot plus rare, emprunté au grec : olisbos, qu'on peut rapprocher du verbe grec signifiant glisser. Le dictionnaire Bailly le traduit par

* Pourtant, affirmait un slogan féministe des années 1970 : « Une femme sans homme est comme un poisson sans bicyclette » ! Evelyne Le Garrec l'a choisi comme titre de l'un de ses livres.

« phallus de cuir », le phallus étant une représentation symbolique de verge en érection. Depuis le XVIIIe siècle, olisbos est utilisé plutôt pour des objets ornés et sculptés, faits dans des matériaux coûteux comme l'ivoire, et figurant dans des collections spécialisées. Les textes érotiques proposent aussi des expressions imagées : le bienfaiteur, le consolateur, l'ami des dames, le joujou des demoiselles*. Comme godemiché et olisbos, ce sont des mots masculins, pour désigner ce qui remplace un organe mâle. Autre surnom, la seringue des dames : le nom de ce tube creux vient du mot grec qui signifie flûte de berger.

L'origine de godemiché est discutée. Les dictionnaires présentent le mot comme un emprunt à l'espagnol *gaudamecí* « cuir de Ghadamès », du nom d'une oasis, à l'ouest de la Libye, dont l'artisanat du cuir est renommé depuis l'Antiquité. Quant aux livres érotiques, ils recopient l'explication suivante : godemiché viendrait du latin *gaude mihi*, devenu *gaude michi* au Moyen Âge, qui signifie réjouis-moi, autrement dit fais-moi jouir, donne-moi du plaisir. Cette origine fantaisiste renseigne plutôt sur la façon dont les machos voient le plaisir féminin.

Quand il s'agit de définir le mot godemiché, l'embarras des dictionnaires généraux est manifeste. « Phallus artificiel destiné au plaisir », propose le *Robert*. Le *Trésor de la langue française* ajoute une précision audacieuse : « Phallus artificiel, destiné au plaisir sexuel. » Le plaisir de qui ? Cela reste flou. Rappelons que la notion de plaisir, seule fonction connue du clitoris, ne figure pas dans la définition qu'en donnent ces deux ouvrages : il y est seulement question d'un « petit organe érectile » et de son emplacement chez la femme !

---

* Dans le langage des marins, on appelait le godemiché la « consolation de la veuve » (cité dans *La Débandade*, film de Claude Berri, 1999).

Le *Grand Larousse* se révèle le plus consciencieux dans sa définition de godemiché : « Accessoire en forme de pénis en érection, en bois, en cuir, en ivoire, etc., utilisé pour les pénétrations sexuelles. » Le « etc. » doit rendre compte de l'accélération de l'histoire et des progrès de la technique ; en effet, les godemichés modernes, appelés aussi godes depuis les années 1930, sont plutôt fabriqués dans des matières synthétiques.

Le dictionnaire *Robert* est analogique : un article sur un mot renvoie à d'autres de sens voisin. Dans le cas de godemiché, il manque à sa mission en oubliant de faire un renvoi à vibromasseur, comme s'il en ignorait le sens sexuel. « Appareil électrique* qui produit des massages par vibration » : telle est en effet la définition qu'il en donne ; de même dans le *Larousse* ! Le *Trésor de la langue française* est plus précis : « Godemichet électrique, à piles, destiné à la masturbation féminine. » C'était donc ce que cachait le vague « plaisir sexuel » de la définition de godemiché !

S'agirait-il seulement du plaisir que se donne une femme en caressant ses organes sexuels ? Un clic sur Internet et à la demande : « vibromasseur », le serveur Google apporte en 0,09 seconde plus de deux cent huit mille références, avec ce commentaire dès les premières lignes : « Le plus populaire des jouets pour adultes. » Les principaux sites proposent des catalogues d'objets érotiques, avec des images en situation. Elles confirment que les rédacteurs du *Trésor de la langue française* devraient élargir leurs horizons : la masturbation féminine n'est que l'une des manières d'utiliser ce qu'on appelle en abrégé vibro, ou en anglais *vibrator*. Celui-ci sert aussi au plaisir des hommes. Certains regardent une autre personne s'en servir, et d'autres le font entrer dans un vagin, ou dans un anus, le leur ou un autre. Dernière preuve :

* On pourrait aussi l'appeler une élec-trique !

l'impressionnant étalage de godemichés et de vibromasseurs dans les boutiques de matériel pornographique, dont la clientèle est surtout masculine, les rares femmes qui y entrent étant presque toujours accompagnées d'un homme.

Pour gagner la clientèle de jeunes femmes se voulant modernes avec un zeste de transgression, certains commerçants de produits de luxe misent sur le snobisme, en vendant très cher des « jouets intimes », et en se référant à la série télévisée américaine *Sex and the City*. À peine les vieux godemichés avaient-ils commencé une nouvelle carrière sous le nom plus chic de *sex toys* (jouets sexuels), et avec l'argument de la « libération sexuelle », que l'effet de nouveauté était déjà dissipé. Dès 2001, une publicité télévisée pour un magasin de meubles montrait un jeune garçon jouant aux petites voitures sur la moquette ; il tombe sur un vibromasseur qu'il prend pour une fusée. Slogan : « Rangez[1] ! » L'impudence de ces publicitaires me laisse sans voix.

Pour celles et pour ceux qui préfèrent passer commande discrètement, il y a les ventes privées à domicile, ou le catalogue de La Redoute, consultable sur Internet[2]. Au rayon femmes, section hygiène-beauté, sous-section bien-être, entre un gel anti-rides et un bain relaxant, sont proposés en 2003 quatre modèles de vibromasseurs, sans aucune précision sur leur emploi : même longueur, dix-huit centimètres, et deux diamètres différents, 3,2 ou 3,9 centimètres. Les deux modèles les moins chers coûtent 14,99 euros : l'un, dit compact, de couleur blanche, ressemble à une fusée, avec une tête lisse et des cannelures sur la partie cylindrique ; l'autre, « souple et flexible », de couleur chair, présente à l'avant six petites excroissances, comme des germes sur une pomme de terre, qui sont sans doute destinées à titiller le clitoris. Dans la catégorie luxe, un modèle en acier brillant et lisse est vendu 28,99 euros ; enfin le plus cher (45,50 euros) est dit « va-et-vient » : est-ce à dire qu'il fait le travail tout seul ?

Comme on l'apprend dans des écrits ou des films, il arrive que des lesbiennes (gouines, en argot) utilisent un gode ou un vibro pendant une relation sexuelle. Gode est proche de *God* (Dieu en anglais), et *Gode save* [sauve] *the* gouine, sourient-elles, en parodiant l'hymne national britannique.

D'autres se refusent à en utiliser : pourquoi adopter une pratique relevant du modèle hétérosexuel dominant, avec pénétration vaginale par une verge de remplacement ? Une femme qui fait entrer un « gode-ceinture » (attaché à la taille) dans le vagin d'une autre femme imite un homme qui bande et qui pénètre. Pas du tout, répliquent les premières, qui s'affirment affranchies de ce modèle, et veulent donner au gode un contenu nouveau. Selon elles, il s'agit d'une « parodie de la construction sociale qu'est le phallus » ; elles estiment qu'ainsi elles se « réapproprient la pénétration comme un acte sexuel autonome et égalitaire[3] ». Le débat se poursuit, sur le thème inépuisable d'une sexualité plus inventive, avec ou sans pénétration, avec ou sans accessoires.

Certains hommes feraient bien d'y réfléchir, notamment ceux qui justifient le surnom de « godemiché sur pattes ». Des humoristes féministes définissent leur verge comme « faute de mieux, pour remplacer un godemiché ». C'est à eux qu'est destinée cette blague : « Pourquoi Dieu a-t-il créé l'homme ? Parce qu'un vibromasseur ne tond pas la pelouse ! » Variante pour les couples sans jardin : l'engin ne sort pas non plus la poubelle.

Et l'équivalent féminin ? Il n'y a pas de mot simple pour désigner ce qu'un dictionnaire érotique définit comme « le contraire de l'olisbos[4] ». Il en est question dans la légende de Minos, roi de Crète. Pour le punir de ses infidélités, sa femme Pasiphaé lui jeta un sort : chaque fois qu'il ferait l'amour avec une autre, il éjaculerait des serpents, des scorpions et des scolopendres (animal guère plus sympathique) qui dévoreraient les organes sexuels de celle-ci. Procris, fille du roi d'Athènes, abandonnée par son mari Céphale, vint se réfugier en Crète. Séduite par Minos et voulant s'unir à lui sans danger, elle façonna une vessie de chèvre en forme de vulve dans laquelle Minos put se délivrer de ces horreurs. La technique progressa et, à partir de la fin du XIXe siècle, des catalogues spécialisés proposèrent un article en caoutchouc, la « fausse vulve », recommandée « pour les matelots de la marine à voile ». Elle était plus discrète que le traditionnel tonneau à la bonde (trou) garnie de velours.

Les poupées gonflables ont démodé ce type de récipient, au point qu'une recherche sur Internet ne fournit qu'une seule référence : la fausse vulve est le nom du renflement au pied d'une sorte de champignon, le coprin.

Puissance et fécondité

Le godemiché, un objet cylindrique ? Phallique est plus chic, par exemple sous la plume de Colette décrivant la « hampe phallique » d'un arum[5]. Il vient de *phallus*, un mot latin adapté du grec *phallos.* Celui-ci désigne ce que le vieux dictionnaire Bailly, pour éviter d'écrire des « gros mots », appelle l'« emblème de la génération ». *Phallos* vient d'une racine indo-européenne ayant le sens de se gonfler. En français, le mot phallus apparut en 1765, dans un article de l'*Encyclopédie.* À la même époque, les savants botanistes donnaient des noms latins aux plantes. Un champignon reçut celui de *Phallus impudicus* (impudique) ; il est également appelé satyre puant, à cause de son odeur répugnante. Il a en effet la forme d'une verge en érection ; c'est aussi le cas d'autres champignons, comme le phallus de chien, ou l'amanite phalloïde.

Fausse vulve, phallus, phalloïde, satyre, impudique : que de mots liés au sexe, mais aussi au dégoût, au danger et à la mort !

Phallus aurait pu être francisé en phalle – on lit parfois ce mot dans des textes littéraires, ainsi que dans le nom de famille Saint-Phalle. C'est celui de la sculptrice Niki de Saint-Phalle, dont les œuvres célèbrent la puissance féminine avec une force joyeuse. Son nom de naissance était Fal de Saint-Phalle : étrange redoublement et nom paternel lourd de sens pour cette femme qui fut violée par son père à l'âge de onze ans[6] ! Dans *Daddy* (1972), le film poignant et éprouvant où elle crie sa haine de son père, on voit une femme qui ouvre un cercueil noir, dans lequel se trouve un phallus blanc en plâtre.

On rencontre chez Rabelais le mot Ithyphalle : « Le serpens qui tenta Eve estoit andouillicque, écrit-il, [...] ce tentateur estoit l'Andouille nommée Ithyphalle, en laquelle feut jadis transformé le bon messer Priapus[7]. » C'est à l'époque de Rabelais que fut formé l'adjectif dérivé ithyphallique, à partir du mot grec qui signifie droit : était-ce pour insister davantage sur l'image de la verge dressée par l'érection ? Comme *phallus impudicus*[8], ithyphallique devint à partir du XIXe siècle un mot de savants, un mot codé, incompréhensible pour le grand public. Définir les dieux grecs Pan ou Priape comme des dieux ithyphalliques, décrire des statues en se limitant à cet adjectif permettait d'éviter des précisions gênantes, comme « à la verge bandée », ou « en érection ».

Dans l'Antiquité, le *phallos* était un symbole de puissance sexuelle et de fécondité porté en procession au cours de fêtes, notamment en l'honneur de Dionysos ou Bakkhos (Bacchus en latin). Il figure aussi parmi les offrandes dans les sanctuaires, ou dans des rites d'initiation : ainsi, à Byblos, lors des mystères d'Adonis, les initiés recevaient un *phallos* et du sel, pour rappeler que la déesse Aphrodite était née de la mer[9]. Les Romains en utilisaient aussi des représentations pour conjurer le mauvais sort, soit sous forme d'énormes colonnes aux carrefours, soit en réduction ; ils en portaient sur eux, en accrochaient au seuil d'une maison, à l'entrée d'un magasin, comme un talisman destiné à assurer fécondité et prospérité. De multiples exemplaires de phallus ont été découverts à Pompéi, sculptés sur un mur de maison, gravés dans des pavés de la rue de l'Abondance, ornant le décor de lampes à huile, ou encore peints sur l'enseigne d'une boulangerie, avec ces mots *Hic habitat Felicitas* (Ici réside le bonheur).

Dans la culture occidentale, la plus ancienne histoire de phallus est la légende égyptienne d'Osiris. Ce dieu fut assassiné par son frère Seth, qui découpa son cadavre en quatorze morceaux. Seth enterra treize des morceaux, chacun à un endroit différent, et jeta la verge dans le Nil, où un poisson l'avala. Isis, l'épouse aimante d'Osiris, retrouva les treize morceaux, reconstitua le corps et, pour remplacer la verge disparue, façonna un phallus. Par sa magie, elle redonna vie à son mari, et conçut avec lui un fils, Horus. Les statues d'Osiris montrent le dieu avec une verge dressée trois fois plus grande que la moyenne, ce qui représente son pouvoir d'engendrement.

En grec ancien, *phallos* désigne un objet, une représentation, tandis que la verge réelle en érection s'appelle, entre autres noms, *baubôn* ; c'est le nom de la vieille Baubô qui montra sa vulve à Déméter en deuil. Selon l'helléniste Jean-Pierre Vernant, le *phallos* ou *baubôn* produit deux effets : il « ajoute au risible, il accuse le grotesque de ces monstres plaisants que sont les satyres mais, dans les initiations, il provoque un effet de terreur sacrée, d'épouvante fascinée qu'exprime la gestuelle de certains personnages féminins, reculant devant le *phallos* dévoilé[10] ».

Ils devraient être inséparables

Baubô est l'équivalent de Priape : tous deux montrent leur sexe et lancent des mots obscènes. Ils font rire plutôt qu'ils n'effraient. Ils représentent la puissance de vie ; mais seul le personnage masculin est resté dans les mémoires, alors qu'il ne prend tout son sens qu'avec son pendant féminin.

Durant des millénaires, l'Histoire a été racontée d'un point de vue phallocentrique* ; ce mot, formé par des féministes aux États-Unis dans les années 1970, désigne un mode de pensée centré sur le masculin et négligeant le féminin. L'Occident a surtout exalté la verge et son érection si visible, plutôt que la vulve dans sa profondeur humide. En outre, les menhirs, les obélisques ou les colonnes de pierre ont traversé les siècles, ils s'imposent à notre vue avec leur symbolisme évident, tandis qu'on a oublié les offrandes périssables présentées dans de nombreux temples antiques, par exemple des aliments en forme de vulve et de verge.

Or, comme l'explique l'anthropologue Maurice Godelier, « les objets phalliques qu'on trouve dans les sociétés traditionnelles sont généralement associés à des symboles vaginaux ». Il s'agit d'affirmer, non la virilité, mais plus globalement « la puissance de la sexualité[11] ». Déjà dans des grottes préhistoriques, figurent des représentations de vulve et de verge. À Cologne, au Musée romain germanique, on peut voir dans une vitrine de nombreuses représentations phalliques et seulement un objet de l'autre sexe : une chaîne à laquelle sont accrochées quatre petites sphères métalliques en forme de vulve.

Dans de nombreuses cultures en dehors de l'Occident, les deux symboles sont liés : ainsi, les Canaques

---

* Plutôt avec trique que centrique !

de Nouvelle-Calédonie vénèrent deux plantes nourricières, l'igname et le taro[12] ; en Indonésie, le kriss (poignard) est une image traditionnelle du masculin, tandis que le sarong, pièce d'étoffe utilisée comme vêtement, représente le féminin.

L'Inde moderne offre en abondance l'équivalent des *phallos* de l'Antiquité, sous forme de *linga*, pierres dressées, blanches ou noires, dans les temples hindouistes dédiés à Shiva. On porte aussi des modèles réduits en talisman autour du cou. Le mot *linga*, que le français a emprunté à l'anglais au XVIIIe siècle, vient du sanscrit et veut dire signe, symbole ; l'accusatif est *lingam*, forme qui se trouve aussi en français, ainsi qu'en anglais, où elle est plus répandue. Le *linga* est inséparable de la *yoni*, pierre cubique creusée et symbole féminin, sur laquelle il prend appui ; mais le mot *yoni*, lui aussi sanscrit et venu en français par l'anglais, ne figure pas dans les dictionnaires généraux, sauf dans le *Grand Larousse*, qui le définit comme une représentation de la vulve.

Des chercheuses spécialistes de l'Antiquité grecque[13], qui interprètent des documents moins connus, confirment que le féminin était associé au masculin dans les rites de fécondité. Ainsi, confectionner et manger des gâteaux en forme de vulve, et de verge, relève des plus anciens rites de fertilité. En les préparant, les femmes échangeaient des plaisanteries sexuelles. Pendant les mystères d'Éleusis célébrés en l'honneur de Déméter et de sa fille, on chantait des chants obscènes ; lors des *Halôa*, fêtes de Déméter à Athènes, les tables de banquets offraient des gâteaux ressemblant aux organes génitaux des deux sexes ; à Syracuse, lors des Thesmophories, fêtes de Déméter, on portait en procession des gâteaux en forme de vulve et on mangeait des porcelets dont le nom grec signifie aussi vulve. Tous ces rites avaient pour but de conjurer le mauvais sort en mettant symboliquement en œuvre les forces productives de la terre. C'est la même fonction pour des objets représentant des organes sexuels qu'on porte sur soi ou qu'on expose dans sa maison pour se protéger du « mauvais œil ».

De nos jours, des traditions rappellent ces fêtes antiques, en utilisant des aliments modernes. Ainsi, dans un village espagnol des Pyrénées, des femmes font cuire du chocolat puis, après ce travail sur le sucré, elles prennent un long saucisson, le coupent en tranches qu'elles se partagent en échangeant des plaisanteries obscènes et en buvant du vin à même la gourde, comportements habituellement masculins[14]. Des cérémonies de ce type, avec des mots et des gestes à forte connotation sexuelle, remontent à des rites très anciens qui visent à conjurer le mauvais sort et à stimuler la fertilité. Quand elles se déroulent entre femmes, c'est une occasion de se libérer des interdits de langage.

On le voit aussi avec une tradition qui se développe en Europe et en Amérique : l'enterrement de la vie de jeune fille, *hen party* (fête de poules) en anglais, ou aux États-Unis *bachelorette party* (fête de femmes célibataires)[15]. Dans la fête qu'organisent des amies de la future mariée la veille du mariage, tandis que les amis du fiancé le distraient de son côté, les gâteaux ou les sucres d'orge en forme de verge bandée s'ajoutent aux verges géantes en plastique et à d'autres farces et attrapes, plaisanteries et défis plus ou moins obscènes.

Priape, l'obscénité et le culte

Priape (Priapos en grec, Priapus en latin) était fils d'Aphrodite, déesse de l'amour, et de Dionysos, dieu du vin et de l'ivresse. À cause de sa verge énorme, cet être monstrueux fut renié par sa mère. Les légendes antiques le décrivent comme petit et laid ; il ne connaît pas le plaisir sexuel, puisqu'il est toujours en érection, sans jamais éjaculer, d'où le nom de priapisme donné depuis l'Antiquité à une érection douloureuse et permanente, une maladie d'origine inflammatoire, autrefois mortelle.

Chez les Romains, Priape, le dieu des jardins, était associé aux petits jardins pauvres. Dieu mineur, déclaré « le dernier des dieux », il termina sa carrière dans le monde latin sous forme d'épouvantail obscène dans les potagers[16]. On taillait ses statues dans du bois de figuier, arbre lié à la virilité mais matériau médiocre, utilisé par les pauvres se chauffant de son bois et se nourrissant de ses fruits. Dans l'argot latin, la figue désignait la vulve ainsi que l'anus, d'où d'innombrables jeux de mots.

Dans l'Antiquité, on représentait souvent Priape avec son énorme verge peinte en rouge ; on accrochait son image à une branche pour protéger les troupeaux ou les cultures : il devait menacer les passants de violences sexuelles, tout en communiquant au sol sa puissance de fécondité. Contrairement à Pan, le dieu faune romain, ou aux satyres, il avait une apparence entièrement humaine et non à demi animale, mais comme eux il personnifiait une sexualité sauvage, agressive, douloureuse et sans joie.

Les Romains utilisaient pour boire des pots de terre cuite en forme de personnage dont la verge, de taille imposante, était le bec verseur, ce que l'écrivain Pline appelle *per obscaenitates bibere*[17] (boire dans des vases de forme obscène). Une fresque de Pompéi montre Priape vêtu d'une courte tunique dont dépasse sa verge, aussi longue que sa cuisse ; il l'a déposée sur le plateau d'une balance pour la peser ; à ses pieds, une corbeille de fruits symbolise la fécondité. Sur d'autres fresques, on voit aussi des faunes dont l'énorme verge bandée retrousse la tunique. À la différence des scènes de films pornographiques, présentées comme si elles correspondaient à la réalité, les auteurs de ces images antiques ne cherchaient pas à les rendre vraisemblables : aucun homme n'aurait pu avoir envie de s'identifier à une telle figure !

Quand la ville antique de Pompéi fut, à partir de 1745, dégagée des cendres de l'éruption du Vésuve qui l'avait engloutie en 79, les archéologues qui découvrirent décors et objets de ce type s'empressèrent de les enfermer dans un cabinet secret du musée de Naples, dont l'accès fut longtemps réservé à des « hommes mûrs »[18].

C'est au XIXe siècle, époque de forte répression sexuelle, que le grand public put commencer à découvrir des collections d'objets anciens, d'œuvres d'art ou de livres réservées auparavant à des hommes riches ou cultivés. Embarrassée par ceux d'entre eux qui paraissaient obscènes selon les normes de l'époque, chaque institution publique les cacha longtemps dans un lieu particulier. Celui de la Bibliothèque nationale, à Paris, portait le nom expressif d'Enfer. À Londres, la riche collection secrète du British Museum renferme par exemple des ex-voto rapportés d'une église près de Naples : ce sont des phallus en cire transparente déposés sur l'autel ou à côté[19].

On sait aujourd'hui que des objets en forme de phallus ont souvent fait l'objet d'un culte. Sans doute faudrait-il interpréter en ce sens ce que les premiers ethnologues avaient prudemment qualifié de bâtons rituels ou de signes de commandement. Les temps changent : le « musée du sexe » qui a ouvert à Shanghai en 1999 expose ce qu'il présente comme l'un des plus vieux objets érotiques, un phallus de glaise datant du néolithique[20].

D'anciens rites de fécondité ont survécu jusqu'à nos jours sous forme de dévotion à des saints au nom suggestif, par exemple en France saint Macou, appelé saint Couillard, et aussi saint Foutin ou saint Phal[21]. Avant le XXe siècle, c'était toujours à l'épouse qu'on imputait la stérilité d'un couple (ou le sexe de l'enfant) ; aussi était-ce à elle de chercher à se délivrer de cette malédiction. Partout dans le monde, des femmes espérant devenir mère sont allées se frotter contre certaines pierres en forme de verge, sans doute objets de cultes préhistoriques, ou contre certains arbres. Encore aujourd'hui, au Japon, le temple shintoïste Yumizori à Kumamoto abrite un phallus en pierre de trois mètres de long ; le pèlerinage est recommandé à ceux qui veulent se marier, avoir un enfant, ou se garantir la fidélité de leur conjoint : dans ce cas, il faut enfoncer des clous, autant que l'intéressé a d'années, dans un talisman de forme phallique[22].

Autre symbole de vie et de fécondité, l'arbre de mai était planté dans la nuit du 30 avril au 1er mai devant la porte des maisons où habitaient des jeunes filles à marier ; cette tradition millénaire s'est conservée jusqu'à nos jours dans des villages de pays occidentaux, par exemple en France à Silly-le-Long (Oise), ou à Cucuron, dans le Luberon, et aussi en Bavière ou en Suède. À Cologne, par exemple, des centaines d'arbres, ornés de rubans multicolores, apparaissent cette nuit-là devant des maisons, certains ont jusqu'à quatre mètres de haut.

Plus haute que celle du voisin

Le 1er décembre 1993, à l'occasion de la Journée mondiale du sida, l'association Act Up recouvrit l'obélisque de la place de la Concorde, à Paris, d'un gigantesque préservatif rose. Ce monument à la forme si évocatrice avait été chanté par Jacques Dutronc : « Et l'obélisque est bien dressé entre la nuit et la journée[23]. » Une Parisienne est plus précise : « L'obélisque de la Concorde qui darde de sa pointe amoureuse l'entrecuisse de l'Arc de Triomphe[24]. » Autre union de l'autre côté de la Seine, dans un poème de Taslima Nasreen : « La tour Eiffel / Qui, tel un pénis en érection, / Aguiche les pèlerins en visite. / Le ciel cache son con – nuage humide [...][25]. »

Dans l'Égypte ancienne, l'obélisque représentait

l'érection du dieu de la terre, Geb, cherchant à s'accoupler avec la déesse du ciel. Quel rapport avec Obélix, le personnage de Goscinny et Uderzo ? Alors que le nom de la pierre désigne un objet pointu et un symbole sexuel, Obélix est vorace et obèse*. Tel un enfant glouton, il préfère les cuissots de sanglier aux cuisses féminines. On retrouve dans son nom le sanglier à la broche : le mot obélisque vient d'un mot grec qui signifie petite broche à rôtir, et la pierre a reçu ce nom à cause de sa forme voisine.

Les colonnes grecques ou romaines, les totems des Indiens d'Amérique du Nord, grands poteaux de bois superposant des figures sculptées et incarnant l'esprit des ancêtres : autant de symboles de l'énergie visant le ciel, autant d'indicateurs de la puissance d'engendrement masculine. Ils sont aussi anciens que l'humanité, comme le montre le culte des pierres dressées dans la préhistoire, tels les menhirs (mot breton qui signifie pierre longue) ou les pierres levées nordiques. Il y a à Paris une rue de la Pierre-Levée, témoin d'un culte ancien. Elle reçut ce nom en 1782 quand on y découvrit l'une de ces pierres lors de l'ouverture de la rue.

Tant de constructions racontent l'histoire de rivalités masculines, depuis la tour de Babel et les pyramides d'Égypte ou du Mexique, jusqu'à la tour Eiffel et aux gratte-ciel contemporains ! Dans la campagne de l'Oise aux belles églises où j'ai longtemps vécu, j'avais découvert qu'une course au plus haut sommet s'était déroulée à partir du XIVe siècle entre des paroisses : depuis la tour trapue de Fresnoy-le-Luat jusqu'à la flèche élancée de Montagny-Sainte-Félicité (XVIe siècle), c'était comme si chaque communauté avait voulu que son clocher, « le manche de la parœce[26] » (paroisse) selon Rabelais, fût plus haut que celui du village voisin.

Des siècles plus tard, cela continue à influencer

* « Non, enrobé ! » rectifierait-il.

la mentalité des habitants, fiers de leur église, par exemple en Bretagne, à Moëlan-sur-Mer, où on regarde de haut « ceux de Clohars-Carnoët », avec leur clocher plus bas. De même, des villes françaises ont cherché à affirmer leur supériorité par leur cathédrale, comme celle de Beauvais au XVe siècle, dont ne subsiste que le chœur, la nef trop haute s'étant écroulée. Même rivalité dans d'autres pays avec des minarets de mosquée ou des stupas de pagode bouddhiste.

À partir de la Renaissance italienne, plusieurs villes se lancèrent dans l'érection de tours, en une escalade à l'échelle européenne : le président de Brosses, magistrat français du XVIIIe siècle, en voyage à Crémone, rapporte qu'il y vit « la plus haute tour, ou du moins l'une des plus hautes de l'Europe[27] ». Trois siècles plus tard, la compétition s'est étendue aux dimensions de la planète. Plaçant leur identité dans un gratte-ciel, mot qui exprime un fol orgueil, des villes se sont lancées dans une course au gigantisme : New York, longtemps championne avec l'Empire State Building qui avait dépassé la tour Eiffel, fut détrônée par Chicago, elle-même supplantée par Kuala Lumpur avant que Taïpeh emporte la palme en 2003.

Jeter à bas cette puissance, transformer des tours, symbole d'une verge en érection, en amas de décombres ou même en trou, symbole du féminin méprisé, n'était-ce pas l'un des buts poursuivis par les assassins du 11 septembre 2001 qui ont abattu les tours du World Trade Center de Manhattan (partie centrale de New York) ? Le journaliste Michel Polac l'exprime ainsi, en jouant sur les mots : « Il fallait châtrer le pénis de Manhattan (en faire une Womanhattan)[28]. » Comme si un homme châtré devenait une femme !

L'image d'un « paysage désormais amputé, châtré[29] » a été couramment employée en France sans faire de vagues. Au contraire, en Allemagne, Adrienne Goehler, sénatrice Verte de Berlin et responsable de la Culture, déclencha un tollé lors d'un débat public, le

13 septembre 2001, quand elle qualifia les tours détruites de symboles phalliques, expliquant ainsi pourquoi elles avaient pu être choisies pour cibles. On l'accusa d'être « vaginalement correcte », ce qui dispensait de s'interroger sur la pertinence de son idée.

Le pouvoir, la vie ou la mort

« Je conserve un souvenir lumineux et fortifiant, note Paul Morand en voyage à New York, de la pyramide à degrés du Banker's Trust, de la tour Singer, du phallus carré de l'Équitable[30]. » Lumière et force, voilà ce que Paul Morand admire dans ces amplifications de sa propre verge. À la fin du XXe siècle, sans aucun respect pour la majesté du symbole, la dessinatrice Catherine Beaunez a osé représenter avec insolence la façade de l'Assemblée nationale à Paris, copie d'un temple grec, en montrant les colonnes comme autant de verges en érection reposant sur des boules semblables à des testicules[31]. Elle rendait ainsi visible le fait que les lois sont votées par une Assemblée à 89 % masculine.

Le bâton de commandement, tenu verticalement, est l'un des insignes traditionnels du pouvoir suprême. C'est le sceptre du chef, du roi, de l'empereur, une « tige sacrée » vue, selon la légende, comme la source de vigueur dont dépend la fertilité du royaume. La correspondance sexuelle était évidente au Moyen Âge, à en juger par des dessins en marge des manuscrits : ainsi, dans une bible, en marge du Psaume 110, on peut voir, à côté des mots « sceptre de puissance », l'image d'une femme tenant dans ses mains la verge bandée d'un homme[32].

De nos jours, cette équivalence avec le bâton se trouve par exemple dans des rêves de femmes cités par des psychanalystes. Ils mettent en scène le policier et sa matraque, l'écrivain et son stylo à dédicaces, ou le pompier et sa lance qui éteint l'incendie, feu réel ou feu du désir. Cela explique la haine fascinée de certains hommes d'autrefois pour les sorcières : leur balai magique, sur lequel elles se déplaceraient en volant à travers les airs, ne serait-il pas un membre secret très puissant ? La gentille fée des histoires à l'eau de rose pour enfants est l'héritière de cette tradition de force féminine, et sa baguette magique qui réalise les souhaits, ou transforme des bêtes féroces en beaux héros, était à l'origine un symbole de domination sur les choses et sur les êtres.

Rites, images ou expressions utilisent souvent des armes pour affirmer la force symbolique de la verge en érection. De la puissance sexuelle masculine à la supériorité des hommes virils sur les femmes et sur les hommes faibles, il n'y a qu'un pas, qu'un glissement de sens. Ainsi, le slogan du président Mao « Le pouvoir est au bout du fusil », à la mode en 1968, avait-il été détourné en « Le pouvoir est au bout du phallus » par des féministes des années 1970 qui dénonçaient le machisme.

Le geste injurieux qui consiste à frapper de la main droite l'intérieur du coude gauche, ce bras étant plié et le poing fermé, est appelé bras d'honneur. Il représente la verge en érection, comme le doigt d'honneur, et menace l'autre de l'enculer. Quel rapport avec l'honneur viril, la vertu que des chevaliers ou des hommes chevaleresques ont, jusqu'au début du XXe siècle, défendue dans des duels, au risque de leur vie ?

« Dans certaines régions françaises, rapporte l'historienne Yvonne Knibiehler, on met un sabre de bois dans le berceau du garçon ; on lui laisse un morceau de cordon ombilical assez long, comme pour donner un modèle à la verge[33]. » Il s'agit de confirmer le nouveau-né mâle dans son identité sexuée. De même chez les sikhs : le turban et la barbe sont leurs obligations religieuses les plus connues, mais ils doivent aussi, dès le plus jeune âge, porter à la taille un *kirpan*, dague courbe de dix centimètres de long, qui symbolise la supériorité virile.

Seulement dix centimètres ! Il en faut bien davantage à des héros imaginaires pour affirmer leur virilité, plusieurs mètres pour la lance de Roger dans le tableau d'Ingres *Roger délivrant Angélique* : l'arme passe au-dessus du corps nu d'Angélique avant d'aller perforer, très loin, la gueule du dragon. De même, l'écrivain Drieu La Rochelle a besoin du mot « immense » pour donner le ton au début d'une scène érotique : « Au-dessus du village, le soleil était seul debout à cette heure, l'immense forgeron battait sur l'horizon une barre de fer chauffée à blanc[34]. » Dans un poème adressé à sa maîtresse Lou, Apollinaire, combattant de la guerre de 1914, a plus de force avec sa précision crue : « Les canons membres génitaux. / Engrossent l'amoureuse terre. / Le temps est aux instants brutaux. / Pareille à l'amour est la guerre[35]. » Les armes changent, les images viriles persistent : un conseiller d'un ministre socialiste des années 1980 parlait, à propos de la force de frappe, de déclencher « l'orgasme nucléaire[36] ».

N'est-ce pas une inversion tragique de la virilité quand sa force de vie devient pouvoir de mort, quand le signe traditionnel de la fécondité en vient à symboliser la mort violente ? Les représentations de meurtre sont devenues banales de nos jours, au cinéma ou à la télévision. Les armes de mort sont des jouets usuels pour petits garçons ; dans les jeux de Play-Station, le héros tue des armées de méchants avec son épée à rayon laser.

Quelle image symbolique de notre monde donnait le théâtre de Moscou où eut lieu en octobre 2002 une prise d'otages par un commando mixte : des hommes brandissant des armes phalliques et des femmes ceinturées de paquets de dynamite, enceintes de mort !

Obsession des publicitaires

La culture machiste donne aux hommes, même les plus pauvres, les moyens d'affirmer leur virilité et leur mépris du féminin, tel ce travailleur immigré décrit par Michel Tournier ; tout en défonçant à coups de marteau-piqueur la place Vendôme, l'une des plus belles de Paris, il dit à son copain : « C'est ton zob, tu comprends, ton grand zob ; avec ça, tu crèves Paris et tu niques la France[37]. »

C'est aussi le message de nombreux affiches et films publicitaires. Pour susciter le désir d'acheter un objet, il est habituel, en France et dans les pays voisins, de le représenter avec une connotation sexuelle qui l'associe de façon plus ou moins explicite à la verge en érection. Deux affiches exposées dans toute la France en juillet 2001 vantaient une eau minérale. L'une montrait des fesses de femme, avec le cordon d'un string, et une main féminine tenant une bouteille contre la fesse ; l'autre représentait un homme dont on ne voyait que l'avant du short, avec la même bouteille à la hauteur de sa verge.

Une affiche pour une charcuterie italienne était tout aussi évocatrice, avec un visage féminin de profil, yeux fermés, bouche grande ouverte devant des jambons de forme oblongue[38]. Certains publicitaires tentent même d'associer un réfrigérateur à des symboles de verge : avec le slogan : « Il n'est pas donné à tout le monde d'être à la fois beau et gros », une image montre deux longs tuyaux métalliques servant à ouvrir les portes ; photographiés par en dessous, ils ressemblent à des fusées prêtes à décoller[39].

L'un des cas les plus fréquents est celui du chocolat. Autrefois réputé comme aphrodisiaque, il est de nos jours surtout consommé par des femmes et des enfants. Pour augmenter la clientèle masculine, les fabricants ont présenté leurs produits sous forme de barres et diffusent des publicités insistant lourdement sur la taille et sur la rigidité.

Ainsi, en mai 2001, on vantait une barre glacée dont le nom, Magnum – grand en latin –, est aussi celui d'une arme à feu. L'image, accompagnée du slogan « Barre Magnum / Elle fera de vous un homme », représentait un corps coupé en haut du ventre et en bas des cuisses, vêtu d'un mini-slip. Dans celui-ci, à l'endroit du sexe, une barre glacée au bout entamé, marron à l'extérieur et blanc à l'intérieur, était glissée verticalement, avec la moitié mordue dépassant du slip.

On peut voir dans cette image une invitation sexuelle : « Venez manger ma gourmandise ! », semblable au « Mange-moi la bite ! » du film *Gadjo Dilo*. On peut s'inquiéter de cette trace de morsure, comme d'une mutilation toujours possible. Un adolescent peut comprendre que manger des barres glacées « fera de lui un homme » avec une trique bien dure : mais pourquoi glacée ? Quant aux femmes et aux filles qui aiment les glaces, elles ne veulent pas toutes changer de sexe !

Angoisse et complexe selon Freud

En français, on emploie depuis le XVIe siècle à propos de l'Antiquité les expressions culte phallique ou fêtes phalliques, mais, depuis le XXe siècle, avec la psychanalyse, phallus et phallique sont surtout utilisés dans un sens symbolique.

Ce sens moderne apparaît en français avec les premières traductions de Freud, qui avait choisi ces mots par référence à l'Antiquité[40]. Il distingue chez l'enfant trois stades qu'il nomme oral (lié à la bouche), anal (lié à l'anus) et phallique. À ce dernier stade, entre trois et six ans, le petit garçon découvrirait qu'il a un pénis, comme son père, et que sa mère n'en a pas. Il s'imaginerait qu'on peut le lui couper : c'est ce que Freud nomme angoisse de castration. Quant à la petite fille, elle s'apercevrait qu'elle n'a pas de pénis, ce dont elle rendrait sa mère responsable. Elle souffrirait d'un complexe de castration et ressentirait « l'envie du pénis ».

Comme l'explique Christian Demoulin, cette « envie du pénis » est « la plaque tournante du destin de la féminité » selon Freud. « C'est un carrefour à trois voies : 1) inhibition sexuelle et névrose si l'envie du pénis entraîne un rejet de la sexualité ; 2) complexe de masculinité si la solution est cherchée dans l'identification à la mère phallique et / ou au père ; 3) féminité normale si l'envie du pénis se transforme en désir du pénis du père, qui conduit ensuite du père à l'homme et de l'homme à l'enfant… lequel, s'il est mâle, apporte le pénis tant convoité[41] ! » Voilà une « normalité » qui arrange beaucoup de gens !

Les disciples de Freud, Ernest Jones dès son premier article sur la sexualité féminine en 1927, puis Melanie Klein ou Karen Horney ont critiqué cette théorie qui centre la sexualité sur l'organe masculin. Par la suite, des féministes des années 1970 ont elles aussi refusé de voir la sexualité féminine en fonction du phallus. Elles ont créé les mots phallocratie, pouvoir du phallus, et phallocrate, abrégé en phallo, qui, pour certaines, rime avec salaud. Curieusement, il se prononce comme falot, qui vient de l'anglais *fellow*, et signifiait autrefois drôle et gai, avant de prendre au XXe siècle le sens de terne, effacé.

De nos jours, on emploie plutôt les mots machiste ou sexiste. Les féministes elles-mêmes sont souvent disqualifiées, car on les accuse de porter une « revendication phallique ». Elles demandent la justice et l'égalité : au lieu de répondre sur le fond, on leur reproche d'être agressives et de manquer de féminité !

Elles raillent « la prétention du pénis à se faire passer pour le phallus[42] ». Même en érection, la verge n'est pas le phallus. Pour la psychanalyse, celui-ci n'est pas un objet matériel ; il représente le pouvoir, que n'ont ni les hommes ni les femmes. Jacques Lacan explique que c'est un « signifiant du manque », l'objet perdu que le sujet désire sans fin : « Ce n'est pas parce que l'homme a l'organe qu'il a pour autant le phallus ; la castration impose à l'homme de toujours devoir faire la preuve qu'il a bien le phallus, preuve toujours dans les mains de l'Autre[43]. »

Dès 1926, est apparue en français l'expression « mère phallique[44] » : selon Freud, l'enfant ressent ainsi sa mère dont la puissance lui semble démesurée par rapport à sa propre faiblesse. Choisir un mot lié au sexe masculin pour en faire un symbole du pouvoir en général, que peuvent détenir les femmes avec le « phallus maternel », c'est encore une façon de qualifier des femmes à partir du masculin.

Dès 1967, Laplanche et Pontalis notèrent que l'expression « femme phallique » avait échappé aux psychanalystes : elle « est souvent employée dans un langage approximatif pour qualifier une femme qui a des traits de caractère prétendument masculins, femme autoritaire par exemple, ceci sans que l'on sache quels sont exactement les fantasmes sous-jacents[45] ». Comme dans le cas de la virago, il s'agit de critiquer celles qui diffèrent des clichés sur la douceur et le dévouement féminins : si elles veulent y échapper, c'est qu'elles cherchent à imiter l'homme !

Dans le langage courant, à cause de la place importante de la psychanalyse dans les débats de société et de la diffusion de ses notions de base dans le grand public, on confond souvent phallus et verge en érection, ce qui contribue à renforcer l'association entre virilité et pouvoir. Ce glissement de sens n'a pu qu'accentuer d'une part la fierté de certains porteurs de verge, de l'autre le complexe de tant de femmes, convaincues qu'il leur manque quelque chose. Le pouvoir est présenté comme incompatible avec la féminité ou la séduction. Il faut donc choisir entre l'un et l'autre. Une femme puissante, dominatrice, en un mot phallique, ne peut être que terrifiante* : elle suscite la crainte, le respect, mais en aucun cas le désir.

Il n'y a pas de mot courant équivalant à phallus pour les femmes, aucun terme d'origine sexuelle pour nommer l'énergie créatrice féminine, dont la manifestation, outre le désir et le plaisir, est pourtant évidente à travers la grossesse et l'enfantement. Accepter de se laisser définir par rapport à la verge, présente ou absente, au repos ou en érection, est un piège, une façon de donner l'avantage aux organes génitaux les plus visibles, ceux des hommes.

Images et mots de la virilité

Pour des étudiants en techniques de communication, ou pour des publicitaires, la notion de symbole phallique est familière. Elle est devenue si banale que dans *Dream on*, un feuilleton télévisé américain des années 1990, l'excitation du héros est illustrée par des images en noir et blanc de films anciens : mât qui se dresse, fusée qui décolle, bouchon de champagne qui jaillit, train qui entre dans un tunnel[46]. Si on ne « pense qu'à ça », on peut en effet interpréter en ce sens toutes les cheminées d'usine, tous les poteaux, tous les troncs d'arbre ! On peut voir un symbole phallique dans tout corps humain debout, dans toute forme verticale allongée, épée ou pistolet d'autrefois, micro de reporter ou téléphone portable d'aujourd'hui**.

---

* Par exemple Margaret Thatcher, ancienne Première ministre britannique, la seule femme que n'aime pas le chanteur français Renaud. Il rêve de se transformer en chien et de s'offrir « comme réverbère quotidien... Mme Thatcher » (*Miss Maggie*, 1985).

** Le fil du téléphone classique était souvent perçu comme un cordon ombilical reliant deux personnes, comme le cordon unit le fœtus à la femme enceinte. Avec les appareils « sans-fil », ce lien est virtuel.

Les comparaisons sexuelles sont fréquentes dans le langage courant. Quand des hommes de pouvoir les utilisent, c'est toujours du point de vue masculin, comme s'ils se refusaient à imaginer des femmes à leur place. Ainsi, pour Jacques Attali, familier des puissants, le golf, qu'on pratique avec un club (un long bâton), est riche de symboles sexuels : « Le joueur est l'homme ; le parcours est la femme. Jouer, c'est éjaculer le plus loin possible. Le club est une représentation du pénis, les conversations entre golfeurs ne laissent aucun doute là-dessus[47]. » De même, selon l'ancien ministre et avocat Robert Badinter (cité par Françoise Giroud), « plaider, c'est bander ; convaincre, c'est jouir[48] ». Aux golfeuses ou aux avocates de s'adapter !

Pour des sujets plus abstraits, on vante une volonté « ferme », un travail « sans relâche », on se tient « droit dans ses bottes* », on veut « redresser » la situation ou l'économie. Jouant sur ces mots pour frapper les esprits des électeurs, Ingrid Betancourt, candidate à l'élection présidentielle de 2002 en Colombie, peu avant d'être enlevée et retenue en otage, distribuait du Viagra dans les rues de Bogota pour, disait-elle, « aider le pays à se redresser[49] ». Quelle image ! Le pays tel un homme à la virilité économique défaillante, et une femme qui, aspirant à le diriger, se présente telle une jeune infirmière à son chevet pour le faire bander !

Les sports, longtemps interdits aux femmes, abondent en symboles de virilité active. À l'arrivée d'une course automobile ou cycliste, le champion brandit une bouteille de champagne ouverte et arrose largement autour de lui, comme s'il éjaculait. Avoir

* Mâle proclamation du Premier ministre français Alain Juppé. En 1995, trois semaines après avoir créé l'Observatoire de la parité, il poussa vers la sortie, sans ménagements excessifs, huit des douze femmes qu'il avait nommées dans son gouvernement, et que la presse avait surnommées les « juppettes ».

une puissance entre les jambes, comme le cavalier, le motard, et par extension le conducteur de voiture, qui « en a sous la pédale », c'est selon la symbolique virile être encore plus homme. Aux femmes à cheval, à moto ou en voiture de trouver des images qui leur soient propres ! Si elles se passionnent pour ces activités, on les soupçonne souvent d'avoir « envie du pénis », ou de son substitut.

« Touche ! Sens comme c'est dur ! » invite fièrement le petit garçon ou l'adolescent qui bande son biceps pour s'entraîner à être un « vrai » homme aux muscles saillants. Selon les catégories en vigueur depuis Aristote, la fermeté est virile et la mollesse féminine ; avons-nous tellement évolué ? Tout dans notre culture continue à valoriser le ferme plutôt que le mou, le droit plutôt que le courbe, le pénétrant plutôt que le pénétré. La tradition invite les hommes plus que les femmes, les pères plus que les mères, à faire preuve de fermeté de caractère, comme si leur verge bandée était un modèle proposé en permanence au corps et à l'esprit.

Tant qu'on associera l'identité sexuelle masculine à la bandaison, des hommes seront obsédés par leur érection, que leur rappellent d'innombrables symboles phalliques. Brandir sa virilité comme un étendard, exhiber avec autant d'insistance son appartenance au sexe dit fort : est-ce cela, être un homme ?

CHAPITRE XIII

Témoins de quoi ?

Pleines ou vides ?

Alors que, sur une femme nue, les organes sexuels sont peu visibles, discrets ou cachés, c'est à l'extérieur du corps masculin que se trouvent les parties, ou les parties viriles, comme on préfère souvent les nommer de manière vague.

En français populaire d'autrefois, c'était le paquet de l'épousée, et c'est toujours paquet dans le français populaire du Québec. Aujourd'hui, on parle de batterie de cuisine, de bijoux de famille, de sainte trinité, de troïka, de service trois-pièces, etc. Trois ? En effet, la verge est accompagnée par deux glandes de la taille d'une prune. L'ensemble donne lieu à d'autres images tout aussi expressives : fifre à breloques, tirlahuche à pendeloques, manche à burnes, ou sabre à roustons[1]. Le nom correct de ces glandes est testicules, mais couilles est le mot courant, et même yecous, en verlan. « Des couilles, on sait bien ce que c'est, explique l'un des garçons de *La Guerre des boutons*, puisque tout le monde en a, et qu'elles ressemblent à des marrons sans bogue[2]. » La bogue est l'enveloppe piquante de la châtaigne ; quant à l'affirmation « tout le monde en a », elle n'est vraie que pour la moitié masculine de « tout le monde ».

Couilles : ce vieux mot français vient d'un nom latin populaire qui a aussi donné (au pluriel) *cojones* en espagnol, *colhoes* en portugais, *coglioni* en italien, à rapprocher du suédois *kulor* et du néerlandais *kloten*. De même, l'anglais offre, à côté du nom savant *testicles*, ou du latin *testes* (pluriel de *testis*), des mots équivalant aux expressions françaises, comme *private parts* (parties), ou le latin *virilia* (choses viriles), et aussi *jewels* ou *family jewels* (bijoux de famille). De nos jours, le plus courant est *balls* (balles), proche des mots français boules, balles, ou balloches, ainsi que de l'italien *balle*. Autre mot répandu, *bollocks*, autrefois *ballocks*, considéré comme correct jusqu'au XIXe siècle, puis jugé vulgaire, sauf dans l'expression ancienne *« the dog's bollocks »* (les couilles du chien), qui signifie le fin du fin, ce qu'il y a de mieux*.

En français, on lit plusieurs fois coille, ou coillon dans *Le Roman de Renart* (XIIe siècle), ou dans *Le Roman de la Rose* (XIIIe siècle). Rabelais décrit Grandgousier « après souper se chauff[ant] les couilles à un beau feu[3] » ; plus loin, frère Jean secoue Panurge en lui disant qu'il ferait mieux d'aider plutôt que de pleurer « comme une vache, assis sus tes couillons comme un magot [singe][4] ».

Les couilles sont contenues dans un sac de peau aux poils peu denses, nommé scrotum, mot latin importé au XVIe siècle. Depuis le Moyen Âge, l'ensemble est appelé plus couramment bourses : ce nom vient d'un mot grec passé en latin et qui a signifié cuir, puis sac de cuir, ou petit sac contenant des pièces de monnaie. Ce rapprochement avec un sac existe aussi dans d'autres mots courants désignant le scrotum, comme poche en français du Québec, ou *Hodensack* (sac à

* Une boutique de Portobello Road, à Londres, a choisi pour enseigne les mots français Les Couilles du Chien, en un jeu de mots qui rend perplexes les clients potentiels, note une journaliste (*Libération*, 16 août 2003).

testicules) en allemand, et *klootzak* en néerlandais. En français, on parle de sacoches – mot qui désigne un gros sac –, ou d'aumônières[5], du nom de la petite bourse d'autrefois renfermant les pièces pour les aumônes.

Au Québec, le mot le plus courant est gosses, qui vient de gousse ou de cosse, c'est-à-dire l'enveloppe d'une plante contenant les semences. Celle-ci peut être allongée, dans le cas des petits pois, ou arrondie, comme la gousse d'ail ou la cosse de châtaigne.

Le sens particulier des gosses québécoises – le mot est féminin – n'a pas traversé l'Atlantique, ce qui expliquerait ce dialogue entre un Français et un Québécois : « Je vais embrasser mes gosses. – Quel acrobate ! » Inversement, il faut une note en bas de page pour qu'un Français apprécie l'humour de ce passage d'Yves Beauchemin : « C'est un cœur d'or. Il donnerait ses gosses à un impuissant si ça pouvait lui rendre service[6]. »

On lit chez Montaigne l'expression « bourse des génitoires[7] » et chez Rabelais le mot « génitoires[8] ». On emploie encore, pour plaisanter, ce vieux nom : « Et j'étais là, tout nu [...], chantait Georges Brassens, / Exhibant, malgré moi, mes humbles génitoires[9]. » Génitoires, comme *genitals* en anglais, vient du mot latin *genitalia*, qui a donné en français l'adjectif génital : par exemple, membre génital (verge), parties génitales (testicules), ou appareil génital (l'ensemble). C'est la racine du verbe engendrer, c'est-à-dire procréer, concevoir ce qui pourra devenir un enfant, et aussi du mot gendre, car, selon la tradition, le mari de la fille est l'homme qu'elle épouse pour engendrer avec lui des enfants.

En allemand, un nom courant pour testicule est *Samendrüse* (glande à semence). En anglais, le nom *gonads* vient du mot grec signifiant engendrer et a donné des dérivés familiers, comme *nadgers* ou *nads*. Le mot français gonade a été formé à la fin du

XIXe siècle ; il désigne les glandes génitales, mâles (les testicules) ou femelles (les ovaires) qui produisent les gamètes, cellules sexuées destinées à la fécondation et qui sécrètent aussi les hormones sexuelles.

Génitoires ou les mots dérivés du mot semence renvoient à la croyance ancienne selon laquelle le service trois-pièces assurerait seul la production de sperme : les bourses, ou « vases spermaticques[10] » selon Rabelais, serviraient de réservoir où il s'accumulerait, et la verge de « robinet de jus de glandes ». Plus loin, frère Jean pousse Panurge à se marier, avec cet argument : « Vouldrois-tu bien qu'on te trouvast les couilles pleines au Jugement [dernier] ? »

À partir du XIXe siècle, on a commencé à découvrir le processus complexe de la fabrication du sperme. Les spermatozoïdes, cellules reproductrices mâles, qui en sont l'élément principal, proviennent en effet des testicules, mais, pour arriver à la verge d'où ils seront expulsés lors de l'éjaculation, ils décrivent un long parcours passant notamment par la prostate, à l'intérieur du ventre. Jusqu'à nos jours, la langue verte s'amuse à raccourcir le trajet, avec des images pittoresques pour dire éjaculer : déburner, découiller, se vider les couilles, faire une vidange de couilles, s'essorer les rognons, se dégorger les amygdales, se désencombrer les aumônières. De même, en russe, le verbe *zamudit'sa*, qui signifie s'épuiser à faire l'amour, est formé sur le mot *mud* (couille).

Qu'en est-il de la sensation d'avoir « les couilles à plat » après l'éjaculation ? Ainsi, Bérurier déclare : « J'ai la burnicherie à plat, faut qu'je rechargeasse les accus[11]. » Dans un sketch à propos du bois de Boulogne, zone parisienne de prostitution nocturne, Jean-Marie Bigard oppose « les couilles pleines roulant à deux à l'heure » aux « couilles vides se dépêchant de partir ».

Dès la puberté, chaque testicule produit environ cent millions de spermatozoïdes par jour. Le sperme s'accumule pendant quelques jours puis, s'il n'y a pas d'éjaculation, le surplus est détruit ou évacué par l'urètre. L'impression d'avoir « les couilles pleines », chez un homme n'ayant pas éjaculé depuis longtemps, est donc trompeuse. Cela traduit plutôt la tension liée au désir sexuel et accompagnant l'érection de la verge. D'où en anglais l'expression *ball-bursting* (explosant les couilles) pour qualifier une femme qui inspire du désir à un homme : cela correspond à l'adjectif français bandante. Pourtant, si l'éjaculation n'a pas lieu, cette tension finit toujours par s'apaiser, car, de mémoire d'homme, « on n'a jamais vu une couille exploser* » !

Belles et bonnes

Pourquoi l'orchidée porte-t-elle ce nom ? Parce que son bulbe a la forme d'un testicule. Telle est la référence qu'on a choisie, au XVIIIe siècle, pour nommer cette fleur rare : orchis ou orchidée (le ch se prononce k), du nom grec du testicule : *orkhis*. La fleur elle-même ressemble à une vulve, et l'écrivain Maeterlinck emploie pour la décrire les expressions lèvre supérieure et lèvre inférieure [12]. Jusqu'à nos jours, on utilise en Turquie des bulbes d'orchidées sauvages pour confectionner une boisson chaude et une glace prétendument aphrodisiaques, appelées « aux testicules de renard », à cause de la ressemblance de forme [13].

Ce même mot orchis a servi à former des mots du vocabulaire médical en rapport avec les coucougnettes. C'est ainsi qu'une orchite est une inflammation des burnes. Une monorchidie signale la présence d'une seule joyeuse, ce qui ne change rien à la fécondité du porteur, ni à sa capacité de bander : c'était le cas de Napoléon Ier, monocouillu célèbre. Enfin, une

---

* Judicieuse observation d'Isabelle Alonso !

cryptorchidie traduit une anomalie constatée à la naissance : l'une des roubignolles ou les deux sont cachées dans le ventre (*crypt-* signifie caché) ; cela peut s'arranger avec une opération.

Les Grecs les appelaient aussi *didymoi*, les jumeaux. Ce mot se retrouve en français dans le nom épididyme, petit organe allongé situé sur chaque testicule (en grec, *epi-* signifie sur), par lequel passent les spermatozoïdes au début de leur parcours. C'est Ambroise Paré qui, en 1560, a adapté le mot grec *epididymis*, pour nommer « la propre tunique des testicules[14] ».

Beaucoup de noms pittoresques soulignent que les chenolles, comme on les nomme aussi au Québec, vont en général par paire, et ajoutent l'idée qu'elles sont inséparables. Ainsi en fait-on des personnes en les appelant les jumelles, les sœurs siamoises, ou les frangines. Autre surnom féminin, les *Dolly sisters*, du nom de chanteuses américaines jumelles, célèbres dans les années vingt. Quand on parle des « deux orphelines », c'est une référence au mélodrame à succès de Dennery portant ce titre (1874) ; pour leur tenir compagnie, on ajoute un personnage masculin désignant la verge, comme le tuteur, ou « le p'tit chose[15] » chanté par Pierre Perret.

D'autres surnoms renvoient à des objets de genre féminin allant par paire : les philippines, qui sont des amandes ou des noisettes jumelles ; les castagnettes, instrument utilisé dans la musique espagnole et qu'on fait claquer entre les doigts ; les burettes, petits vases contenant l'eau et le vin utilisés pendant la célébration de la messe.

D'où les jeux sur le mot paire, comme dans cette publicité française pour des skis, où l'on voit deux paires de skis plantées dans la neige, avec des vêtements éparpillés alentour, et ce slogan : « Le plaisir commence toujours avec une paire[16]. » Même si l'allusion peut concerner les seins ou les fesses, on la comprend comme un message valorisant les porteurs de couilles.

Pourquoi deux roupettes, alors qu'une seule suffirait pour produire des spermatozoïdes ? Par précaution, au cas où l'une des deux flancherait (il en va de même pour les ovaires). Pendant des siècles, on a cru avec Aristote[17] et avec la tradition juive, que celle de droite servait à faire des fils et celle de gauche des filles. Il relevait d'une division symbolique de l'espace : dans un monde où les droitiers sont majoritaires, la droite est le côté prestigieux. Autre préjugé, les « vrais » hommes n'engendrent que des fils, ce que Rabelais exprime ainsi : « Puissant ribauld ! Il ne fera qu'enfans masles, le paillard[18]. »

Autre sujet de curiosité : pourquoi, en général, l'une des cailles d'amour – expression du XVIIe siècle – pend-elle un peu plus que l'autre ? Au temps où les pantalons étaient faits sur mesure, les tailleurs disaient : « Monsieur porte à gauche [ou à droite]. » En allemand, on parle de *Linksträger* et de *Rechtsträger*. Pour les deux tiers des hommes, il s'agit de la gauche, comme le *David* de Michel-Ange ; dans 22 % des cas, c'est la droite, et il reste 12 % d'originaux chez qui elles sont à la même hauteur[19]. On a longtemps cru que cette différence tenait aux muscles qui les suspendent ; ils sont appelés crémaster, du mot grec voulant dire suspendre ; le mot apparaît pour la première fois chez Rabelais[20]*. Aujourd'hui, on l'explique par les différences entre les veines qui les relient au ventre.

Pourquoi les gerlots, autre mot québécois, sont-ils en dehors du corps et non à l'intérieur comme chez d'autres mammifères ? Les pelotons, mot de Rabelais[21], sont pourtant très fragiles et donc sensibles aux chocs, d'où leur nom familier de douillettes. Ils sont la

---

* *The Cremaster Cycle* (1994-2002) est le nom d'un cycle épique de l'artiste nord-américain Matthew Barney, cinq films qui explorent le processus de la création, dans un environnement de dessins, sculptures et installations. Son point de départ est le nom de ce même muscle.

zone la plus fragile du corps masculin, et les sportifs la protègent avec une coquille en plastique glissée dans leur short. D'où le conseil donné aux femmes agressées : cogner cet endroit d'un coup de genou ; ou l'image forte qui exprime l'idée d'un chantage : « Il me tient par les couilles » (on dit en français du Québec tenir ou pogner par les gosses).

La production des spermatozoïdes nécessite une température inférieure à celle du corps ; celle du scrotum et donc des frileuses est plus basse de trois degrés. Pourquoi cette exposition si dangereuse a-t-elle persisté au cours de l'évolution ? Est-ce parce que les princesses sont un élément de séduction, comme c'est le cas chez certains singes où elles sont colorées par le désir ? Est-ce pour augmenter les zones de plaisir ? En effet, si les précieuses sont sensibles aux chocs, elles le sont aussi aux caresses.

Chez Rabelais, Panurge explique à Pantagruel « comment la braguette est première pièce de harnois entre gens de guerre », car la partie de son corps que l'homme a choisi de protéger en priorité est « la couille ». Il en veut pour preuve « le capitaine et philosophe hébrieu Moses [Moïse] » qui s'arma d'une braguette en feuille de figuier (en réalité il s'agit d'Adam et Ève au paradis). Il en vante la commodité « en dureté, incisure, frizure, polissure, grandeur, couleur, odeur, vertus et faculté pour couvrir et armer couilles » et conclut avec cette forte pensée : « La tête perdue, ne périst que la personne ; les couilles perdues, périroit toute humaine nature[22]. »

Les mignonnettes peuvent être appréciées par toute personne qui aime leur porteur. Dans le langage familier, elles sont loin d'avoir le prestige de la baguette magique, qui peut se dresser et pénétrer. Oui, mais la verge peut aussi violer. Comment les farceuses pourraient-elles exercer la moindre violence ? Il n'existe aucun surnom lié à une arme, alors qu'on pourrait les rapprocher, par exemple, de boulets de canon. Au contraire, le ton est souvent affectueux, attendri, tout au plus moqueur : on parle de breloques, c'est-à-dire petits bijoux, petits objets sans valeur, ou inversement de « joyaux de la Couronne ». On les surnomme amourettes[23], mot qui désigne les mêmes organes chez le coq, ou encore bonbons – on en mangerait ! Un confiseur de Pau[24], ville natale du roi Henri IV, fabrique une friandise à base de pâte d'amandes qu'il appelle « coucougnettes du Vert Galant » ; la notice explique que faire une coucougne, c'est « câliner, caresser, cajoler, chouchouter ».

Quand on regarde la troïka sans indulgence, on en parle comme d'une boutique, au sens ancien de chose sans valeur ; ainsi peut-on dire à un garçon qu'on rappelle à la pudeur : « Range ta boutique ! », ou « N'étale pas ta boutique ! », ou encore, comme cette institutrice des années 1980 : « Ferme ta trousse, les crayons vont tomber ! »

À cause de leur situation « en bas », on traite les couilles d'abats, de bas morceaux, de rognons – qui sont de forme semblable – ou d'« amygdales du bas ». Le nom amygdale vient du mot grec qui veut dire amande : c'est en effet la forme de ces glandes, aussi bien dans la gorge que dans la zone sexuelle, chez l'homme ; comme pour le vagin, c'est un autre lien symbolique entre ces deux parties du corps.

Selon une croyance populaire, les amygdales remontent dans la gorge sous l'effet de la colère ou de la peur. Quand on dit : « Ça me les gonfle », en se touchant le cou, ce geste en direction des glandes du gosier est aussi une allusion à celles du bas. « Tu me fous les glandes », entend-on dans la chanson de Renaud *Marche à l'ombre !* (1980). C'est une manière de dire : « Tu m'énerves, j'en ai marre de toi. » Il en va de même pour des expressions comme « Ça me porte aux glandes[25] », « J'en ai plein les couilles, ou les burnes », « J'ai les boules », « Tu m'fous les boules » ou « Tu me gonfles », souvent soulignées par un geste des deux mains à la hauteur de la poitrine. Quand l'homme qui parle fait mine de soupeser des boules de pétanque, voire de lyonnaise (plus grosses), on dirait que la colère s'accumule dans ses roupettes et qu'une explosion est imminente ! Si c'est une femme qui s'exprime ainsi, elle le fait au deuxième degré, ou par imitation.

Boules a le même sens dans « film de boules », c'est-à-dire film pornographique[26] ; autre exemple, le nom du Théâtre des deux boules, qui avait ouvert à Paris en 1974 avec, pour publicité, l'image d'une femme léchant une glace en cornet à deux boules. Autres noms courants, roupettes ou roubignolles : c'est aussi le nom de boules escamotables qu'utilisent des prestidigitateurs.

Les couilles pendent, et elles sont mobiles dans leur sac de peau, d'où leurs surnoms de gesticules, pendeloques, vagabondes, baladeuses, ou vibreuses. D'où aussi une expression familière à propos d'un homme qui court « à couilles rabattues » ; elle fait penser à une image du langage des cavaliers, à bride abattue, c'est-à-dire abaissée, lâchée.

Dans de nombreuses langues, des noms sont liés aux cloches, comme si ces petits organes avaient pour mission de se faire entendre, en signalant la virilité. En français, c'est cloches ou clochettes, sonnettes ou sonnailles, et même « grelots à foutre », chez le dessinateur Siné[27]. En russe, c'est *bubentchiki* (grelots) ou *kolokol'tchiki* (clochettes). En anglais, *jingle-berries* pourrait se traduire par « baies qui tintent ». Beaucoup de noms de fruits se terminent par *-berry*, tels *strawberry* (fraise), ou *blackberry* (mûre) ; quant à *jingle*, c'est le cliquetis, le tintement, le son des cloches. *Jingle-berries* fait penser à la comptine de Noël *Jingle bells, jingle bells, jingle all the way*, et au refrain de *Brother Peter* (l'équivalent de *Frère Jacques*), qui se termine par *jingle bell*, en français « ding, ding, dong ». À noter aussi que les mots *bell* (cloche) et *ball* (couille) sont très proches, tous deux désignant des choses qui pendent.

On les voit aussi comme des œufs, symbole universel de fécondité et mot courant dans l'argot russe *(iajtsa)*, polonais *(jaja)* ou allemand *(Eier)*. D'où de nombreuses expression russes familières : « une saucisse avec une paire d'œufs », « faire une omelette » (frapper aux couilles), ou « attraper quelqu'un par les œufs » (lui faire du tort). En France, ce sens n'est pas répandu, car on a oublié l'origine sexuelle de l'expression « Va te faire cuire un œuf ! » qui exprime le même rejet que « Va te faire foutre ! ». Une image dans une publicité pour un slip masculin a choqué : elle représentait un support en carton préformé contenant deux œufs, ce qui voulait prouver que ce slip maintient sans comprimer[28] ! Cela fait penser au petit déjeuner britannique proposé autrefois avec la chambre d'hôtes et annoncé avec un coup d'œil égrillard : *One egg for the lady, two eggs for the gentleman !* (Un œuf pour la dame, deux œufs pour le monsieur !). Au Brésil, les œufs crus sont vus comme aphrodisiaques.

Moins fragiles, les noix sont un surnom courant en anglais : *nuts* ; on dit aussi *love nuts*, noix d'amour. Les images de fruits sont plus rares que pour les organes féminins, mais on cueille en français la figue et même, chez Jean Giono, « la figue d'entre-jambes[29] ». La figue sèche est pour Francis Ponge une « pauvre couille* ». Les olives apparaissent dans l'expression ancienne « olives de Poissy », et aussi dans une affiche de publicité vue dans les rues de Nîmes en avril 2001 : pour vanter les Journées méditerranéennes de l'olivier,

---

* « Une pauvre gourde, une pauvre bourse d'avare. Une pauvre couille (ou glande). [...] Grosse perle de caoutchouc, petite poire baroque. [...] La figue sèche, la pauvre gourde, comme une église de campagne, à la fois (rustique) modeste et baroque, où, le portail ouvert, la remplissant toute, luit un autel scintillant[30]. »

on avait représenté un taureau de dos avec, pendant entre les pattes arrière, deux olives, l'une verte, l'autre noire[31] !

Témoins de quoi ?

Elles pendent. La nature étant bien faite, elles sont à la hauteur des mains et donc d'accès facile. Bien des hommes les retrouvent chaque matin, au saut du lit, en un geste habituel que Rabelais associe au « premier son de matines », la sonnerie de cloches du matin, qu'il appelle « frotte couille[32] ». À rapprocher de cette blague moderne : « Pourquoi les femmes se grattent-elles longuement et pensivement la tête le matin au réveil ? Parce qu'elles n'ont pas de couilles ! »

Seuls les hommes en ont. D'où le nom correct, testicule*, entré dans la langue écrite au début du XIVe siècle et qui est masculin, alors que presque tous ses équivalents argotiques sont féminins. Ce nom, employé surtout dans le langage médical, est calqué sur le latin *testiculus*, qui vient du mot signifiant témoin, *testis*, pluriel *testes*. Il renvoie sans doute à une coutume ancienne : quand un homme prononçait un serment, il plaçait la main sur ses parties sexuelles, en jurant sur une chose précieuse**.

Le suffixe -cule – sans rapport avec le cul – sert à former un diminutif : testicule signifie donc petit témoin. On a aussi employé en français le mot tesmoings (orthographe ancienne de témoins) : depuis la fin du XIIIe siècle et jusqu'au XVIIIe siècle, il a désigné les glandes génitales des hommes et les ovaires des femmes.

---

* C'est des testicules que l'hormone mâle, la testostérone, tient son nom.

** Aucun rapport avec Michael Jackson qui, tout en chantant, se remonte les couilles à pleine main, sans doute pour montrer qu'il « en » a, tout en cultivant un aspect androgyne.

En allemand, témoin se dit *Zeuge* ; le verbe *zeugen* signifie à la fois témoigner et engendrer, procréer. De ces deux sens dérivent deux noms voisins, *Zeugnis*, témoignage, et *Zeugung*, génération, procréation. Ce dernier mot a servi à former des noms composés touchant à la sexualité : *Zeugungsreife* désigne la maturité du point de vue de la procréation, c'est-à-dire la puberté ; *Zeugungstrieb* est l'instinct sexuel, et *Zeugungsunfähigkeit* l'incapacité à procréer, c'est-à-dire la stérilité, mais aussi, par un glissement de sens, l'impuissance, c'est-à-dire l'incapacité à bander, donc pour un homme à faire la preuve qu'il en est bien un, selon le cliché.

En anglais, il y a deux mots différents ; *testis* vient du latin, comme beaucoup de mots savants, tandis que *witness*, qui signifie témoignage, témoin ou témoigner, est d'origine anglo-saxonne.

De quoi témoignent les testicules ? De la masculinité, car seuls les hommes, comme les autres mammifères mâles, en sont dotés. Depuis le Moyen Âge, on raconte que tout pape nouvellement élu devrait subir un examen physique, afin d'éviter que se répète la mésaventure de la légendaire « papesse Jeanne », cette femme travestie qui se serait fait élire pape. D'où l'importance des « couilles du pape » dont on entend l'écho chez Rabelais : « car il a couilles, le Père Sainct [...] : aultrement ne seroit-il Pape[33] », ainsi que dans un juron de frère Jean : « par les saincts couillons du Pape[34] ! »

Les hommes ont des couilles : c'est une évidence banale. Pour ceux qui voient le masculin comme supérieur au féminin, cela devient, dans de nombreuses langues, un compliment, qui peut même être adressé... à des femmes ! Dans un film d'Irène Jouanet, *Dancing Nuage* (1995), un enfant que sa mère vient de défendre la félicite : « Maman, t'as des couilles* ! » Imaginez

* Cela fait penser à l'expression « porter la culotte », qui remonte

l'image inverse, une enfant admirative lançant à son père : « Papa, t'as des ovaires ! » De même pour l'expression se faire des couilles en or, qui signifie s'enrichir : serait-ce un privilège masculin ?

Dans *Le Flâneur des deux rives*, Apollinaire sourit en se rappelant une coquille de typographe « un jour que, dans un journal, il était question des fouilles de Mme Dieulafoy*[35] ». Pionnière de l'archéologie, Jane Dieulafoy avait obtenu l'autorisation exceptionnelle de porter cet attribut masculin qu'était le pantalon. Rien d'étonnant à ce qu'on ait pu lui en attribuer un autre !

En français familier, en avoir, avoir des couilles, ou des couilles au cul (où l'on retrouve le mot cul pour désigner de manière imprécise la zone sexuelle), c'est être plein de virilité donc de courage, vertu du « vrai homme » à laquelle ne peuvent prétendre que les meilleures des femmes. De même, au Québec, on dit « avoir des gosses », et en allemand *Eier haben* (avoir des œufs). L'anglais *he's got balls* (il a des couilles) est courant, ainsi qu'une expression voisine *he's got guts* ; *guts* signifiant entrailles, boyaux, tripes, on peut la rapprocher de l'expression française « avoir du cœur au ventre ». En Belgique, on parle de « faire une pesée », ce qui signifie prendre ses couilles dans la main et les soupeser pour bien montrer qu'elles sont lourdes.

Dans plusieurs langues, on insiste sur la grosseur des balles comme si c'était une mesure de la virilité : *to have big nuts* (avoir de grosses noix, en anglais) se dit en allemand avoir de gros œufs (*dicke Eier haben*) et correspond au français « être gonflé ». Au contraire, avoir des œufs mous, dans l'insulte allemande *Wei-*

---

au temps où les femmes n'avaient pas le droit de porter des pantalons. Elle voulait dire que la femme dominait son mari.

* Pour ceux qui ne comprendraient pas l'astuce, je précise : au lieu des « fouilles » de Mme Dieulafoy, on pouvait lire dans le journal le mot coquilles sans q.

cheier, c'est avoir des couilles molles. Comme n'avoir pas de couilles, cela désigne la lâcheté, c'est-à-dire, dans la culture machiste, le manque de virilité. D'où l'insulte plaisante rapportée par Erik Orsenna : « nain d'la couille[36] ! » Ou l'invite ironique de l'écrivaine Virginie Despentes aux « gars du CSA » : « Laissez-vous pousser les couilles[37] ! » façon imagée d'enjoindre aux membres – hommes et femmes – du Conseil supérieur de l'audiovisuel de faire preuve de courage en décidant de supprimer la publicité à la télévision !

Virilité souriante chez le dessinateur Siné, qui se décrit « avec déjà une couille dans la tombe[38] », en remplaçant le mot pied qui a souvent un sens sexuel.

C'est sans doute en espagnol que le mot couilles *(cojones)* a la plus grande variété d'emplois, des plus précis – « j'en ai les couilles violettes » pour dire qu'il fait froid – aux plus vagues, quand il se réduit à une exclamation de surprise. Il sert aussi à renforcer la phrase, comme « putain ! » en français ou *fuck !* en anglais, par exemple dans « il fait un froid de couilles ». Deux est le bon nombre, ni trop ni trop peu ; « ça vaut une couille » veut dire c'est trop cher (comme, en français, la peau des fesses), et « ça vaut trois couilles », ce n'est pas intéressant.

Cojones peut aussi être lié à la décision : « Je le ferai pour des couilles », c'est-à-dire sans hésiter ; à la difficulté : « Ça m'a coûté mille paires de couilles pour y arriver » ; au défi, surtout si on les pose quelque part : « Il a mis ses couilles sur la table » ; à la gêne : « Ça me touche les couilles, ça me prend aux couilles » ; à la paresse : « Il se touche les couilles, il se bat les couilles » ; à la fatigue : « Avoir les couilles carrées » ; à l'exaspération : « J'en ai jusqu'aux couilles » ou « j'en ai les couilles pelées à force de le répéter ».

On les utilise aussi pour parier : « Je me les coupe, si... », ou pour menacer : « Je vais lui couper les couilles ! » Parmi les adjectifs dérivés, *acojonado*, équivalant à sans couilles, désigne le poltron ; *descojonado* (découillé) signifie la fatigue, la satiété ; *cojonazo* est aussi méprisant pour un paresseux que couillasse, tandis que *cojonudo* correspond au compliment machiste qu'est couillu[39].

Virilité et masculinité

Pour les Romains, *homo* désigne l'être humain en général. Il se différencie en mâle et femelle, homme et femme. Un homme mâle « dans la plénitude du terme », selon le dictionnaire Gaffiot, se dit *vir*, car sa verge peut être en érection. En français, viril et virilité, apparus à la fin du XVe siècle, ajoutent un sens valorisant au mot masculin, né trois siècles plus tôt.

Et les femmes ? Quel nom donner à une adulte accomplie, à une femme dans la plénitude du terme ? Les Romains l'appelaient *virago* si elle était forte et courageuse, comme si la récompense suprême était d'accéder à la catégorie des hommes ! Dans d'autres cultures, le courage n'a pas de sexe ; le proverbe kurde l'affirme : « Le lion est lion, qu'importe qu'il soit mâle ou femelle. »

En français, virilité a d'abord désigné l'ensemble des organes génitaux masculins, puis au XVIIe siècle la puissance sexuelle de l'homme, enfin la fermeté ou l'énergie, valeurs que le sexisme moderne réserve de préférence aux hommes. Aujourd'hui encore, le mot viril est plus valorisant que le mot masculin. Inversement, ce serait un contresens d'employer viril pour dénoncer la violence ou la domination masculines.

Néanmoins, on persiste à dire viril à la place de masculin pour qualifier un élément biologique, par exemple dans l'expression ancienne « attributs virils », qui désigne les organes sexuels extérieurs des hommes. Quant aux dictionnaires les plus récents, ils rivalisent d'imprécision dans leurs définitions, ainsi que de préjugés sur la « normalité » masculine : en effet, ils opposent viril à efféminé. Pour le *Trésor de la langue française*, est viril l'homme « qui a un comportement sexuel, un instinct sexuel normalement développé ». Le *Robert* propose : « Qui a l'appétit sexuel d'un homme normal, qui a l'air mâle. »

Efféminé, qui vient de femme, a toujours un sens péjoratif : il signifie au minimum manquant de force et s'emploie quand on n'ose pas nommer l'homosexualité masculine. Efféminé : ce mot est au cœur du sexisme ; en effet, la même langue qui déprécie les femmes et le féminin ne valorise dans le masculin que son expression prétendument achevée : la virilité « normale », c'est-à-dire hétérosexuelle.

En anglais, il y a deux mots pour dire virilité : *virility*, qui vient du latin, et *manliness*, d'origine anglo-saxonne. Dans la traduction française de l'autobiographie de James Salter, écrivain nord-américain, on peut lire : « L'Europe me donna ma virilité. » Au cours d'une interview, l'auteur commenta l'emploi de ce mot par son traducteur. Lui, il avait écrit *manhood*, mot riche et complexe qui désigne le fait d'être un homme, *man* étant comme en français à la fois l'être humain et l'homme par opposition à la femme. « Je ne parle pas de virilité au sens sexuel, bien sûr. Ce serait plutôt une puissance. En anglais, je dis *manhood*, l'homme enfin réalisé, mature. L'Europe, comme l'armée, a fait de moi ce que je suis. Un homme. Un vrai, je crois. Avec, au cœur, des mots comme patience, justice, pitié, courage[40]. » Voilà ce qu'est selon moi un vrai homme !

En latin, le mot *vir* a évolué en prenant le sens de grand homme. Deux mille ans plus tard, il n'y a toujours pas, en français, d'expression équivalente au féminin*, car une grande femme est grande par la

---

* D'où le problème que pose l'entrée de femmes au Panthéon, où se trouvent depuis le XVIIIe siècle les tombeaux de Français offerts à l'admiration des foules. Comment compléter la devise qui

taille et non par les mérites. Pour qualifier une femme remarquable, on ne dispose que de super-femme ou de l'américain *superwoman*, qui désignent plutôt une femme très active et bien organisée. Quant au mot virago, passé en français avec le sens de femme robuste et courageuse, il a peu à peu, à partir du XVIIe siècle, perdu son caractère élogieux et en est venu à désigner une mégère d'allure masculine. La virago et l'efféminé font couple ; leur faute : différer des clichés attachés à leur sexe.

Dans une société machiste, le plus grand éloge qu'on puisse faire d'une femme consiste, comme du temps des Romains, à lui offrir d'échapper à son statut féminin inférieur, d'accéder symboliquement à celui de « vrai mec », de « sacré couillard », tels les bons compagnons « bien couilluz[41] » de Rabelais, et même de fille « burnée », selon l'expression d'un magazine français pour adolescentes* : comme si la bravoure ou la détermination ne se conjuguaient qu'au masculin ! De même, en russe, si elle est « avec des œufs », c'est qu'elle « en a ». Autre exception, la torera française Marie Sara, l'une des très rares admises à affronter les taureaux dans l'arène, a été surnommée *Doña Cojones* (Dame Couilles).

C'est le même genre de « compliment » qu'on adresse à des femmes de pouvoir, qu'elles soient à la tête d'un État ou d'une entreprise ; comme si occuper un poste jusqu'alors masculin revenait à se faire greffer des couilles symboliques, l'équivalent du bizarre « Madame le directeur » ! À quoi la sagesse populaire réplique vertement : « Si ma tante en avait, on l'appellerait mon oncle ! »

---

figure au fronton : « Aux grands hommes la patrie reconnaissante » ? « … et aux petites femmes », comme le proposaient avec humour des féministes ?

* « Les filles ont prouvé qu'elles pouvaient être aussi "burnées" que nos amis les machos[42]. »

Tendres ou moqueurs ?

Parmi les nombreux mots dérivés de couille, couillu s'oppose à couillon. Le premier est toujours élogieux, du côté de la virilité traditionnelle, tandis que le sens du second a évolué de la tendresse vers la moquerie.

Aucun auteur n'a autant que Rabelais joué avec le mot couillon et ses proches, en un plaisant chapelet parsemant son œuvre. C'est le géant Grandgousier appelant tendrement son fils Gargantua « mon petit couillon[43] » ; c'est Gargantua manifestant son affection à son fils Pantagruel, avec des « mon coillon, mon peton[44] » ; ce sont les nombreux passages où frère Jean, Panurge, Pantagruel et d'autres usent entre eux de « couillette », « mon petit couillaud », « bons couillaux », « couillasse » et autres gentillesses[45]. Il y a des nuances plaisantes entre ces mots, mais leur sens, à cette époque, n'est pas négatif.

Quand frère Jean dit à Panurge : « Pour l'amour de toi, couillette[46] », c'est en toute cordialité qu'il emploie ce diminutif féminin. J'en entends l'écho dans les sonores « Salut, ma couille ! » que lance mon fils à ses copains, en écho au film *Les Visiteurs*, avec son héros Jacquouille la Fripouille. On peut les rapprocher d'appellations familières et bienveillantes comme « mon grand » ou « ma grande », « mon petit » ou « ma petite », sans rapport avec la taille de la personne.

Dans trois passages du *Tiers Livre*, Rabelais aligne des listes fantaisistes de couillons de toutes sortes ; il emploie des mots qui ne sont pas tous compréhensibles aujourd'hui, mais dont l'accumulation produit un effet comique. C'est ainsi que Panurge traite frère Jean de « couillon velouté, couillon claustral et cabalicque ». Plus loin, c'est une litanie de mots doux, parmi lesquels « couillon mignon, couillon exquis, couillon désiré », suivie d'une autre utilisant des verbes qui veulent dire faire l'amour, pour des animaux ou pour l'homme : « couillon belutant, couillon baudouinant, couillon culbutant, couillon masculinant », etc. Enfin, dans une dernière série, couillon est accompagné d'adjectifs désignant un triste état : morfondu, vuidé, chagrin, éviré, usé, dégradé, perclus, etc.[47].

L'évolution du mot couillon vers un sens négatif se perçoit dans une phrase célèbre du *Cinquiesme Livre*, dernière œuvre de Rabelais. Il s'agit de la lettre reçue par Pantagruel et ses compagnons lors de leur visite à l'Isle sonante : « Amys, vous notterez que par le monde y a beaucoup plus de couillons que d'hommes, et de ce vous souvienne[48] ! » Homme signifie ici homme accompli, sage, avisé, par opposition à couillon qui a pris peu à peu le sens de mou, peureux, un peu sot. C'est d'abord l'italien *coglione* qui a évolué ainsi à partir du XVIe siècle, puis il a influencé le français.

À cette époque, on disait en français couille au sens d'homme lâche. Rabelais employait déjà « couille molle » pour qualifier un homme sans énergie[49]. Cette insulte, qui signifie lâche ou peureux, est restée courante jusqu'à nos jours. Elle est utilisée dès le plus jeune âge, comme on peut le lire dans *La Guerre des boutons*, qui oppose deux bandes de garçons, les « peigne-cul » de Velrans aux « couilles molles » de Longeverne. Au début du livre, ces derniers s'interrogent sur le sens à donner à « couille molle » : « Sûrement que ça veut dire qu'on est des pas grand-chose[50]. » Les enfants d'aujourd'hui ont aussi à leur disposition l'expression « pesticules pourrites » chère à Titeuf, le personnage du dessinateur Zep, ou « mortes couilles », qui figure dans une liste d'injures adressées à des gendarmes et publiées dans la presse[51].

Si « une couille molle », toujours employée au singulier, est une insulte, c'est que l'énergie ou le courage ne suffisent pas à faire un homme véritable ; pour les obsédés de l'érection ferme, il y faut encore de la dureté, morale et physique. D'où l'expression « il me casse les couilles » ou par écrit, quand le mot entier gêne, « les c… », ou encore les burnes ou les burettes, pour dire : il m'agace, il m'exaspère. De même pour les insultes casse-couilles, en italien *rompiscatole* (*scatola* signifie boîte) ou *rompiballe*, et en anglais *ballbreaker*. En français, le mot couilles est souvent remplacé par un pronom : « Il me les casse, il me les brise, il me les hache menu », etc., ou un autre nom, comme dans l'expression ancienne « il me casse les parties ». Une injure très courante, casse-pieds, employée innocemment par bien des filles et des femmes, permet d'éviter un gros mot : on a oublié le sens sexuel de pied, bien connu pourtant dans le très courant « prendre son pied » (jouir).

En 2002, on a beaucoup parlé en Italie de l'insulte *rompiballe*. Un juge a annulé l'amende d'un conducteur qui l'avait employée pour en injurier un autre[52], au motif que le langage ordurier était « entré dans les mœurs ». Il n'empêche que, dans des circonstances dramatiques, ce même mot a été jugé inadmissible ; à propos de Marco Biagi, économiste assassiné par des terroristes le 19 mars 2002, le ministre de l'Intérieur, Claudio Scajola, a osé dire en public : « Il n'était qu'un casse-couilles qui faisait pression pour obtenir le renouvellement de son contrat de consultant. » La déclaration a fait scandale et le ministre a dû démissionner[53].

Casser, c'est briser, mettre en morceaux quelque chose de dur. Même si les roustons durcissent un peu pendant l'excitation sexuelle, ils restent souples et doux au toucher. Si on parle des organes réels, c'est le verbe écraser qui conviendrait. Par exemple : « Tu m'écrases les burnes » traduit une sensation physique ; au contraire : « Elle est casse-bonbons » concerne les couilles au sens figuré.

Une opposition du même type explique comment le sens de « en avoir » s'est éloigné de celui de couillon ou couille, en français tout comme en anglais ou en italien.

Avec des noms plaisants comme attrape-couillon, qui signifie tromperie, ou promène-couillons, par exemple pour désigner un véhicule destiné à des touristes, on se moque de la naïveté des autres. Quand on qualifie un ennui de « couille dans le potage » (*a cock-up* en anglais), quand on parle de « partir en couille » au sujet d'une action qui se termine mal, et même quand on dit : « C'est de la couille », ou « de la couille en branche » à propos d'une chose sans valeur, la critique reste modérée. Lors d'un match décisif de la Coupe du monde de football masculin[54], j'ai entendu mon fils crier : « Putain ! Quelle couille ! » La faute du joueur était donc moins grave que s'il avait dit : « Quel con ! »

Dans couille ou couillon, il entre toujours un peu d'affection, surtout dans le Midi, et jamais autant de mépris que dans con et ses dérivés. « Je m'en bats les couilles », ou : « Ça m'en touche une sans bouger l'autre » sont des expressions plus visuelles, plus originales que « je m'en fous », dont on ne perçoit plus le sens sexuel. Enfin, couillonner quelqu'un, c'est-à-dire le tromper, a un sens un peu moins fort que le niquer ou le baiser.

De même, des mots liés à la verge comme banane, gland, ou tête de nœud veulent dire imbécile, abruti, mais ne sont pas des insultes aussi graves que sale con ou connard. On peut reprocher à une personne maladroite, sans l'offenser, de s'y « prendre comme un manche ». Traiter quelqu'un de glandeur ou de glandouilleur n'est pas un jugement très sévère : glander, qui voulait dire ramasser des glands, des fruits de peu de valeur, signifie aujourd'hui traîner sans rien faire d'intéressant.

En anglais, *prick*, nom familier de la verge, veut aussi dire idiot, comme bitard en français, ou *huj* en polonais. Il n'est pas aussi grossier que *cunt* (con), mais aux États-Unis il est beaucoup plus utilisé comme insulte, de même que *dick* (crétin), ou *dickhead* (tête de nœud).

Aux États-Unis, un mot familier pour qualifier des âneries, *boloney*, est une allusion à la verge : il vient de *Bologna sausage*, spécialité de la ville de Bologne, en Italie. C'est un saucisson de diamètre imposant, appelé mortadelle. En italien, un nom familier de la verge, *cazzo*, est aussi une insulte très courante, ainsi que les dérivés *cazzone* (gros *cazzo*) ou *cazzata* (foutaise, sottise). Dans le sud de l'Italie et en Sicile, *minchia*, autre surnom de la verge, et *minchione* (grosse *minchia*) désignent aussi un homme stupide. C'est en français qu'on atteint un sommet avec le si expressif « con comme une bite ».

« Mon cul ! » disait Zazie. De même : « Mes couilles ! » est une façon, généralement masculine, d'opposer un refus énergique comme : « Peau de zob », ou des expressions utilisant des choses sans valeur, comme : « Des clous ! » ou : « Des nèfles ! » La nèfle, fruit rond, signifie aussi le cul en argot, et le clou a la forme d'une verge. On entend une équivalence entre une personne minable et les organes sexuels masculins dans « cet abruti de mes deux » et ses variantes : de mes couilles, de mon zob, ou de mon cul. Serait-ce un effet de la complexité, ou des contradictions tissant les relations que les hommes entretiennent avec leurs organes sexuels ?

On ne plaisante pas

« Je veux bien qu'on me les coupe » est le refrain d'une chanson grivoise*. Quand ils sont sûrs de leur fait, certains hommes prennent le risque de cette proclamation, tel un de mes amis à qui sa famille répond

* C'est-à-dire osée, obscène. Grivois vient du nom masculin grive, qui signifie soldat en argot.

en chœur : « Des promesses, toujours des promesses ! »

Quant à l'expression : « Ça te la coupe ! », dans laquelle on peut entendre une allusion sexuelle, elle signifie stupéfier quelqu'un, l'arrêter dans son élan ; à l'origine, il s'agissait de la chique, un morceau de tabac qu'on mâche : c'est comme si la surprise l'avait coupée net. On exprime ainsi son contentement devant la stupéfaction de l'autre, et le sens est plus fort que celui de « ça te coupe le sifflet », « je t'ai cloué le bec », ou encore « ça t'en bouche un coin », dont le sens sexuel n'est pas toujours perçu.

Couper les couilles ne s'emploie guère au sens figuré. Le sujet est grave. Selon le raisonnement machiste, un homme qui n'« en » a pas n'est pas un homme. S'il n'« en » a plus, il n'est plus rien, il est pire : un moins-que-rien.

Ces mots recouvrent une violence bien réelle, attestée dans toutes les guerres. Par exemple, la folie sanguinaire des guerres de Religion au XVIe siècle : on rapporte que des catholiques, lors des massacres de la Saint-Barthélemy, le 23 août 1572, s'acharnaient sur les corps de protestants ; ils coupaient leurs organes sexuels, ils leur ouvraient le ventre et en enlevaient les entrailles parce que, selon eux, c'était là que résidait le diable[55].

Autre guerre, même cruauté : l'écrivain Daniel Zimmermann, qui a fait son service militaire pendant la guerre d'Algérie, raconte que des expressions comme couper les couilles, ou la bite, aux ennemis revenaient souvent dans les conversations des soldats français[56]. Tel avait été le sort subi, à Palestro, en mai 1956, par une vingtaine de leurs camarades, à peine débarqués de métropole et tombés dans un guet-apens.

Même si cette mutilation sur le cadavre d'un ennemi est interdite par les conventions internationales qui tentent de civiliser la guerre, cette pratique reste répandue dans le monde entier. Cela revient, analyse l'historienne Raphaëlle Branche, à « signifier une seconde fois sa défaite [à l'homme tué]; prendre les armes, c'est faire preuve de virilité; placer dans la bouche des cadavres leurs parties génitales, c'est les rendre grotesques et leur manifester un ultime mépris[57] ».

À la suite des guerres dans l'ex-Yougoslavie, un policier serbe, Du ?an Tadi ?, a été condamné en 1995 pour crime contre l'humanité : il avait torturé deux prisonniers bosniaques, contraignant l'un à arracher avec ses dents les testicules de l'autre. C'est aussi dans l'ex-Yougoslavie que, pour la première fois, une pratique aussi ancienne que la guerre a été revendiquée publiquement : des soldats violaient des femmes ennemies pour les féconder. Le Tribunal pénal international a jugé que c'était un crime contre l'humanité. Ces deux atrocités, castration et viol en vue d'une grossesse, sont liées symboliquement : il s'agit de prendre la virilité de l'ennemi, et aussi de prendre sa place dans le vagin de sa femme, de détruire l'autre et de substituer son propre sperme à celui du vaincu.

De nombreuses légendes décrivent un héros ou un roi victorieux mangeant les parties génitales de son adversaire pour absorber sa force, pour s'approprier son pouvoir viril. La même pratique est attestée dans certaines ethnies, par exemple les Indiens Guayaquil[58].

Ce n'est pas seulement aux hommes tués qu'on coupe un organe symbolique pour en faire un trophée, une marque de victoire : à la fin de la corrida, le président peut accorder au torero méritant les deux oreilles et la queue du taureau. Il ne suffit pas que le taureau soit tué, il faut encore le priver de sa virilité en lui enlevant des éléments dont la forme fait penser à celle des organes sexuels. Le chanteur Philippe Val le ressent ainsi quand il raconte sa fuite devant une femme passionnée de tauromachie : « J'aurais peur de me réveiller / Sans les deux oreilles ni la queue[59]. »

De même que des tribunaux islamistes condamnent

des voleurs à avoir la main coupée, de même, couper les couilles à un homme qui a eu un comportement sexuel déviant, c'est le punir par où il a péché. Au Sikkim, petit royaume himalayen, c'est ainsi qu'on punit des hommes adultères, avec en outre l'obligation pour les condamnés de payer en or l'équivalent du poids de leurs organes[60]. En France, la victime la plus célèbre est Pierre Abélard, théologien du XIIe siècle : devenu l'amant d'Héloïse, il subit ce châtiment sur ordre de l'oncle de la jeune femme, le chanoine Fulbert.

En traduction populaire, c'est l'explication que donne Panurge à Pantagruel. Que ferait-il à l'homme qui le rendrait cocu? « Je vous luy coupperay les couillons tout rasibus du cul[61]. » Plus loin, pour indiquer le résultat de l'opération, qui rend « impotens à l'esbatement vénérien », Rabelais emploie les mots escouillé, c'est-à-dire à qui on a enlevé les couilles, et éviré, privé de sa virilité[62], mais ces mots ne sont pas restés dans la langue : on dit plutôt châtré ou émasculé.

Pour le plaisir des autres

Cette mutilation a aussi été pratiquée, non pour punir des coupables, mais pour assurer le confort ou le plaisir des puissants. C'est le cas des eunuques dans les empires ottoman ou chinois, et des castrats en Italie. En Chine, ils étaient chargés de l'administration des palais et de différents services[63]. Dans l'Empire ottoman, les eunuques – leur nom vient du grec et signifie gardien du lit – avaient pour mission de surveiller les femmes des sultans; c'étaient souvent des Noirs, et ils étaient les seuls hommes admis dans les harems où vivaient épouses et concubines. En effet, ils étaient stériles, d'où l'expression arabe : « Quand le fils de l'eunuque sera grand », équivalant à : « Quand les poules auront des dents. » Ils étaient opérés par des chrétiens ou par des juifs, l'islam interdisant cet acte à des musulmans.

À partir du XIXe siècle, le mot a été employé au sens figuré pour qualifier un homme impuissant ou sans énergie. Il s'emploie toujours, par exemple pour opposer un critique à un artiste ; j'ai ainsi entendu à la radio ce jugement d'un chef sur les critiques gastronomiques : « C'est comme des eunuques : ils savent, mais ils ne peuvent pas[64] ! » Le mot ne s'applique qu'à des hommes, à l'exception d'un livre important de Germaine Greer (1971), qui a pour titre *The Eunuch Woman (La Femme eunuque)* ; l'auteur y montre comment les femmes sont mutilées physiquement et intellectuellement par la famille traditionnelle et par la société machiste.

Les castrats, chanteurs italiens très appréciés pour la beauté de leur voix aiguë, étaient castrés avant la puberté : privés des hormones sexuelles produisant à l'adolescence des modifications dans le corps, ils ne muaient pas et conservaient leur voix d'enfant. Pourquoi cette pratique cruelle ? À partir du IVe siècle, on interdit aux femmes de chanter dans le chœur des églises, à cause de leur prétendue impureté, notamment en période de règles. Dès lors, comment disposer de voix aiguës sans s'encombrer de corps impurs ? La solution fut de sacrifier de jeunes garçons : jusqu'à la fin du XIXe siècle, des milliers d'entre eux furent opérés ; certains en moururent et beaucoup ne chantèrent pas. Le dernier castrat s'est produit à la chapelle Sixtine, au Vatican, au début du XXe siècle.

La langue en a gardé une trace avec l'expression « une voix de châtré », à propos d'un homme à la voix plus aiguë que la moyenne. Aux XVIIe et XVIIIe siècles, plusieurs de ces chanteurs à la belle voix puissante et troublante connurent une gloire internationale. Dominique Fernandez a raconté la vie de l'un d'eux dans son livre *Porporino ou les Mystères de Naples*, et

Gérard Corbiau en a mis un autre en scène dans son film *Farinelli*.

Des compositeurs écrivirent spécialement pour eux, par exemple Haendel avec les airs pour Senesino. Il reste de cette époque des rôles d'opéra qui doivent aujourd'hui être chantés par des femmes, ou par des hommes en voix de tête, dans le registre aigu du ténor ; ils sont appelés contre-ténors ou hautes-contre (abréviation de ténor haute-contre). La première fois qu'on écoute cette voix étrange, ambiguë, qui tient de l'homme et de la femme, on se demande de quel sexe est le corps qu'elle habite, d'autant qu'en France, l'un des plus connus, Dominique Visse, porte un prénom épicène*. Alfred Deller, cofondateur de l'ensemble Deller Consort, qui a fait connaître au grand public cette voix, était barbu. Avec un humour tout britannique, il racontait qu'une admiratrice, s'imaginant qu'il avait subi une opération aux cordes vocales, lui avait dit, en désignant cette barbe : « C'est pour cacher la cicatrice ? »

Mozart a choisi une basse pour le rôle de l'eunuque Osmin dans *L'Enlèvement au sérail* : cela reste pour moi un mystère.

Et sur les animaux mâles ? Cela s'appelle châtrer. Au début du XXe siècle, les médecins ont formé le mot castrer, qui a le même sens et la même origine latine. Castration existe depuis le XIVe siècle, mais châtrer ne semble pas avoir engendré de mot.

Cette opération est pratiquée sur presque tous les animaux domestiqués par l'homme, car seuls certains mâles, choisis pour leurs qualités, sont utilisés pour féconder des femelles. Privés de testostérone, les autres engraissent : c'est ainsi qu'on transforme de jeunes taureaux agressifs en bœufs placides destinés à la boucherie.

---

* Qui a la même forme au masculin et au féminin (du mot grec qui signifie possédé en commun).

Ce que le vétérinaire a coupé, avec des pinces de taille impressionnante, n'est pas perdu. En effet, on mange des testicules d'animaux. En France, ils sont vendus sous un autre nom, pour ménager la pudeur des acheteuses en évitant d'employer un mot sexuel. Les triperies, ou certains restaurants, proposent en effet des « rognons blancs », de couleur claire, qui n'ont en commun avec les rognons, les reins des animaux, que leur forme arrondie : ce sont des testicules de bélier ou de taureau. De même, ceux de coq, les amourettes, servent pour des garnitures, et sont appelés rognons de coq. Autrefois, on n'osait pas non plus les manger sous leur nom, comme on peut le déduire de cette insulte entre des garçons de *La Guerre des boutons* : « [rappelle-toi quand ta mère] demandait les sacs au châtreur de taureaux pour te les faire bouffer en salade[65] ! » où on retrouve le mot sac pour nommer les bourses. Au contraire, la cuisine russe n'a pas cette pudeur : le héros d'un roman de Nabokov se souvient des plats que préparait sa mère, parmi lesquels les « bourses de bœuf[66] ».

Parmi les animaux domestiques, les mâles sont donc de deux sortes, quelques-uns « entiers », et tous les autres « coupés ». Chez les chevaux, l'étalon (dérivé du mot francique qui veut dire écurie) s'oppose au hongre ; ce mot vient de Hongrie, pays où est née au Moyen Âge la pratique de castrer des chevaux pour les rendre plus dociles et aptes aux travaux agricoles. On appelle aussi hongre l'âne castré ; le mâle entier est l'âne étalon, ou le baudet, qui vient d'un mot d'ancien français signifiant ardent, lascif, car telle était la réputation de cet animal[67]. Pour désigner certains mâles, il faut donc choisir entre deux mots : le coq étalon et le chapon, le verrat et le porc, le bélier et le mouton.

Pour les animaux les plus familiers, les chiens et les chats, il est courant de nos jours de faire châtrer les mâles pour s'assurer de leur tranquillité. Dans le langage populaire, on parle de raccourcir un chat ou un chien*. Le chat entier est appelé matou, par opposition à chat coupé, mais il n'existe pas de mot équivalent pour le chien, et il faut ajouter « mâle opéré ou non[68] ». En anglais, on utilise le pronom féminin *she* (elle) à propos d'un chat mâle coupé, comme si un mâle sans organes sexuels devenait une femelle !

On emploie parfois matou au sens d'homme plein de désir, et chapon est une insulte qui signifie impuissant. Peut-on transposer les effets de la castration de l'animal à l'homme ? Pour transformer des mâles violents ou violeurs en hommes doux et gentils, suffirait-il de leur couper les roupettes ? La question, parfois soulevée dans l'émotion d'affaires de viol qui scandalisent l'opinion, est sans objet dans les démocraties du XXIe siècle, où l'État s'interdit des châtiments aussi cruels. L'opération a pourtant été pratiquée couramment jusqu'au siècle dernier. Émile Pouget, anarchiste du XIXe siècle, proposait même de « chaponner » les « ensoutanés » (les religieux) que « leur vœu de chasteté prédispose à toutes les cochonneries[69] ». On débat aujourd'hui d'une castration dite chimique, avec des médicaments diminuant le taux de testostérone. Outre que le mot castration ne convient pas, car elle n'est pas définitive, cela ne réduirait pas les pulsions : en effet, les délinquants ou criminels sexuels ne produisent pas plus de cette hormone que les autres hommes.

De la castration réelle…

Les mythes des ogresses et des mangeuses d'hommes traduisent l'angoisse masculine de la castration et sont liés notamment à la peur de la sexualité féminine. Ce que racontent d'autres mythes, bien plus nombreux, ainsi que des rituels du monde antique, est

---

* Raccourcir un homme – expression datant de la Révolution française –, c'est lui couper la tête.

à l'opposé : ce sont des hommes qui ont castré d'autres hommes, ou qui se sont castrés eux-mêmes.

L'un des plus anciens mythes grecs raconte la révolte de Cronos contre son père Ouranos. Selon Hésiode, l'union entre Ouranos (le Ciel) et Gaïa (la Terre) était trop étroite. Ouranos avait pris en haine les fils qui en étaient nés, les Titans, et il les maintenait dans les profondeurs de Gaïa, qui étouffait sans pouvoir les laisser monter à la lumière. C'est pour établir une bonne distance entre le Ciel et la Terre, pour les séparer afin que leurs enfants voient le jour, que Cronos, l'un des Titans, parvenu à sortir, châtra Ouranos avec une « longue serpe aux dents aiguës ». « Il faucha les bourses de son père, pour les jeter ensuite, au hasard, derrière lui. » Elles tombèrent dans la mer ; une blanche écume en sortit et « de cette écume une fille se forma », la déesse Aphrodite, à laquelle firent cortège Éros (l'Amour) et Himéros (le Désir). Son privilège, parmi les hommes comme parmi les Immortels, fut « le plaisir suave, la tendresse et la douceur[70] ».

Dans toutes les cultures, des mythes illustrent le thème connu par le nom d'Œdipe : il a pour trame la révolte d'un fils contre un père qu'il tue ou castre avant d'épouser sa propre mère. On peut en rapprocher la légende de Samson dans la Bible : lui couper les cheveux, dans lesquels résidait sa force, et l'aveugler reviennent à le castrer.

Bien plus nombreuses sont les légendes traitant de l'autocastration d'un dieu ou d'un héros. Cela s'explique peut-être par un désir masculin d'acquérir la puissance féminine de création, l'écoulement de sang rappelant celui des règles. La légende antique la plus célèbre est celle d'Attis (Atis ou Atys) ; liée au culte de Cybèle, la grande déesse de Phrygie (région de l'actuelle Anatolie, en Turquie), elle s'est répandue chez les Grecs, puis chez les Romains. Alors qu'Attis était engagé au service de la déesse, il commit la faute de se marier avec une Nymphe. Il en fut puni : pris de folie dans la chambre nuptiale, il s'enfuit et se castra, saignant de sa blessure jusqu'à en mourir. Flaubert décrit la scène dans *La Tentation de saint Antoine*, avec ce cri d'Atis : « Que ne suis-je femme ! […] Ma virilité me fait horreur ! » et cette image qu'on dirait sortie d'un film d'épouvante : « Avec une pierre tranchante il s'émascule, puis se met à courir furieux, en levant dans l'air son membre coupé[71]. »

À Rome, le culte rendu à la Grande Mère selon un rituel phrygien était accompli par des prêtres étrangers, les galles, dont certains s'étaient castrés eux-mêmes avec un tesson de céramique au bord tranchant*. Rabelais les mentionne en jouant sur les mots, car le nom qu'il leur donne, « Gals escouillez[73] », peut signifier aussi coqs châtrés (*gallus* veut dire coq en latin).

Depuis près de deux mille ans, on débat d'une phrase de l'Évangile de Matthieu, où il est question des eunuques « qui se sont rendus tels en vue du Royaume des Cieux** ». Pour mieux lutter contre les tentations de la chair, quelques-uns des premiers chrétiens, tel le théologien Origène, procédèrent à cette mutilation. L'Église a interdit ensuite cette pratique et elle a refusé de canoniser Origène à cause de son « auto-éviration ».

Le phénomène a resurgi au XVIIIe siècle dans la région d'Orel, en Russie, avec la secte des Skoptsy (pluriel de *skopets*, castrat), persécutée à partir de 1772 par Catherine II, puis par ses successeurs et aussi par la hiérarchie orthodoxe. C'était un mouvement de masse qui attira des centaines de milliers de personnes

* Le latin distingue les *castrati* (ayant subi une castration totale) des *spadones* (aux testicules coupés) et des *thlasiae* (aux testicules broyés, écrasés)[72].

** « Il y a en effet des eunuques qui sont nés ainsi du sein de leur mère, il y a des eunuques qui le sont devenus par l'action des hommes, et il y a des eunuques qui se sont rendus tels en vue du Royaume des Cieux » (Matthieu, 19, 12).

vivant dans des communautés, dont les dernières furent dispersées vers 1930.

Au cours de cérémonies qui les mettaient en état de transe et d'extase, des hommes se coupaient les testicules et parfois aussi la verge, tandis que des femmes se coupaient les seins et, pour certaines, les lèvres de la vulve et le clitoris. Selon les Skoptsy, le Mal résidait dans la beauté physique et dans la sexualité. Pour supprimer le désir, cause du Mal, il fallait passer par la castration, considérée comme un « baptême par le feu », une rédemption amenant à la contemplation de Dieu. Elle seule purifiait le corps et l'âme, permettait d'atteindre la perfection sur terre, et garantissait l'accès au Royaume des Cieux après la mort[74].

... à l'émasculation symbolique

Depuis un siècle, on emploie de plus en plus dans un sens figuré un mot qui signifie aussi castrer : émasculer. Il vient du mot latin qui veut dire mâle, précédé du é (le *ex* latin) qui indique la privation. Émasculer un homme, au sens propre, c'est lui ôter les testicules, ce qui le rend stérile. Certes, cela modifie son apparence, mais sans changer son identité sexuée. De même, une femme à qui, pour des raisons de santé, on enlève l'utérus ou un ovaire (ou les deux) reste une femme, et elle peut continuer à avoir une vie sexuelle, à ressentir du désir et du plaisir.

Les eunuques ou les castrats d'autrefois n'en étaient pas moins des hommes, et c'est aussi le cas d'hommes qui ne peuvent pas ou plus bander. En effet, leur masculinité ne dépend ni de leur fécondité, ni de leur sexualité, ni de leur capacité d'érection ; elle est inscrite de manière indélébile dans chacune de leurs milliards de cellules. Chez tous les êtres humains, les cellules contiennent vingt-trois paires de chromosomes, dont l'une est dite sexuelle, car elle détermine le sexe ; sauf de rares exceptions, ce sont deux petits bâtonnets qui ont été appelés XY pour ceux des hommes, et XX pour ceux des femmes, à cause de leur aspect*. Un homme qui veut changer de sexe peut se faire enlever des organes sexuels masculins et prendre des hormones féminines : cela change son apparence sans modifier ses cellules.

Émasculer un homme, au sens figuré, c'est lui retirer sa vigueur ou les autres caractères définissant la virilité. C'est une image forte, souvent employée par des hommes qui sentent leurs privilèges menacés. Par exemple, le journaliste français Christian Blachas exprimait ainsi sa peur d'une loi que nous, féministes, nous demandons depuis les années 1970, pour lutter contre le sexisme des publicités françaises : « Une loi répressive constituerait un grave danger pour la liberté d'expression (fût-elle publicitaire), une émasculation de la créativité, et des contraintes supplémentaires [...][75]. » « Émasculer la créativité » des publicitaires : que de grands mots dans cette envolée qui englobe les femmes de cette profession dans les porteurs de couilles !

Dans le même registre, un article de Philippe Kieffer, intitulé « Écrans castrés à France Télévisions[76] », accumule les images de sexualité entravée pour dénoncer la politique du gouvernement au sujet de la télévision : on y lit trois fois le mot castration, qualifiée de « mineure », « complémentaire » et « suprême », ainsi que d'autres expressions à connotation sexuelle : « volonté castratrice », « amputer un projet », « le ministre conduit le P-DG à l'impuissance », « stratégie du sécateur financier », et « progéniture numérique » !

C'est dans cette zone si fortement symbolique que certains se sentent atteints quand la jalousie les prend, par exemple l'écrivain George Orwell écrivant à pro-

* Dans des cas exceptionnels, le sexe chromosomique n'est pas le même que le sexe génital.

pos d'*Ulysse*, le chef-d'œuvre de James Joyce : « J'aimerais mieux ne pas l'avoir lu. Cela me donne un complexe d'infériorité. Quand je lis un livre comme ça, je me sens un eunuque[77]. » Comment la réussite d'un confrère pourrait-elle lui ôter sa virilité ? C'est que pour lui aussi la puissance créatrice se traduit en images sexuelles.

Quand des femmes se révoltent contre leur statut inférieur dans la société, quand elles protestent contre les injustices et contre les violences masculines, des hommes réagissent en employant ces mêmes images. Craignent-ils de perdre un pouvoir qu'ils savent injustifié ? Plutôt que de débattre d'idées, ils lancent des accusations qui ne font qu'exprimer leur peur de perdre leurs privilèges. Ainsi, au début du Mouvement de libération des femmes en France, l'écrivain Jean Lartéguy avait-il déclaré : « Parce qu'elles n'en ont pas, les femmes veulent aujourd'hui qu'on coupe leurs génitoires aux hommes. Au nom de l'égalité des sexes[78]. » N'est-ce pas projeter son agressivité sur l'autre, exprimer son angoisse ? En outre, prétendre que la menace vient des femmes est une façon de justifier les violences contre elles.

Jusqu'au début du XXe siècle, on a accusé les femmes d'amollir les hommes par leur tendresse ; pour devenir un « vrai » homme, il fallait quitter leurs jupes, rejeter leur séduction trompeuse. Aujourd'hui, on se plaint : les femmes modernes seraient trop dures, trop énergiques. Combien d'hommes rêvent d'une partenaire docile et indulgente, d'une gentille petite poupée soumise ! Quand on dit à un macho qu'il doit renoncer à quelque chose, sa réaction signifie souvent : « Tu me castres. » Au lieu d'admettre que les choix, à toutes les étapes de la vie, font partie de la condition humaine, il rend l'autre responsable de sa frustration.

Les femmes féministes ne cherchent pas à prendre la place des hommes en inversant les rôles traditionnels ; elles demandent la justice, l'égalité et un partage équitable des responsabilités. Quant aux peurs touchant aux organes sexuels masculins, Germaine Greer a apporté cet argument irréfutable : « Le tabac, la consommation d'alcool et les médicaments ont un effet démontrable sur la fonction érectile. Le féminisme, aucun[79]. » Ce que mon amie Benoîte Groult exprime magnifiquement : « Le féminisme n'a jamais tué personne. Le machisme tue tous les jours[80]. »

CHAPITRE XIV
La bonne taille

Démesure machiste

She had a small juicy cunt, which fitted me like a glove (« Elle avait un petit con juteux, qui m'allait comme un gant »). La féministe nord-américaine Kate Millett commence son essai *Sexual Politics (La Politique du mâle)* (1970) en citant un extrait de *Sexus*, livre à scandale de Henry Miller publié officiellement en 1965 après des années de diffusion sous le manteau[1]. Elle analyse les principaux éléments de ce passage, en montre le sexisme, mais sans s'attarder sur cette phrase, où elle ne relève pas le mot petit.

Le narrateur, qui ressemble beaucoup à Miller, se présente comme un super-mâle aux aventures sexuelles multiples ; il est doté d'un engin qu'il qualifie avec satisfaction de *thick rubber-hose* (grosse lance à incendie)[2]. Il décrit les femelles en adoration devant son engin. Pourtant, si le « petit con » en question lui va « comme un gant », ou plutôt comme un doigt de gant, c'est donc que son propre engin est lui aussi petit, en tout cas pas plus grand qu'un doigt. Emporté par son élan, Miller n'a pas pris garde qu'en rapetissant le fourreau, il dévalorisait son propre sabre.

En effet, selon les machos, un homme qui « en a » doit se balader la brouette, c'est-à-dire disposer d'une panoplie de taille impressionnante, qui témoigne de sa puissance. Il est donc équipé de « grosses noix », ou de « gros œufs », compléments d'une trrrrrès grrrrrrosse et trrrrrès longue lance à incendie, toujours prête à l'emploi. Sinon, mieux vaut qu'il écoute le proverbe russe : « Ne te vante pas de tes couilles, si ta queue est petite ! »

Le macho cherche à se faire passer pour un « vrai homme », ce qui signifie pour lui une bête de sexe. Il essaie donc de convaincre les foules qu'il dispose de tout l'attirail en taille maximale. Par exemple, une affiche annonçant un spectacle du comique Jean-Marie Bigard représentait un slip masculin déformé par un monstrueux service trois-pièces[3]. Le slogan « Bigard bourre Bercy » assimilait cette immense salle de quinze mille places à un vagin géant que ce monsieur avait la prétention de combler tout seul grâce à son baobab ! L'affiche de Johnny Halliday pour un spectacle dans la même salle était plus généreuse : « Johnny se donne à Bercy. »

Que cherchent les hommes qui insistent aussi lourdement sur le volume de leurs appendices ? Dans la proclamation de ce soi-disant « bourreur de salle », n'entend-on pas l'écho des cris du petit garçon qui veut attirer l'attention : « Maman, papa, tout le monde, regardez comme je suis grand ! » ?

Le poids dont Bigard s'encombre tire vers le bas son corps et son humour. Lui et ses semblables croient se valoriser par leur sexe, dont les performances prétendues leur assureraient une supériorité sur les autres hommes. À tant vouloir en convaincre l'entourage, ne cherchent-ils pas à s'en persuader eux-mêmes ?

Pour imposer le respect aux mauviettes du kangourou, c'est-à-dire aux hommes ordinaires, que la nature a dotés tout au plus d'un anchois, d'un agace-frifri, d'un fifrelin, d'un clitoris amélioré, le macho se doit d'être bien monté, *well-hung* (bien accroché) comme on dit en anglais, ou bien équipé au Québec, ou même d'avoir une « troisième jambe », en anglais *middle leg* (jambe du milieu) ! L'image est parlante pour qui a vu un étalon dans un haras ou un âne au pré.

Un « vrai homme » est bien gaulé, bien emmanché, bien avitaillé, sévèrement burné, il est doté d'une bonne trique, d'un sacré gourdin, d'un membre viril de type marteau pneumatique, garanti sans raté ni défaillance. Au XVIe siècle, on disait fort membru, plus tard bien membré, et de nos jours surmembré.

Plus sobre, ce dialogue de Rabelais. Panurge, arrivé dans l'île où habitent des frères Fredons, interroge l'un de ces religieux qui répond seulement par des mots d'une syllabe :

« Voz instrumens, quelz sont-ilz ? Grandz.

En leur marge, quelz ? Roidz [raides].

Et par bout, de quelle couleur ? – Bai [brun rouge].

Quand ilz ont faict, quelz sont-ilz ? – Coys [muets].

Les génitoires, quelz sont ? – Lourds[4]. »

Rabelais raconte aussi plaisamment que les géants ont gonflé pour avoir mangé trop de nèfles ; certains enflaient « en longueur par le membre qu'on nomme le laboureur de nature, en sorte qu'ilz le avoyent merveilleusement long, grand, gras, gros, vert et acresté [dressé comme une crête de coq] à la mode antique, si bien qu'ilz s'en servoyent de ceinture, le redoublans à cinq ou à six foys par le corps [...]. Aultres croissoient en matière de couilles si énormément que les troys emplissoient bien un muy [tonneau][5] ». Voilà qui écrase le slip de Bigard, ravalé au rang de petite culotte de Barbie !

Depuis l'Antiquité, on sait que l'âne est à cet égard le plus impressionnant des mammifères mâles : avec ses soixante-dix centimètres d'érection, il l'emporte, en proportion, sur l'éléphant avec son petit mètre ! Selon une légende grecque, Priape fit un concours avec un âne pour savoir lequel avait la verge la plus longue ; Priape perdit et, mauvais perdant, tua l'âne[6].

Quand l'animal est au repos, on remarque à peine sa verge, d'où l'étonnement des enfants quand survient ce spectacle étrange : « L'âne a cinq pattes ! » Malgré sa réputation de bêtise, c'est lui qu'on choisit comme image flatteuse de la virilité dans l'expression ancienne, toujours vivante, être monté comme un âne ; « viet-daze », juron du Midi, courant en occitan, correspond à vit d'âne ; on le lit chez Rabelais[7]. *Queue-d'âne* est le titre des Mémoires sexuels de Bérurier, valeureux athlète du plumard[8].

Dans le film *Joue-la comme Beckham*, de Gurinder Chadha (2002), qui montre des familles sikhs d'origine pakistanaise habitant près de Londres, pendant une fête de fiançailles, de vieilles femmes pouffent de rire en tentant de dissuader une jeune fille d'épouser un Anglais. Leur argument choc : « Les hommes sikhs ont des engins plus gros et plus actifs ! »

Équivalent de ces vantardises, l'un des symboles graphiques que des hommes internautes utilisent pour se décrire dans des forums de discussion : le signe 8 ===D, où D figure le gland, et 8 les testicules ; quant aux signes =, chacun en met autant que de besoin pour indiquer la longueur, réelle ou fantasmée, de sa hampe. Même prétention sur une petite route de la campagne française, avec, m'a-t-on rapporté, cette pancarte à l'arrière d'une longue remorque tirée par un tracteur : « Mesdames, attention, le mien mesure 25 mètres. »

Petites femmes et grands hommes

Être de *petite* taille, avoir un *petit* nez, un *petit* organe sexuel, ou une *petite* voix, gagner un *petit* salaire, avoir un *petit* appartement, rouler dans une *petite* voiture, s'occuper de *petits* enfants, etc. : voilà qui est bien assez bon pour une femme, pensent certains ; au contraire, c'est dévalorisant pour un homme, surtout si sa compagne est plus grande et si elle gagne plus d'argent que lui. Aujourd'hui encore, des mères de garçonnet parlent avec fierté de la longueur de son robinet ; inversement, en faisant la toilette d'une fillette, elles peuvent être gênées par les lèvres de sa vulve qui, par rapport à son corps, sont plus volumineuses qu'à l'âge adulte.

La majorité des êtres humains croient que les hommes sont supérieurs aux femmes. Par conséquent, il est admis que les garçons et les hommes occupent plus d'espace avec leur corps, leurs jouets ou leurs jeux, et qu'ils sont plus bruyants ; leurs projets d'avenir sont encouragés et leur esprit d'aventure valorisé. Au contraire, traditionnellement, dans les cours de récréation, dans la rue, dans la vie, les filles et les femmes sont incitées à restreindre leurs mouvements, leurs activités, leurs ambitions.

Beaucoup d'hommes se sentent contraints d'endosser un modèle trop grand pour eux. Ils ne sont pas contents de certaines parties de leur corps qu'ils jugent trop petites : ils voudraient avoir des muscles plus développés, des épaules plus larges et une verge plus impressionnante. Ils achètent des haltères en espérant gonfler leurs biceps, ils portent des vestes aux épaules rembourrées, ou des blousons à la carrure élargie. Quant à leur verge, certains l'enduisent de crèmes inefficaces, dont les publicités abondent sur Internet : tous les jours, je reçois des courriels me proposant un *penis enlargement*, et je m'en badigeonne le nombril avec le pinceau de l'indifférence.

D'autres s'adressent à un chirurgien : parmi les cinq cents hommes qui se font opérer chaque année en France, seulement 3 % avaient une verge d'une longueur inférieure à neuf centimètres*. La longueur gagnée ne se retrouve pas à l'érection.

---

* L'opération consiste à couper le muscle suspenseur, ce qui allonge la verge de trois centimètres, et à injecter dans l'organe de la graisse prélevée dans le ventre, ce qui augmente la circonférence de deux centimètres[9].

Une croyance ancienne, rapportée par Ambroise Paré au XVIe siècle, imputait la stérilité masculine à une verge trop courte[10]. De quoi culpabiliser les porteurs de modèle réduit ! Dans plusieurs ethnies, on pratique l'allongement de la verge par étirement[11]. On en découvre des recettes inquiétantes, dans un classique chinois du XVIIe siècle, *La Chair comme tapis de prière*. Pour un agrandissement d'un tiers, il faut pendant trois jours et trois nuits fumer la verge, la laver, la masser et l'étirer. Pour un allongement plus sérieux, prélever des lamelles de la verge d'un chien et les coudre dans celle de l'intéressé !

Au contraire, chez les Occidentales du XXIe siècle, la norme choisie par la publicité est celle des mannequins de type poupée Barbie : seuls les gros seins et les grosses bouches sont valorisés ; le reste doit être fin et mince. C'est pourquoi la plupart des femmes se sentent gênées par les parties de leur corps qui leur semblent encombrantes, des pieds trop grands ou des fesses trop volumineuses. Dans une société dominée par des modèles aussi mal assortis que le M. Mégalo-Muscle Arnold Schwarzenegger et la mannequin squelettique Kate Moss, rien d'étonnant à ce que, à l'adolescence, tant de garçons se jugent chétifs tandis que tant de filles se lamentent d'être trop grosses. Les premiers s'épuisent à faire des pompes, et les secondes à suivre des régimes excessifs !

Dans les vestiaires, ou à la piscine, les garçons montrent leur corps en se déshabillant, et ils se jugent bruyamment les uns par rapport aux autres. Quant aux filles, même si des amies intimes peuvent comparer le volume de leurs seins, elles sont en général éduquées à une plus grande réserve, comme si la pudeur devait être plus accentuée pour elles. Dans notre culture qui exhibe des images de nudité et de sexualité, le tabou sur les toilettes mixtes demeure. Dès l'enfance, à l'école, les garçons sont habitués à uriner côte à côte, en exposant leur verge au regard des autres.

Au contraire, les filles doivent s'enfermer et se cacher, comme si, pour elles seules, uriner, ou laisser voir leur vulve, était honteux.

Dans *La Guerre des boutons*, une bagarre éclate, à l'école, entre deux garçons aux cabinets : « Une émulation naturelle avait jailli spontanément de cet acte simple devenu jeu. [...] – Je vais plus loin que toi. [...] – C'est la mienne qu'est la plus grande[12]. » Des premières comparaisons auxquelles se livrent les garçons dans les vestiaires collectifs ou sous la douche, aux concours de gamins, ou d'appelés faisant leur service militaire, à qui pissera – et parfois à qui éjaculera – le plus loin, c'est toujours la même rivalité, et donc la même humiliation pour ceux qui sont jugés « minables ».

Ceux qui s'examinent le bas-ventre avec angoisse oublient souvent de corriger une erreur de perspective : vue d'en haut, la verge semble plus petite. Rares sont les adolescents qui n'ont pas mesuré leur engin avec un double-décimètre. Tant qu'on n'enseignera pas à l'école que la longueur de la verge n'a aucun rapport avec la virilité, beaucoup continueront à se demander avec inquiétude s'ils sont « normaux ». Il peut y avoir des écarts importants d'un homme à l'autre, par rapport à la longueur moyenne en érection (douze à seize centimètres), et cela n'a rien d'anormal.

Alors que tant de garçons auraient besoin de se rassurer, surtout avant leur premier rapport sexuel, ils sont amenés à considérer leurs organes dans le cadre d'une compétition entre eux. Ils font l'apprentissage de la virilité sur le mode de la performance, donc trop souvent de la violence ou du mépris envers les femmes, ou envers les hommes à leurs yeux plus faibles, ou moins bien lotis. La bande-annonce du film français *Fais-moi des vacances !* (2002) montre deux garçons d'une dizaine d'années ; l'un dit : « Tu serais pas jaloux de moi ? », et l'autre réplique : « Ben non, t'as vu comment t'es gaulé ! » Ce mépris*, c'est parfois le miroir qui le renvoie aux hommes vieillissants quand ils prennent du ventre, et que leur verge leur semble encore plus petite en proportion, tel un macaroni sous une brioche !

Quant aux couilles, une étude d'un humour rigoureusement scientifique sur les préférences des hommes en matière de sports a apporté ces éléments, diffusés sur Internet : « Étant donné que le sport le plus en vogue chez les chômeurs est le basket-ball, chez les hommes sans qualification le bowling, chez les ouvriers spécialisés le football, chez les cadres moyens le tennis, chez les cadres supérieurs le squash, et chez les chefs d'entreprises le golf, il apparaît que plus les hommes occupent une situation professionnelle élevée, plus leurs boules sont petites ! » Cette blague peut s'entendre comme une revanche symbolique des pauvres sur les riches, et aussi comme une affirmation de la supériorité masculine ; même les hommes qui ne sont pas parmi les « maîtres du monde » ont au moins la satisfaction, ou plutôt l'illusion, d'« en » avoir.

Les publicitaires français ne pensent qu'à « ça » !

Nombre de publicités françaises vantent des objets de forme allongée en jouant sur l'allusion sexuelle. Leurs responsables ne penseraient-ils qu'à la taille de « ça » ? Toujours est-il qu'ils contribuent à renforcer cette obsession dans le public.

En voici des exemples récents. Pour vanter un télé-

* « M'enfin, maman, m'objecte ma fille, t'es obsédée ! Gaulé, ça n'a pas forcément de rapport avec la gaule. D'ailleurs, on le dit aussi pour une fille. Être bien gaulé-e, ça veut simplement dire être bien foutu-e, bien roulé-e. – Tiens donc ! Foutu-e ! Bien foutu-e ! Et ça n'aurait aucun rapport avec la gaule ! »

phone portable, une image représente un visage d'homme d'âge moyen, les yeux barrés par un bandeau portant ces mots : « Richard G. devrait avoir honte d'en avoir un si petit[13]. » « La taille fait toute la différence[14] », affirme le slogan d'une marque de montres d'homme. La campagne de promotion d'un film oppose ainsi ses acteurs : « Charles Berling aimerait bien en avoir une comme Edouard Baer[15]. » Pour le chocolat, les allusions lourdement sexuelles sont fréquentes. Un film publicitaire montre Rocco Sifredi, acteur réputé pour la longueur de son mandrin, au lit avec une femme. « Alors, heureuse ? », demande-t-il. « Oui, répond-elle, mais je préfère les chocolats Machin », et le slogan enfonce le clou : « Machin, 20 cm de pur plaisir[16]. »

Quand l'argument inverse est utilisé, c'est encore pour associer chocolat et barre virile : « Désormais, le plaisir n'est plus une question de taille », annonce le slogan pour une petite barre chocolatée, et on voit un homme qui écarte son caleçon pour en inspecter l'intérieur[17]. De même : « Vous le savez bien, la performance n'est pas une question de taille », claironne une publicité pour un scanner présenté comme « un reproducteur [mot à double sens] ultra-compact » ; l'image montre un homme à la mine déconfite, une médaille en or sur sa poitrine velue, à côté d'une femme plus grande, à l'air sévère, qui tend son pouce et son index écartés de cinq centimètres[18].

Seuls les machos croient que toutes les femmes attachent autant d'importance qu'eux à ce sujet. Selon un sondage récent, pour la majorité d'entre elles, la taille de la verge est « uniquement une préoccupation masculine[19] » qui les agace plutôt : « On parle aux garçons de sentiments, de plaisir, se plaint une adolescente, et il n'y a que ça qui compte pour eux : la taille de leur bite ! » Aux États-Unis, l'expérience féminine s'exprime par cette expression *Drives too quick : little dick* (Roule trop vite, petite bite[20]).

La publicité, la pornographie et aussi la sagesse populaire répètent pourtant jusqu'à l'obsession : « Les femmes aiment les grosses queues. » En russe, le grand modèle est surnommé *bab'ja radost'* (joie de la femme), et un proverbe donne ce conseil : « Ne dis pas à ta femme qui a une grande bite ! »

En 1998, j'ai lancé, avec l'Association des femmes journalistes, le prix de la publicité la moins sexiste ; nous l'avons décerné à une publicité pour un scooter, montrant un homme sur un deux-roues, avec le slogan : « Réussir sa vie, c'est voir ses enfants plus souvent que ses associés. » Commentaire du journal satirique *Charlie Hebdo* : « Elles ont récompensé le scooter Yamaha, parce qu'il a une toute petite bite[21]. » Comment comprendre ce commentaire qui se veut humoristique ? La taille de l'outil du conducteur est proportionnelle à la cylindrée de son moteur ? Ou : les femmes journalistes antisexistes préfèrent les intellos handicapés du tire-bouchon aux vrais mecs baraqués du popof ? Ou encore : un homme qui se préoccupe de ses enfants est chibré chipolata plutôt que monté cosaque ? Comme si un père digne de ce nom, un homme qui développe son affectivité, était un mâle minable !

La tendresse serait-elle incompatible avec la virilité ? Une voix douce serait-elle une voix de châtré ? Un homme qui aime caresser et qui sait attendre, un amant attentif au plaisir et au rythme de l'autre ne serait-il pas un « vrai homme » ? C'est ce que le machisme veut faire croire. Voilà pourquoi « petite bite », qui peut être, comme « petite tête », un surnom affectueux entre personnes qui s'aiment, est gravement injurieux pour un macho.

Si on craint la bagarre, mieux vaut éviter de faire dans sa direction ce geste insultant : lever le pouce et l'index en pince, et les rapprocher lentement jusqu'au contact. Cela le blesserait à l'endroit où il place son identité : entre ses jambes. De même, en allemand, l'insulte *Bierficker* signifie que la saucisse de l'autre est si minuscule qu'elle pourrait pénétrer dans l'orifice étroit d'une bouteille de bière.

Seules quelques femmes ont assez d'audace pour se défendre en utilisant des images de ce type. Un jour, le comique Laurent Baffie lança à la cantonade ce commentaire sur les fesses rebondies de l'actrice Valérie Mairesse qui était devant lui dans un couloir : « Oh la la ! Y en a pour deux ! » Celle-ci se retourna, visa des yeux la braguette du monsieur et répliqua : « Et là, y en a même pas pour une[22] ! » Baffie trouva plus tard la parade quand il déclara à la télévision : « On dit que les gens qui ont de grosses voitures ont de petites bites. Moi, j'ai une Smart [voiture à deux places]*[23]. »

Autre réplique efficace : une fillette à qui un garçon disait « Baisse le capot, on voit le moteur ! » répondit : « Peut-être, mais c'est pas avec ta petite manivelle que tu vas le faire démarrer[24] ! » Ou encore cette femme qu'un inconnu draguait lourdement dans la rue ; à la grande surprise de l'homme, elle accepta : « D'accord, mais je veux d'abord voir ta bite. – Où j'habite ? – Non, je veux voir ta bite, voir si la taille me convient. Vas-y, baisse ton pantalon ! » Devant une telle hardiesse l'homme resta le bec cloué et ne demanda pas son reste !

Préjugés racistes

La sexualité de ceux qu'on juge inférieurs a toujours été l'objet de préjugés. C'est comme si la seule puissance laissée aux hommes pauvres s'exprimait, par compensation, dans le domaine sexuel. Parmi les lieux communs racistes des Blancs au sujet des Noirs, figure aussi la conviction que la sexualité de ceux-ci

* Au Québec, on dit de même : « Grosse Corvette [marque de voiture], petite quéquette. »

est quasi animale, et que leurs organes sexuels sont de taille impressionnante. Un dictionnaire encyclopédique des sciences médicales, publié il y a un siècle, assurait que « le vagin est plus long chez les négresses que chez les blanches », tandis que le « membre viril du Nègre » était censé être plus long[25]. De même, Henry Miller décrit le vagin d'une femme, devenu si large que « bientôt elle ne pourrait plus se faire que des nègres [*niggers*][26] ».

Pourtant, en Europe comme en Afrique, la norme de longueur pour la taille moyenne des préservatifs distribués par des organismes officiels est la même – dix-sept centimètres –, mais le préjugé demeure. Il existe aussi entre Africains : pendant le génocide au Rwanda, le bruit courait que les Bazungus avaient une verge énorme[27].

Cela nourrit l'imagination de certaines femmes, qui rêvent d'un fougueux étalon noir. James Joyce fait dire à Molly Bloom que le prince de Galles doit être « tout pareil au premier venu à part son titre de roi ils sont tous faits de la même manière mais je voudrais essayer celui d'un nègre[28] ».

Aujourd'hui, on utilise rarement le mot « nègre », jugé raciste. Seul un provocateur comme l'écrivain Michel Houellebecq, dans *Les Particules élémentaires*, se le permet : son héros Bruno, regardant sa petite verge, déclare : « C'est à ce moment que j'ai commencé à haïr les nègres[29]. » On emploie plutôt « black », ou « keubla » en argot d'aujourd'hui, comme si le mot anglais était plus chic que le français « noir ». Pourtant, les mentalités n'évoluent guère : ainsi, la publicité française semble figée à l'époque de « Y a bon Banania ». En 2002, on a pu voir à la télévision un spot mettant en scène des cannibales noirs s'apprêtant à manger un homme blanc[30]. Une autre campagne, pour une carte bancaire, affirmait : « Les blacks ont un grand sexe. » Elle est illustrée par une photo qui prétend démontrer le contraire : le corps sans tête d'un homme noir dont on devine sous le slip la verge minuscule. Que les lecteurs retiennent la phrase énoncée, ou l'image illustrant l'affirmation opposée, le résultat est le même : renforcer l'association entre taille de la verge et Noir[31].

En un préjugé raciste inversement symétrique à celui de la grosse verge qu'auraient les Noirs, les Asiatiques sont réputés disposer d'un modèle réduit, ce qui peut aussi expliquer la remarque sur le scooter japonais ayant « une toute petite bite ». Autres êtres jugés inférieurs : les hommes très petits. Une croyance leur attribue un organe très grand, ce qu'illustre une chanson des VRP, un groupe français de rock alternatif des années 1990 : « Je voudrais être un nain / Pour avoir une grosse bite. / Je n'suis qu'un géant / Et la mienne est petite. »

Hercule : un modèle pour machos

Le code XXL, qui désigne la plus grande taille pour les vêtements masculins, est aussi le nom d'une chaîne de télévision câblée diffusant des films pornographiques. En effet, la pornographie cultive et renforce l'obsession de bien des hommes au sujet de la taille de leur compagnon de jeu.

Partout où il n'existe pas d'éducation à la sexualité, notamment en France où l'école publique remplit très insuffisamment cette mission, c'est la pornographie, avec ses acteurs à la verge démesurée, qui sert de référence à ceux qui cherchent à s'informer. Elle est d'accès facile, chez les marchands de journaux ou par des cassettes, et le piment de l'interdit la rend d'autant plus attrayante. Pour la majorité des enfants occidentaux d'aujourd'hui, la première représentation de la sexualité passe par des images de ce type, dans des vidéos, ou dans des magazines. Or la pornographie est trompeuse, et elle risque de perturber les garçons qui s'inquiètent de ne pas être « à la hauteur » lors de leur premier rapport sexuel. Dans les films, constate un adolescent perplexe, « les mecs sont montés comme des taureaux, et tiennent une heure avec trois nanas différentes[32] ». De même, de jeunes filles peuvent être amenées à penser que, pour être « bonnes », elles doivent se comporter comme « une vraie salope ».

Si seulement ceux qui se laissent impressionner prenaient conscience de la vérité ! Comme l'exprime si justement la formule féministe : *Porno's fake; girls are real*, qu'on pourrait traduire en généralisant au-delà des « filles » : « Le porno, c'est du faux, et les êtres humains, c'est du vrai. » La réalité est infiniment plus variée que ces corps bâtis sur les mêmes modèles, avec d'une part des bêtes de sexe au manche à balai infatigable, d'autre part des femelles avides aux seins en forme d'obus siliconés. La sexualité humaine est bien plus riche que ces images banales, avec leurs mots et leurs gestes pauvres et répétitifs.

Privilégier la performance, le record, l'accumulation, c'est faire comme si la quantité était une garantie de qualité. Pourtant, « le plus » n'est pas toujours « le mieux ». Plutôt que de vouloir être mieux que les autres, n'est-il pas préférable de se sentir bien, seul-e ou à deux ? Chaque homme, chaque femme, est un être unique, avec des ressources qu'une vie ne suffit pas à explorer. Ce qui compte dans la vie sexuelle, c'est de prendre le temps de l'apprentissage, de progresser dans la connaissance de soi-même et de l'autre, de faire attention aux réactions et à l'évolution de l'autre.

Quel dommage que les beuglements des machos-ayant-la-plus-grosse couvrent la voix de femmes de bon sens et d'expérience qui disent en souriant : « Mieux vaut une petite qui frétille qu'une grande qui roupille » ! Qu'ils écoutent les proverbes russes : « Une petite pine est un petit roi dans le con », ou « Petite bite, même si elle s'y reprend à deux fois, fera le même effet » !

Non seulement il n'y a aucun rapport entre la taille de la frétillante au repos et celle qu'elle atteint en érection, mais encore ses dimensions n'ont rien à voir avec l'intensité du plaisir qu'elle peut procurer. Les Américains Masters et Johnson en ont apporté la preuve scientifique en 1966 dans un livre pionnier[33]. En 2002, on commence enfin à l'entendre ; la bande-annonce d'un film qui parodie *Goldfinger* a pour titre *Goldmember*, « membre en or » ; il comporte une réplique digne d'un manuel d'éducation sexuelle : *It's not the size, it's how you use it !* « Ce n'est pas la taille [de votre verge] qui compte, mais la façon dont vous vous en servez ».

Les machos ne connaîtraient-ils de l'Italie que ses équipes de football masculin ? Il y a pourtant au musée archéologique de Naples une statue en marbre d'Hercule nu, le héros grec célèbre pour ses douze travaux, douze exploits ayant nécessité une force prodigieuse. Dans une main, il tient deux grosses boules de pierre, et dans l'autre sa massue, un solide bâton noueux. Ce corps magnifique d'athlète est doté d'une toute petite verge, au repos sur deux œufs de pigeon, l'ensemble étant délicatement sculpté et agrémenté par des poils frisés. Faire comprendre aux machos d'aujourd'hui en quoi consiste la virilité d'Hercule me semble le treizième de ses travaux…

Le croiraient-ils ? Pour les Romains, l'homme véritable, le *vir*, avait une verge de petites dimensions. En Grèce, seuls les satyres étaient représentés avec un gros pénis. On opposait, explique l'historienne Françoise Frontisi-Ducroux, « une vision à la fois agressive et comique d'une virilité bestiale, qui souvent tourne court, celle des satyres en érection quasi permanente, et la présentation esthétique d'une verge menue, celle de l'Athénien idéal[34] ». L'historien Thomas Laqueur raconte qu'à Athènes « les jeunes athlètes se nouaient le gland avec une ficelle de cuir […] pour que leurs organes paraissent le plus petit possible[35] ».

La recherche de la beauté s'alliait ici à celle de l'efficacité car, selon Aristote, les hommes à longue verge « sont moins féconds que ceux qui l'ont de taille moyenne, parce que le sperme froid n'est pas fécond et qu'il se refroidit en parcourant trop de chemin[36] ». Explication fantaisiste, qui montre une fois de plus comment les détenteurs de l'autorité peuvent culpabiliser ceux qui diffèrent de la norme de l'époque !

Dans des cultures très éloignées de l'Occident d'aujourd'hui, les verges de grandes dimensions ne sont pas non plus valorisées. Comme l'explique l'anthropologue Maurice Godelier au sujet des étuis péniens, seul vêtement masculin dans des îles d'Océanie au climat tropical, la longueur de l'étui « est la même pour tout le monde* et n'est pas proportionnelle à la hiérarchie ». Il raconte aussi que « dans certains mythes, l'homme originel a un pénis trop long qui lui est inutile. C'est alors la femme qui le coupe à la bonne longueur pour qu'il devienne opérationnel[37] ». Il y a donc une « bonne longueur », et c'est la femme originelle, seule à la connaître, qui procède à l'ajustement nécessaire. Quel contraste entre cette scène mythique et l'obsession des machos occidentaux qui voient une castratrice en toute femme ayant un peu plus de ressort qu'une poupée de chiffons !

Passage en force ?

Et le vagin ? Qui se préoccupe de connaître sa taille moyenne ? Qui se fait du souci pour le baobab de Bigard ? Quand il aura fini de bourrer Bercy, dans quel hall de gare pourra-t-il bien trouver asile ?

Je m'inquiète plutôt pour les adolescentes qui auront vu cette affiche. Combien se seront représenté « cette terrible énorme chose comme une bête rouge[38] »,

---

* Je rectifie : pour tous les hommes !

selon les mots de Molly Bloom ! Combien auront eu peur avant leur premier rapport, combien auront pensé que leur vagin se révélerait trop étroit pour laisser passer la verge, qui le déchirerait !

S'instruire avec Bérurier est moins angoissant que de recourir à la pornographie. C'est même une partie de plaisir, d'autant que le héros fait grand usage, et sans jamais aucune violence, de sa « lance de fantassin » ! À deux reprises, dans ses Mémoires sexuels, cet expert apporte une réponse à ce qui préoccupe de nombreuses femmes : la faculté d'adaptation de leur vagin. À l'une qui se récrie, au vu de son gigantesque engin : « Tu vas m'défoncer la vertu ! », il démontre le contraire avec une douceur efficace. Avec une autre, il argumente patiemment : « Vous serez surprite de la manière que ça s'prête bien, un frifri. C'est pas parce que vous vous aurez servie d'une cuillère à café tout' vot' vie que vous pouvez pas employer une cuillère à soupe[39]. » De quoi réconforter celles qui s'estiment dotées d'une tasse à moka plutôt que d'une soupière !

Le vagin d'une femme adulte mesure en moyenne huit centimètres, mais ses fibres élastiques lui permettent de s'allonger jusqu'à douze centimètres, et donc de s'accommoder de tous les modèles, du colibri au chasse-neige, les plus grands ne pénétrant pas tout entiers. Sa souplesse en fait, selon l'expression populaire, une « chaussure à tous pieds » : quelles que soient les dimensions de la cuillère, la majorité des femmes ont la sensation d'avoir le pot « bien rempli ». Elles peuvent aussi faire casse-noisettes, en contractant, pendant les mouvements de va-et-vient, les muscles de leur « case trésor » pour en resserrer les parois sur le « bonheur des dames ».

Une femme qui a peur ou qui ne ressent pas de désir peut se crisper, ce qui rend la pénétration douloureuse, et parfois impossible : c'est ce qu'on appelle le vaginisme. Certains animateurs, très écoutés des jeunes, ont des solutions radicales à ce problème. Voici ce qu'on pouvait entendre à la radio française Skyrock le soir du 12 juin 2001, dans l'émission de « libre parole » animée par Difool et Romano.

Un auditeur appelle pour expliquer qu'il a « un petit souci » avec sa copine : « Elle a le vagin un petit peu étroit ; ça fait quatre mois que je tente des trucs avec elle et puis y a rien du tout. » Difool lui explique avec bon sens : « Tu lui as rentré deux centimètres, tu nous as dit. C'est pas qu'elle est trop étroite, c'est qu'elle est stressée. » Il demande aux auditeurs de donner leur avis sur ce problème. Un message arrivé par Internet est lu à l'antenne : « Faut lui bourrer la chatte de vaseline. »

Difool réagit : – Mais vous êtes malades !

Romano : – Sinon, t'y vas avec un cric. Sinon, y a des trucs pour faire du bricolage, pour écarter les trous.

Le premier auditeur : – Un étau ?

Romano : – C'est pas un étau, c'est ces espèces de tournevis.

L'auditeur : – Je lui en parlerai, on verra.

Et Romano de terminer : – Tu lui mets un coup de couteau[40].

Ce « coup de couteau » me fait penser à ce qui se passe en Somalie, où la majorité des filles sont infibulées : non seulement on leur enlève le clitoris, mais on leur coud les lèvres en laissant une petite ouverture pour l'urine et le sang des règles. Lors de la nuit de noces, le mari ouvre au couteau l'accès au vagin de sa femme.

La violence machiste de Skyrock a souvent suscité des réactions de féministes. À propos de cette émission, le Conseil supérieur de l'audiovisuel a adressé à la station une mise en demeure « pour diffusion de propos attentatoires à la dignité humaine ». Cela a déclenché des protestations d'intellectuels et de jeunes auditeurs, au nom de la défense de la liberté d'expression. En vertu de quels principes peut-on tolérer que de tels appels publics à la violence contre les femmes continuent à être entendus dans des émissions ayant autant d'influence sur des adolescents ? Est-ce ainsi que l'on va développer le nécessaire respect entre êtres humains ?

Est-il si difficile de comprendre qu'un passage en force est une brutalité inadmissible, que forcer une femme, c'est la violer ? Est-il si compliqué d'expliquer comment passer en douceur : prendre le temps, être à l'écoute de l'autre, parler, caresser, rassurer, chercher à faire du bien ?

Trouver chaussure à son pied

Comme bien des adolescents depuis un siècle, j'ai découvert, quand j'étais jeune, une riche source d'informations sur la sexualité dans le *Kâma Sûtra*. Ce traité sanscrit des règles de l'amour date du Ve siècle, et il a été traduit à la fin du XIXe siècle dans des langues occidentales. Le chapitre qui traite des différentes sortes d'« union sexuelle » entre un homme et une femme répertorie leurs organes d'après leurs dimensions : « L'homme est divisé en trois classes, savoir : l'homme-lièvre, l'homme-taureau et l'homme-cheval, suivant la grandeur de son *lingam*. La femme aussi, selon la profondeur de son *yoni*, est une biche, une jument, ou un éléphant femelle[41]. » *Lingam* et *yoni* désignent ce que la pudeur du XIXe siècle interdisait au traducteur de nommer – la verge et le vagin.

Il est précisé qu'« il y a trois unions égales entre personnes de dimensions correspondantes, et six unions inégales quand les dimensions ne correspondent pas », les premières étant les meilleures : lièvre-biche, taureau-jument et cheval-éléphante. Ce qui importe, ce n'est donc pas l'organe masculin seul, mais la bonne association des deux. Le taureau et la jument sont des animaux de dimensions comparables, mais il en va autrement pour les unions lièvre-biche et cheval-éléphante. Sans doute cela signifie-t-il que la verge doit disposer d'un espace où se déployer à l'aise. Pour qu'un homme « trouve chaussure à son pied », la sagesse indienne lui conseille donc d'en choisir une de la taille au-dessus de la sienne.

Tel n'est pas le cas en Occident où, pour être appréciée de messieurs les machos, une femme doit accueillir leur mandrin par une porte étroite, comme si leur chat était plutôt le chas d'une aiguille. Cette préférence est ancienne : elle figure parmi les normes de beauté en vigueur à la Renaissance. On avait alors codifié trois par trois les mesures du corps féminin idéal : trois parties devaient être étroites, la taille, les genoux et « l'endroit où la nature a placé tout ce qui est doux ». Avec les rimes du XVIe siècle : « Mais l'ayme un con estroit dont la bouche vermeille / Donne appétit de foutre, et faict dresser l'oreille / Au courtaut qui le sent et le met en chaleur[42]. » C'est aussi le sens du dicton français : « Dans les petites boîtes sont les bons onguents », que les dictionnaires « bon genre » interprètent ainsi : « Les personnes de petite taille ont autant, sinon plus, de valeur que les autres. »

Les mêmes qui ne jurent que par les sabres grand modèle valorisent les vagins très serrés, qui leur procurent des sensations plus fortes lors de la pénétration. Dans la prostitution, en Occident, les femmes asiatiques sont appréciées parce qu'elles ont cette réputation ; cela correspond au fantasme raciste sur la « grosse bite » des Noirs.

Cette recherche de « vagin très serré », de « tout petit con » peut conduire jusqu'au crime des hommes qui achètent des enfants prostituées ou d'autres qui violent de très jeunes fillettes.

Des cultures africaines valorisent aussi l'étroitesse du vagin. Pour accroître le plaisir masculin, des femmes, notamment des prostituées, introduisent dans leur vagin des plantes, des poudres, du sel gemme, qui le rendent « chaud, serré et sec ». Elles risquent des infections et des brûlures, elles souffrent lors de la pénétration et des frottements, mais les hommes aiment le *dry sex* (sexe sec), et cela suffit ! « Si mon vagin est humide, dit une Zambienne, mon mari pensera que j'ai eu un rapport avec quelqu'un d'autre[43]. »

Claude Humeau, historien de la médecine, rapporte ce préjugé, resté courant jusqu'à l'époque moderne : « Chez les femmes trop ardentes, les abus de commerce charnel [...] finissent par élargir le conduit de la pudeur[44]. » En réalité, la vie sexuelle ne fait rien à l'affaire : ce qui peut modifier les parois du vagin, ce sont les accouchements, ou le vieillissement, car avec l'âge les muscles deviennent moins toniques et se contractent moins efficacement. Pierre Louÿs le résume en conseillant à ses lectrices de remercier Dieu « d'avoir créé les carottes pour les petites filles, les bananes pour les jouvencelles, les aubergines pour les jeunes mères, et les betteraves pour les dames mûres[45] ».

Un homme qui retrouve sa femme après une naissance peut se plaindre : « Je ne la sens plus aussi bien ». D'où l'intérêt pour les femmes de contracter régulièrement les muscles de la zone du périnée, située entre le pubis et le coccyx (le bout de la colonne vertébrale), en un exercice qui passe inaperçu, même si on le pratique en public !

Les manuels de conseils pour « futures mamans », que tant de femmes enceintes consultent parfois avec angoisse, ne soufflent mot de cet élargissement dû à l'accouchement. On s'en parle entre bonnes amies, entre copines déjà passées par là. On découvre le « problème » quand le médecin qui a pratiqué une épisiotomie (incision du périnée pour faciliter le passage de l'enfant) propose de « recoudre un peu plus ». Pourtant, quelques mots suffiraient pour apaiser les femmes, par exemple ceux de Vicki Iovine[46]. Voici ce qu'elle conseille : au lieu de parler de vagin distendu, comme un vieil élastique, le dire plutôt détendu. Remplacer la critique : « moins ferme » par le compliment : « plus évasé ». Voir la situation du bon côté : « Votre compagnon sent sa verge moins serrée ? Parfait ! Il lui faudra plus de temps pour parvenir à l'éjaculation ! » Elle termine par une image des plus heureuses : « Si c'est nécessaire, on aura recours à une petite intervention et, de fil en aiguille, les choses s'arrangeront. »

Rien de trop !

Certains goujats, plutôt que de se mettre en question, critiquent les femmes qui seraient « trop larges » à leur goût, souvent parce qu'elles sont « vieilles ». « Il est tombé comme dans la belle-mère » est un dicton russe employé par les joueurs de billard à propos d'une large ouverture.

Mon cher San-Antonio est l'un des rares à vanter les « cratères » accueillants, et son fidèle Bérurier ne tarit pas d'éloges émus sur Berthy, son épouse et aussi son amante préférée, qui n'a rien d'une planche à pain. Parmi ses nombreux avantages, elle est dotée d'une fabuleuse « caverne d'Alibabasse », d'un merveilleux « centre d'hébergeage, large comme l'entrée de l'Opéra ». Cela fait écho aux lamentations de Gargantua, qui pleure sa femme morte : « Ma mignonne, m'amye, mon petit con » ; le mot petit exprime la tendresse et l'amour du géant, mais l'auteur ajoute une malicieuse parenthèse sur les dimensions de ce « petit con » chéri : « (toutesfois elle en avoit bien troys arpents et deux sexterées)[47] ». D'autres encore préfèrent les « cathédrales » aux « trous de souris ». Comme l'affirme l'un des rares proverbes français qui valorise les femmes de mon âge : « C'est dans les vieux pots qu'on fait les meilleures soupes. »

À suivre…

Quand j'ai perdu mon mari, j'ai pensé : « Il ne m'appellera plus jamais "ma chatte". »

Depuis mon enfance, mes parents sont pour moi « papachat » et « mamanchatte ». Mon père est mort. Il me semble que, malgré sa pudeur, il aurait aimé ce livre. Il aurait apprécié que j'aie cherché à instruire en amusant. Il m'aurait dit que je faisais honneur à mes ancêtres enseignants.

Quant à ma mère, je crains qu'elle ne soit horrifiée lorsqu'elle comprendra le sens caché du titre *Appeler une chatte*. Elle souffre déjà assez de savoir sa fille aînée, sa « bonne chatte chérie », travaillant « au-dessous de la ceinture », cette zone qu'on lui a appris à éviter de nommer.

« Les chats ne font pas des chiens », dit le proverbe. Ma mère et moi, nous le faisons mentir : je n'ai jamais entendu maman dire un gros mot, et moi, je fais collection d'injures !

Avec mon père et mes quatre sœurs, je partage le goût des mots. De ma mère, j'ai reçu le don de l'émerveillement. Mon père m'aurait bien vue en ministre des Femmes, ma mère me souhaitait pour mari « un homme supérieur, et néanmoins gentil, vraiment gentil ». Le premier homme que j'ai aimé était « mon grand chat », et le deuxième « ma petite souris ». L'un m'a appris la langue de San-Antonio, l'autre m'a suggéré d'enlever du manuscrit quelques phrases de cet auteur, car je le citais « peut-être un tout petit peu trop ».

Fille de parents « chats », mère de « chatons », je me sens plutôt chienne, bien que je n'aie jamais mordu personne.

Chef de meute des Chiennes de garde, j'ai aboyé pour défendre des femmes insultées. Lors de nos manifestations dans la rue, nous portions des masques. J'avais choisi celui d'une caniche, réputée pour son caractère enjoué, afin de montrer que nos actions étaient joyeuses et pacifiques.

Je me sens aussi chienne de chasse, à l'affût des mots, chienne savante partageant sa science, et aussi – désolée, maman ! *sorry*, mes sœurs ! – chienne en chaleur, car je suis bien vivante : j'aime les mots et les choses de l'amour…

NOTES

Pour le plaisir

1. Frédéric Dard, *Les Pensées de San-Antonio*, Cherche-Midi, 1996.
2. Boileau, *Satires,* I, 52.
3. Zorzi Baffo, *Œuvres érotiques*, Zulma, 1994.
4. Cf. le livre *Bienvenue dans la Meute !*, La Découverte, 2001, dans lequel je fais le bilan de mon action à la tête des Chiennes de garde. (Chapitre : « Qu'est-ce que le machisme ? » pp. 95-106).

CHAPITRE PREMIER. – Vulgaire…

1. *Gadjo Dilo*, film de Toni Gatlif, Princes film, 1997, sorti en France en 1998.
2. Boileau, *Art poétique*, I.
3. Christiane Rochefort, *Le Repos du guerrier*, Le Livre de poche, 1958, p. 53 : « Ces gens guindés qui n'aiment pas parler de "ces choses", qui s'en détournent, veillent à s'en préserver. »
4. San-Antonio, *Queue-d'âne. La Vie sexuelle de Bérurier*, Fleuve noir, 1976, p. 170.
5. Cao Xueqin, *Le Rêve dans le pavillon rouge*, trad. Li Tche-Houa et Jacqueline Alézaïs, Gallimard, « Bibliothèque de la Pléiade », 1981, t. I, p. 377.
6. Boileau, *Art poétique*, II, 175.
7. *Libération*, 5 décembre 2002. Autres exemples : Ken

Loach, *The Navigators*, 2001. Mike Leigh, *All or Nothing*, 2002.

CHAPITRE II. – Double langage

1. Frédéric Dard, *Les Pensées de San-Antonio*, Cherche-Midi, 1996.
2. Alain Souchon, *Sous les jupes des filles*, 1993.
3. Racine, *Britannicus*, acte II, scène II.
4. Baudelaire, *Les Fleurs du mal*, XXXII.
5. Louise Labé, *18e Sonnet.*
6. Marcel Proust, *Un amour de Swann;* cité dans *Le Grand Robert*, article « Cattleya ».
7. Katherine et Brian Behan, *Mère de tous les Behan*, trad. Sturdy et Monjauze, Rennes, Terre de brume, 1998, p. 92.
8. Jane Hervé, *La Cassure de l'inceste*, Fayard, 1997, p. 139.
9. « Exil suisse pour mères en fuite », *L'Express*, 22 août 2002.
10. *Libération*, 12 août 2003, p. 14. D'autres exemples dans le *Bulletin 2000* du Collectif féministe contre le viol, pp. 46 et 44.
11. Selon Molly Bloom, James Joyce, *Ulysse*, trad. Auguste Morel, revue par Valéry Larbaud, Gallimard, 1957, « Folio », p. 1083.
12. Pierre Louÿs, *Manuel de civilité pour les petites filles*, 1926.
13. Germaine Greer, *La Femme entière*, 1999, trad. Edith Ochs, Plon, 2002, p. 278.
14. Par exemple Zorzi Baffo, *Œuvres érotiques*, *op. cit.*
15. Merci à Thérèse Clerc qui m'a fait le cadeau de cette phrase.
16. Georges Brassens, *Le Blason.*
17. Xavier Gorce in *Le Monde interactif*, 28 février 2003.
18. Zep, interview dans *Lire*, avril 2003.
19. Victor Hugo, *Les Contemplations*, I, 7.
20. Merci à mes amis québécois Diane Lavallée et François Laprise, Pierrette Bouchard et Jean-Claude Saint-Amant, ainsi qu'au linguiste Claude Poirier qui m'a accueillie au pied levé dans son bureau de l'université Laval, à Québec, et m'a fourni de précieuses informations.

CHAPITRE III. – « Bon » goût et mots « propres »

1. Érasme, *Éloge de la folie*, 1509, trad. Thibault de Laveaux, Mille et une nuits, 1997, p. 24. Voici le passage : « Est-ce la tête, le visage, la poitrine, les mains, les oreilles, est-ce l'un de ces membres honnêtes qui engendre les dieux et les hommes ? Point du tout. La partie qui sert à la propagation du genre humain est si folle, si ridicule, qu'on ne saurait la nommer sans rire. »

2. Ambroise Paré, *Œuvres complètes*, 1579, t. I, 1840 *in* Thomas Laqueur, *La Fabrique du sexe, Essai sur le corps et le genre en Occident*, Gallimard, 1992, p. 117 et référence p. 315.

3. Cité par Évelyne Berriot-Salvadore, « L'"Irrévérence" des ouvrages médicaux en langue vulgaire », in *La Catégorie de l'honneste dans la culture du* XVIe *siècle, Actes du colloque international de Sommières*, 1983. Merci à Sabine Melchior-Bonnet, qui m'a communiqué ces textes.

4. Cicéron, *Traité des devoirs*, in *Les Stoïciens*, trad. É. Bréhier, Gallimard, « Tel », 1997.

5. « Le clitoris, le vagin ne sont jamais, et d'aucune façon repérés ; ni visuellement, ni tactilement, ni verbalement. D'emblée, ce que sa main aveugle appréhende, c'est de l'innommable ; de la honte, du caché. Sale, dégoûtante, méchante. » Annie Leclerc, *Parole de femme*, Grasset, 1974, p. 63. Voir aussi Pascal Quignard, *Vie secrète*, Gallimard, 1999, p. 79 : « Le sexuel est l'innommable. »

6. Montaigne, *Essais*, III, 5.

7. Anne-Marie Sohn, « La révolution sexuelle a cent ans ! », *L'Histoire*, n° 277, juin 2003. Le mot est employé par des enfants en Provence.

8. Ambroise Paré, *op. cit.*, p. 315.

9. Deutéronome, 25, 11.

10. Marie Cardinal, *Les Mots pour le dire*, Grasset, 1975.

11. Simone de Beauvoir, *La Force de l'âge*, Gallimard, 1960.

12. Pierre Guiraud, *Structures étymologiques du lexique français* [1967], rééd. 1986, Payot, pp. 158 et 164.

13. Monologue de Molly Bloom, *in* James Joyce, *Ulysse*, *op. cit.*, pp. 1083 et 1096.

14. « Il n'y a plus de pauvres vieux, mais de joyeux troi-

sième-âgistes. Il n'y a plus d'infirmes, mais de pimpants handicapés. Réjouissons-nous, nous vivons dans un siècle qui a résolu tous les vrais problèmes humains en appelant un chat un chien. » Pierre Desproges, *Les Réquisitoires du tribunal des flagrants délires*, Le Seuil, 2003.

15. *In* Peter Burke, « Les Langages de la politesse », *Terrain*, n° 33, septembre 1999. Giovanni Della Casa, *Galateo*, vers 1550.

16. Courrier des lecteurs du *Monde*, 23 octobre 2002.

17. TF1, 18 novembre 2002.

CHAPITRE IV. – « Et mes fesses, tu les aimes, mes fesses ? »

1. Raymond Queneau, *Zazie dans le métro*, Gallimard, 1959.

2. Rabelais, *Œuvres complètes*, Gallimard, « Bibliothèque de la Pléiade », 1955 ; *Le Tiers Livre*, chap. XVII, p. 389.

3. Louis Pergaud, *La Guerre des boutons* [1912], Mercure de France, 1963, « Folio », p. 39.

4. « Vous me connaissez mal : la même ardeur me brûle, / Et le désir s'accroît quand l'effet se recule. » Corneille, *Polyeucte*, acte I, scène I.

5. Anne-Marie Sohn, *Du premier baiser à l'alcôve, La Sexualité des Français au quotidien (1850-1950),* Aubier, 1996, p. 28.

6. Michel Tournier, *Journal extime*, La Musardine, 2002, p. 25.

7. Frédéric Dard, *Les Pensées de San-Antonio*, *op. cit.*

8. Marcel Aymé, *Le Confort intellectuel* [1949], Livre de poche, 2002, p. 169.

9. San-Antonio, *Queue-d'âne*, *op. cit.*, p. 209.

10. Pauline Réage, *Histoire d'O*, Pauvert, 1954.

11. Montaigne, *Essais*, III, 373.

12. John Cleland, *Memoirs of a Woman of Pleasure*, 1749.

CHAPITRE V. – Forêt ou fourrure

1. David Herbert Lawrence, *L'Amant de lady Chatterley*, trad. F. Roger-Cornaz, Gallimard, 1932, Livre de poche, 1997. Le passage cité ensuite se trouve au chap. XV.

2. Giorgio Baffo, *Sonnets érotiques*, Vertige Graphic, in *Libération*, 4 août 2002.

3. Hermann Hesse, *Le Loup des steppes*, LGF, 1991, p. 156.

4. Exode, 3, 2.

5. Rabelais, *Le Quart Livre*, *op. cit.*, chap. XXXII, p. 627.

6. San-Antonio, *La Matrone des sleepinges*, Fleuve Noir, 1993.

7. *Le Nouvel Observateur*, 25-31 juillet 2002.

8. *Confession sexuelle d'un anonyme russe*, Allia, 2002, in *Lire*, avril 2002.

9. Cavanna, interview dans *Marie-Claire*, juillet 1998.

10. Rauda Jamis, *Frida Kahlo*, Presses de la Renaissance, 1985.

11. Verlaine, *Dédicaces*, in *Poésies*, LVI.

12. Molière, *L'École des femmes*, acte III, scène II.

13. Merci à Sylvie Escat, qui m'a signalé cette phrase lancée par une vendeuse normande, sur le marché de la rue Cler à Paris, le 3 août 2002.

14. Anna Maria Tato, *Marcello Mastroiani, Mi ricordi, si, lo mi ricordo*, film, 1997.

15. Fadela M'Rabet, *Une enfance singulière*, Balland, 2003, p. 11.

16. Christelle Taraud, « Jouer avec la marginalité : le cas des filles soumises "indigènes" au Maghreb à l'époque coloniale », *Clio*, n° 17, 2003, p. 78. *Id.* pour la recette de la pâte épilatoire.

17. *Jing Ping Mei*, trad. André Lévy, Gallimard, « Bibliothèque de la Pléiade », 1985, t. I, Livre I, chap. IV, pp. 94 et 95.

18. Rabelais, *Pantagruel*, *op. cit.*, chap. XXX, p. 299.

19. Vladimir Nabokov, *Roi, dame, valet* [1928], Gallimard, 1999, « Bibliothèque de la Pléiade », t. I, p. 178.

20. *Tarzan l'homme singe*, film de W. S. Van Dyke, 1932 ; *Tarzan et sa compagne*, Cedric Gibbons, 1934.

21. Pascale Navarro, *Pour en finir avec la modestie féminine*, Boréal, 2002, p. 13.

22. Sylvie Pialat, *Libération*, 19 mars 2003.
23. Cavanna, *Charlie Hebdo*, 20 août 2003, p. 10.
24. Anne Sylvestre, « Mon Mystère », in *Comment je m'appelle*, EPM, 1992. Merci à Patricia Pacitti.
25. *Psychologies Magazine*, juin 2002, p. 184, article de Catherine Maillard sur l'épilation.
26. Par exemple, Dufaux et Miralles, *Djinn, 2. Les 30 clochettes*, Dargaud, 2002.
27. Merci à Véronique Bayle, qui m'en a procuré un exemplaire.
28. Betty Dodson, *Ms*, août 1974.
29. Monologue de Molly Bloom, *in* James Joyce, *Ulysse*, *op. cit.*, p. 1112.
30. Témoignage d'Henri Borlant, in *Libération*, 16 juillet 2002.
31. En Martinique en 2000 ; voir aussi une affiche d'une campagne de Kookaï où sont représentés des hommes minuscules et une géante.
31 Mentionné dans un article de *Libération*, 13 février 2002.
32. *Libération*, 14 février 2002.
33. Frédéric Dard, *Les Pensées de San-Antonio*, *op. cit.*

CHAPITRE VI. – Vulve, « bouche herbue »

1. Rabelais, *Le Tiers Livre*, *op. cit.*, chap. XXVIII, p. 433 ; *Le Quart Livre*, *op. cit.*, chap. XLVII, p. 666.
2. Magali Clausener-Petit, *Garçons et filles : tous égaux ?*, Toulouse, Milan, 2002, coll. « Les Essentiels », p. 10.
3. Thomas Laqueur, *La Fabrique du sexe, Essai sur le corps et le genre en Occident*, trad. Michel Gautier, Gallimard, 1992, chap. II, p. 42 *sq.*
4. Marque Aubade, in *Le Monde*, 15 février 2002.
5. Michel Leiris, *Mots sans mémoire*, Gallimard, 1969.
6. Entendu sur France-Culture le 10 décembre 2002.
7. Claude Simon, *La Route des Flandres*, Minuit, 1960, p. 41. Voici le passage : « [...] l'idée même, le symbole de toute femme, c'est-à-dire [...] sommairement façonnés dans la tendre argile deux cuisses un ventre deux seins la ronde colonne du cou et au creux des replis comme au centre des statues primitives et précises cette bouche herbue cette

chose au nom de bête, de terme d'histoire naturelle – moule poulpe pulpe vulve – faisant penser à ces organismes marins et carnivores aveugles mais pourvus de cils : l'orifice de cette matrice le creuset originel qu'il lui semblait voir dans les entrailles du monde. »

8. Les statuettes de Priène sont visibles sur le site : http ://mkatz.web.wesleyan.edu/cciv110x/hhdemeter/cciv11 0.Iambe.html

9. Georges Devereux, *Baubo, la vulve mythique,* Godefroy, 1983.

10. Cao Xueqin, *Le Rêve dans le pavillon rouge, op. cit.*, p. 1424.

11. Jean-Pierre Vernant, *La Mort dans les yeux*, Hachette, 1985.

12. Fadela M'Rabet, *Une enfance singulière*, *op. cit.*, p. 44.

13. S. Freud, texte de 1926, *Œuvres complètes : Psychanalyse*, vol. XVIII : *1926-1930*, PUF, 2002.

14. Georges Bataille, *Madame Edwarda*, Pauvert, 1985.

15. Jean-Claude Bologne, *Histoire de la pudeur*, Orban, 1986 ; Jacques Le Goff, Nicolas Truong, *Une histoire du corps au Moyen Âge*, Liana Levi, 2003, p. 42.

16. Notamment *Libération*, 21 février 2002.

17. À Mycènes, voir catalogue de vente par correspondance des musées de France, 2002, p. 2.

18. Frank Lestringant, *Musset*, Flammarion, 1999, p. 307.

19. Yves Bonnefoy (dir.), *Dictionnaire des mythologies*, Flammarion, 1981, t. I, p. 191.

20. Cité in *Feminimasculin, Le Sexe de l'art*, Éd. du Centre Pompidou-Gallimard, p. 363.

21. Monique Durand, *Eaux*, Le Serpent à plumes, 1999, p. 119.

22. Voir Pétrone, *Satiricon*, Les Belles Lettres, 2001.

23. Ioanna Patera et Athanassia Zagrafou, « Femmes à la fête des Halôa : le secret et l'imaginaire », *Clio, Histoire, femmes et société*, 2001, n° 14, p. 29. Le mot grec *choïros* signifie vulve et cochon. *Cf.* Chrystel Besse, « Iconographie du sexe féminin », in *Cachez ce sexe que je ne saurais voir*, Dis voir, 2003, p. 49.

24. Interview de Jean-Marie Bigard, M6, 20 juin 2003.

25. Ronsard, *Livret de folastries*, 1553.

26. Merci à Josette Imbert, grâce à qui j'ai écouté cette chanson d'une oreille plus attentive que dans ma jeunesse.

27. Cité in *Le Monde*, 26 mai 2002.

28. « Ab oculo, le cas bivalve de la femme est pire. Sésame toujours ouvert. Le sexe fendu. » Cité *in Feminimasculin, op. cit.*, p. 362.

29. Ronsard, *Livret de folastries*, 1553.

30. Christelle Taraud, « Jouer avec la marginalité... », *loc. cit.*, p. 81, note 49.

31. Cité in *Feminimasculin, op. cit.*, p. 363.

32. Anaïs Nin, *Vénus erotica,* Le Livre de poche, 1981.

33. Boucheron in *Le Monde*, 15 novembre 2002, et une autre photo, 20 novembre 2002.

34. Lunettes Mikli, affiches à Paris et dans la presse.

35. *Picasso érotique*, exposition, Paris, musée du Jeu de Paume, 2000.

36. Lucio Fontana, *Concetto spaziale, Attesa*, 1966, in *Feminimasculin, op. cit.*, p. 106.

37. Merci à Sacha Scarlat pour son amical soutien et ses précieuses informations sur l'argot suédois.

38. Simone de Beauvoir, *Mémoires d'une jeune fille rangée*, Gallimard, 1958, « Folio », p. 452.

39. Julian Evans in *The Guardian*, 22 décembre 1992 ; sur Internet : http ://books.guardian.co.uk/Print/0,3858, 3921813,00.html

40. Pierre Guiraud, *Structures étymologiques du lexique français*, *op. cit.*, p. 165.

41. Françoise Gange, *Les Dieux menteurs*, Indigo, 1998, p. 130.

42. Dans la chanson de Guy Breton chantée par Colette Renard, *Les Nuits d'une demoiselle.*

43. Diderot, *Les Bijoux indiscrets*, chap. IV.

44. Aragon, *Le Con d'Irène*, Mercure de France [1928], 2000, p. 78.

45. San-Antonio, *Queue-d'âne*, *op. cit.*, p. 186.

46. Marie Nizet, *Pour Axel de Misnie,* 1924.

47. Shri Jayadeva (XIIe siècle), Gita Govinda, *Les Amours de Krishna*, trad. F. Di Dio, Parvati Gosh, N. Ménant, Éd. Émile-Paul, 1957.

48. Cao Xueqin, *Le Rêve dans le pavillon rouge*, *op. cit.*, p. 1606.

49. Vatsyayana, *Le Kama Sutra*, trad. Isidore Liseux, 1885, rééd. International Publishing GmbH, Munich, 1991.

50. *Le Roman de la Rose*, vers 13, 894.

51. Renée Vivien, *Évocations*, 1903.

52. Hermann Hesse, *Le Loup des steppes, op. cit.*, p. 156.

53. San-Antonio, *Queue-d'âne*, *op. cit.*, p. 163.

54. Claude Lévi-Strauss, *Tristes Tropiques*, Plon, 2002, p. 91.

55. Yves Bonnefoy (dir.), *Dictionnaire des mythologies*, *op. cit.*, t. II, p. 313.

56. Rabelais, *Le Quart Livre*, *op. cit.*, chap. XLV, p. 660.

57. Yves Bonnefoy (dir.), *Dictionnaire des mythologies*, *op. cit.*, t. I, p. 360.

58. Genèse, 3, 7.

59. Gel douche Cottage, affiche dans le métro parisien, 2001 et 2002.

60. René Vazquez Diaz, *Saveurs de Cuba*, trad. Bernard Michel, Calmann-Lévy, 2004.

61. Marcel Proust, *À la recherche du temps perdu*, Robert Laffont, « Bouquins », t. I, p. 65.

62. Shahkrukh Husain, *La Grande Déesse-mère*, Albin Michel, 1998, p. 77.

63. *Le Chant de la fidèle Chunhyang*, trad. Choi Mikyung et Jean-Noël Juttet, Zulma, 1999, pp. 58 et 63.

64. *Les Mille et Une Nuits in* Fatema Mernissi, *Le Harem et l'Occident*, Albin Michel, 2001.

65. Shahkrukh Husain, *La Grande Déesse-mère*, *op. cit.*

66. Rabelais, *Le Quart Livre*, *op. cit.*, chap. III, p. 547.

67. « Furies vénériennes » : Rabelais, *Le Cinquiesme Livre*, *op. cit.*, chap. XXIX, p. 835 ;« esbatement vénérien » : Rabelais, *Le Tiers Livre*, *op. cit.*, chap. XXXI, p. 441 ; « combat vénérien » : Rabelais, *Le Cinquiesme Livre*, *op. cit.*, chap. XLV, p. 884 ; « plaisir vénérien » : Rabelais, *Le Tiers Livre*, *op. cit.*, chap. XXVII, p. 427.

CHAPITRE VII. – Du chat au lapin, du con au vagin

1. Georges Perec, *Je me souviens*, Hachette Littératures, 1998.

2. Jacqueline Feldman, *La Sexualité du Petit Larousse ou le Jeu du dictionnaire*, Tierce, 1980.

3. Alfred Ernoux et Antoine Meillet, *Dictionnaire étymologique de la langue latine*, Klinsksieck, 2001 (1re éd.

1934) : « *cunnus*, mot vulgaire avec géminée expressive, se trouve dans des œuvres satiriques, des priapées, des graffitis : "*sinus muliebris quem uolgo cunnum appellant*" (Soran. p. 9, 4) ; d'après Cicéron, "on l'évite en parlant" (*Or.* 45, 154). »

4. Pierre Bec, *Burlesque et obscénité chez les troubadours. Le Contre-Texte au Moyen Âge*, Stock, 1986.

5. Ambroise Paré, *Œuvres complètes*, livre VII, chap. XIV.

6. Rabelais, *Pantagruel*, *op. cit.*, chap. III, p. 181.

7. Rabelais, *Le Quart Livre*, *op. cit.*, « Prologue », p. 531 et *ibid.*, chap. IX, p. 563.

8. Edmond et Jules de Goncourt, *Journal*, Robert Laffont, « Bouquins », 1989, p. 996.

9. Rabelais, *Gargantua*, *op. cit.*, chap. XXII, p. 68 ; connis (pluriel) : chap. XL, p. 119.

10. Interview de Viviane Huchard, directrice du musée de Cluny, France-Inter, 19 août 2003, 11 h 30.

11. Guillaume Apollinaire, *Le Lapin*, in *Le Bestiaire*.

12. Merci à Dominique Lambilliotte, qui m'a formée lors de notre travail sur la première édition (1989) de mon encyclopédie *Le XX*e *siècle des femmes*, Nathan.

13. Miss-tic, *Regarde-moi*, Éd. Alternatives, 2003.

14. Rabelais, *Le Quart Livre*, *op. cit.*, chap. XLIX, p. 672.

15. Monique Wittig, *Les Guérillères*, Minuit, 1969.

16. Mauriceau, *Traité*, 1662, *in* Thomas Laqueur, *La Fabrique du sexe…*, *op. cit.*, p. 277.

17. *Ibid.*, p. 182 *sq.*

18. Monologue de Molly Bloom, *in* James Joyce, *Ulysse*, *op. cit.*, p. 1113.

19. *Dictionnaire des sciences médicales*, 1813, *in* Thomas Laqueur, *La Fabrique du sexe…*, *op. cit.*, pp. 276 et 345 : un ouvrage de référence note que l'imprécision du mot donne lieu à de graves erreurs.

20. *In* Pierre Merle, *Florilège des mots de l'amour*, Plon, 2000, p. 150.

21. Rabelais, *Le Quart Livre*, *op. cit.*, chap. XXXVIII, p. 644.

22. Ronsard, *Les Amours* [1552], Flammarion, 2001.

23. Frank Lestringant, *Musset*, *op. cit.*, p. 146 *sq.*

24. Guillaume Apollinaire, *Lettres à Lou*, Gallimard, 1990, p. 104, lettre du 13 janvier 1915.

25. Monique Wittig, *Le Corps lesbien*, Minuit, 1973, p. 20.
26. Merci à Hélène Marquié et à Clara Domingues pour leurs recherches, leurs informations et leurs réflexions.
27. Verlaine, *Parallèlement*, Gallimard, 1979.
28. André Hardellet, *Lourdes, lentes…*, Gallimard, 1994, p. 28.
29. *Fittstim* en suédois (publiée en 1998), *Fisseflokken* en danois (1999).
30. Louis Pergaud, *La Guerre des boutons, op. cit.*, p. 189.
31. Verrier Elwin, *Maisons des jeunes chez les Muria*, Gallimard, 1959.
32. Jean-Pierre Ombolo, *Sexe et société en Afrique noire*, L'Harmattan, 1990.
33. Joris-Karl Huysmans, *Marthe* [1876], Éditions de Paris, 2002, p. 16.
34. Julien Green, *Partir avant le jour*, Gallimard, 1963.
35. *Janua diaboli*, *in* Tertullien, *De cultu feminarum*, I.
36. Merci à Lucas Chuffart, pour sa recherche, et à Goulven Madec, du CNRS, qui a procédé à la vérification grâce à un logiciel spécialisé.
37. Étienne Choppy, *L'Annonciation*, Agep, « Arts et Mystères », p. 106 ; nombril : p. 45.
38. Merci à la petite sœur de l'histoire, Aurélie Chevalier.
39. Molière, *L'École des femmes*, acte V, scène IV.
40. Rabelais, *Gargantua*, *op. cit.*, chap. XXXIX.
41. San-Antonio, *Queue-d'âne*, *op. cit.*, p. 318.
42. Georges Vigarello, *Histoire du viol*, Seuil, 1998 ; article 222.23 du Code pénal.
43. Collectif féministe contre le viol, *Bulletin 2000*, p. 18.
44. Marie Pas Claire, *Hystériques et… fières de l'être*, Parole de lesbiennes, 1997, p. 5.
45. Dans une chanson de Colette Renard, *Les Nuits d'une demoiselle.*
46. Jacques Dutronc, *Les Play-Boys*, paroles de Jacques Lanzmann.
47. Pierre Bourdieu, *La Domination masculine*, Seuil, 1998, p. 22.
48. Rabelais, *Le Cinquiesme Livre*, chap. XXVI, p. 826.
49. Guy Bechtel, *Les Quatre Femmes de Dieu*, Plon, 2000, p. 227.

50. Interview dans *Epok*, mai 2002.

51. Thomas Laqueur, *La Fabrique du sexe..., op. cit.*, p. 55 et figure 2.

52. Christiane Rochefort, *Le Repos du* guerrier, op. *cit.*, pp. 126, 128, 113.

53. Merci à Marie-France Méhut, qui m'a raconté cette histoire.

54. René Depestre in *Les Hommes sans épaules*, n° 10, 2001, cité dans Henry Lelièvre (dir.), *Les Femmes, mais qu'est-ce qu'elles veulent ?*, Bruxelles, Complexe, 2001.

55. Dans l'émission de Marc-Olivier Fogiel, *On ne peut pas plaire à tout le monde*, France 3, 6 septembre 2002.

56. Dans l'émission de Karl Zéro sur Canal+ ; cité dans *Le Monde*, 15 avril 2003.

57. Voir : http ://www.edizioni-eo.it

N° 54, mars 2000 ; en français, Seuil, 1999.

58. Cité *in* Raphaëlle Branche, *La Torture et l'armée pendant la guerre d'Algérie*, Gallimard, 2001, p. 386, note 1. Le livre, publié en 1962, s'intitule *Djamila Boupacha*. L'article a été publié dans *Le Monde* du 2 juin 1960.

59. Voir le livre du collectif de Boston, *Our Bodies, Ourselves*, 1974. *Notre corps, nous-mêmes*, Albin Michel, 1977.

Voir http ://www.ourbodiesourselves.org

60. Portrait de Bianca Li, in *Libération*, 28 mai 2002.

61. Voir http ://sysx.org/vns/manifesto.html

62. *Les Journaux d'Anne Frank*, trad. Noble, Calmann-Lévy, 1992.

63. Interview dans le magazine féministe américain *Ms*, vol. 8, n° 5, mars 1998, p. 70, où il est précisé que l'interdiction émanait de Standards and Practices.

64. *Monologues du vagin*, trad. Christine Barbaste, Balland, 1999.

65. *Ms*, juin 2001, p. 27.

CHAPITRE VIII. – Une autre bouche

1. Mateo Colombo, *De re anatomica*, 1559.

2. Thomas Laqueur, *La Fabrique du sexe..., op. cit.*, p. 126.

3. Platon, *Timée*, 91 b-d.

4. Danielle Gourevitch, « Le médecin, l'hymen et l'utérus », *L'Histoire*, juillet 2000.
5. Rabelais, *Le Tiers Livre*, *op. cit.*, chap. XXXII, p. 445.
6. *Ibid.*, p. 447.
7. Racine, *Esther*, acte III, scène IV.
8. Racine, *Phèdre*, acte I, scène III.
9. Citée *in* Christine Bard (dir.), *Un siècle d'antiféminisme*, Fayard, 1999, p. 56.
10. TF1, 30 juin 2002, 15 heures, commentaire après le match de finale de la Coupe du monde.
11. George Sand, *Lélia*, 1839, p. 431.
12. Gustave Flaubert, *Correspondance*, 1859, p. 312.
13. Phyllis Chesler, *Women and Madness*, 1972.
14. *Libération*, 1er avril 2002 : « elle était devenue "la reine maman" *(Queen Mum)*, la matrice suprême. »

CHAPITRE IX. – Bouton de rose et tortures

1. Paul Verlaine, *Les Amies*, *Printemps*, 1867.
2. « Picorer le bonbon » dans la chanson de Colette Renard, *Les Nuits d'une demoiselle.*
3. Bartholin, *in* Thomas Laqueur, *La Fabrique du sexe…*, *op. cit.*, pp. 107 et 275-277.
4. *Ibid.* Le *Traité* de 1662 est de Mauriceau ; l'ouvrage français de référence est le *Dictionnaire encyclopédique des sciences médicales.*
5. San-Antonio, *Réflexions pointées sur le sexe*, Fleuve Noir, 1999.
6. « Nos langues chatouillent le clitoris », *in* Sade, *Histoire de Juliette ou les prospérités du vice*, in *Œuvres*, Gallimard, « Bibliothèque de la Pléiade », 1998, t. III.
7. Traduit en anglais, *The Anatomist*, Éditions Doubleday, 1998.
8. Thomas Laqueur, *La Fabrique du sexe…*, *op. cit.*, pp. 90 et 305.
9. Groupe de lesbiennes françaises qui s'est fait connaître par un communiqué diffusé en novembre 2002.
10. Cette histoire m'a été racontée par Marie-Ange Filippi, que je remercie.
11. *Dépêche mode*, juillet 1997.

12. Zep et Hélène Bruller, *Le Guide du zizi sexuel*, Glénat, 2001, p. 35.

13. Maya Jaggi, « Pleasure Principle », *The Guardian*, 10 septembre 1998.

14. *Ms*, août-septembre 1999, p. 68.

15. *Courrier international*, 3 septembre 1998.

16. Natacha Henry, « L'excision vue par la religion », *Notre Histoire*, n° 151, 1997.

17. Nawal el-Saadawi, *La Face cachée d'Ève. Les femmes dans le monde arabe*, Des femmes, 1982.

18. Wilfred Thesiger, *Le Désert des déserts*, Plon, 1993, coll. « Terre humaine ».

19. Christian Jelen, *La France éclatée*, Nil, 1996 ; l'article qui l'interdit porte le n° 16.3 dans le Code civil.

20. Friedrich-Karl Forberg, *Manuel d'érotologie classique*, en latin (1824), trad. Bonneau, Joëlle Losfeld, 1994.

21. Marie Bonaparte, « Notes sur l'excision », *in* Thomas Laqueur, *La Fabrique du sexe…, op. cit.*, p. 280.

22. Michelle Perrot, *Les Femmes ou les silences de l'histoire*, Flammarion, 1998, p. 419. Cf. le livre du docteur Zambaco, 1882, rééd. Solin, 1978. Voir Michèle Le Dœuff, *Le Sexe du savoir*, Aubier, 1998, p. 206.

23. *In* Claude Cohen-Safir, *Cartographie du féminin dans l'utopie*, L'Harmattan, 2000, p. 115.

24. Martha Coventry, « Making the cut », *Ms*, octobre-novembre 2000, p. 52. La revue scientifique est *Journal of Surgery*.

25. Thomas Laqueur, *La Fabrique du sexe…, op. cit.*, p. 199 *sq*.

26. *Le Monde*, 19 mars 2002.

27. In *Des Africaines contre l'excision*, film documentaire de Dagmar Brendecke et Anke Muller-Belecke, 1999 (diffusé sur Arte, 7 mars 2000).

28. A. M. Vergiat, *Rites secrets des primitifs de l'Oubangui* [1936], L'Harmattan, 1981.

29. Kelly Purdue, *Au nom des femmes*, Journeyman Pictures, 2000.

30. Françoise Héritier, *Masculin féminin II*, Odile Jacob, 2002, p. 172.

31. Rabelais, *Le Tiers Livre*, *op. cit.*, chap. II, p. 337.

32. Le *Trésor de la langue française* cite : « Capuron, *Nouv. dict. de méd.*, Paris, 1806 et Nysten, 1814. »

33. Les Guignols de l'Info, Canal+, 5 juin 2002.

34. Monologue de Molly Bloom, *in* James Joyce, *Ulysse*, *op. cit.*, p. 1096.

35. Rabelais, *Le Tiers Livre*, *op. cit.*, chap. XVIII, p. 393, notes de Jacques Boulenger. Voici le texte original : « Les femmes, au commencement du monde, ou peu après, ensemblement conspirèrent escorcher les hommes tous vifz, par ce que sus elles maistriser vouloient en tous lieux [ils voulaient les dominer] [...]. Elles commencèrent escorcher l'homme, ou gluber [écorcer], par la partie qui plus leurs hayte [les réjouit], c'est le membre nerveulx, caverneulx ; plus de six mille ans a [il y a plus de 6 000 ans de cela], et toutesfoys jusques à præsent n'en ont escorché que la teste. Dont, par fin despit, les Juifz eulx-mêmes en circuncision se le couppent et retaillent, mieulx aymans estre dictz recutitz [circoncis] et retaillatz [retaillés] marranes [convertis], que escorchéz par femme, comme les aultres nations. »

36. Jean-Claude Grumberg, *L'Enfant do*, Arles, Actes Sud, 2002.

37. Pierre Perret, *Le Parler des métiers*, Robert Laffont, 2002 (argot des chirurgiens).

38. Annick de Souzenelle, *Le Symbolisme du corps humain*, Dangles, 1984, p. 136.

39. Genèse, 17, 11-12, trad. Lemaître de Sacy.

40. Annick de Souzenelle, *Le Symbolisme..., op. cit.*

41. David Biale, *Éros juif*, trad. Isabelle Rozenbaumas, Arles, Actes Sud, 1997, p. 71.

42. Thomas Laqueur, *La Fabrique du sexe..., op. cit.*, p. 314, cite l'ouvrage de Fallope.

43. Paul, Épître aux Romains, 2, 29.

44. *DS*, septembre 1998, reportage sur un circonciseur dans un beau quartier d'Istanbul.

45. *Actualité juive*, 18 janvier 2001.

46. In *Courrier international*, 24 janvier 2002.

47. Jacqueline Feldman, *La Sexualité du Petit Larousse..., op. cit.*

48. Germaine Greer, *op. cit.*, p. 97.

49. Dr Annequin, *La Recherche*, novembre 2000.

50. *Le Monde*, 5 mars 1999.

51. Reportage dans *Courrier international*, 20 mai 1999, p. 62.

52. Site http ://www.noharmm.org
53. *M Magazine*, janvier 2001.
54. Monologue de Molly Bloom, *in* James Joyce, *Ulysse*, *op. cit.*, p. 1072.

CHAPITRE X. – Histoire(s) du membre

1. Pierre Perret, *Le Zizi*, 1974.
2. Sauterelle : San-Antonio, *Queue-d'âne*, *op. cit.*, p. 82. Perchoir à cigognes : *ibid.*, p. 82.
3. Jacqueline Feldman, *La Sexualité du Petit Larousse...*, *op. cit.*
4. Jean-Marie Arrighi, « Le mot du mois : *Amori* », *Corsica*, juillet 2003, p. 52.
5. Rabelais, *Gargantua*, *op. cit.*, chap. XVII, p. 54.
6. Rabelais, *Le Quart Livre*, *op. cit.*, Prologue, pp. 528, 531, 532.
7. Aimé Césaire, *Cahier d'un retour au pays natal*, Présence africaine, 1991.
8. Rabelais, *Pantagruel*, *op. cit.*, chap. VI, p. 191.
9. Nombres, 17, 16-26.
10. La source indiquée par le *Trésor de la langue française* est « Ch. Guillemeau, *Ostomyologie*, p. 507 ».
11. Suzanne Lilar, *La Confesssion anonyme*, Gallimard, 1983, p. 171 ; Emmanuelle Arsan, *Emmanuelle* ; Catherine Breillat, *Pornocratie*, Denoël, 2001.
12. Jean Genet, *Poèmes* [1948], Gallimard, 1999, p. 18.
13. Montaigne, *Essais*, I, 23.
14. Rabelais, *Le Tiers Livre*, *op. cit.*, chap. IX, p. 359.
15. Michel del Castillo, *Les Étoiles froides*, Stock, 2001.
16. Sur Europe 2, juin 2001.
17. Rabelais, *Le Quart Livre*, *op. cit.*, p. 531.
18. Rabelais, *Gargantua*, *op. cit.*, chap. XI, p. 39.
19. Madeleine Foisil, *Journal de Jean Héroard*, Fayard, 1989.
20. Julien Green, *Partir avant le jour*, *op. cit.*
21. Monologue de Molly Bloom, *in* James Joyce, *Ulysse*, *op. cit.*, p. 1083.
22. Henry Havelock Ellis, *La Sélection sexuelle chez l'homme*, Tchou, 1966.

23. S. Freud, conférence « La Féminité » [1932], Gallimard, 1971 cité in *Feminimasculin, op. cit.*, p. 340.

24. Rabelais, *Pantagruel*, chap. I, p. 176 ; *Le Quart Livre*, *op. cit.*, chap. XL, p. 649.

25. Rabelais, *Pantagruel*, *op. cit.*, chap. XXI, p. 262.

26. Chantée par Florence Pelly, spectacle à l'Européen (Paris), novembre 2002.

27. Jean de Meung, *Le Roman de la Rose*, vers 7113.

28. Christelle Taraud, « Jouer avec la marginalité... », *loc. cit.*, p. 82.

29. Louis Pergaud, *La Guerre des boutons, op. cit.*, pp. 37, 48.

30. Elle se trouve dans Rabelais, *Gargantua*, *op. cit.*, chap. XL, p. 120 : *« ad formam nasi »*.

31. Pierre Bourdieu, *La Domination masculine*, *op. cit.*, p. 18, note 9.

32. Edmond Rostand, *Cyrano de Bergerac,* 1898, acte I, scène IV.

33. Cité in *Le Monde*, 12 juillet 2002.

34. Merci à Nelly Trumel-Campo pour cette histoire et pour bien d'autres de ses cadeaux.

35. Rabelais, *Le Tiers Livre*, *op. cit.*, chap. VIII, p. 357.

36. *Ibid.*, chap. XVIII, p. 391.

37. Diffusé sur Téva, 20 janvier 2002.

38. Reproduction dans *L'Histoire*, octobre 1997, p. 9.

39. A. N. Afanassiev, *Contes érotiques russes*, cité in *Libération*, 13 août 2002.

40. Marie Dauguet, *Les Pastorales*, 1908.

41. Rabelais, *Le Tiers Livre*, *op. cit.*, chap. XXVIII, p. 429.

42. René Vazquez Diaz, *Saveurs de Cuba*, trad. Bernard Michel, Calmann-Lévy, mars 2004.

43. Merci à Lillo Leonardi pour l'aide qu'il m'a apportée, au pied levé et avec tant d'obligeance.

44. H. C. Andersen, in *Œuvres*, t. I, trad. Régis Boyer, Gallimard, Bibliothèque de la Pléiade, 1992, pp. 24-25.

45. Taslima Nasreen, *Enfance, au féminin*, trad. Philippe Benoît, Stock, 1998, p. 166.

46. Michel Leiris, *Mots sans mémoire*, Gallimard, 1969.

47. Christiane Rochefort, *Le Repos du guerrier, op. cit.*, p. 144.

48. Laurent Gidon, in *Télérama*, 9 septembre 1998.
49. L'Arétin, *Les Ragionamenti* (1534), éd. bilingue, trad. Larivaille, Les Belles-Lettres, 1999, p. 85.
50. Merci à Julien Théry pour son introduction à l'argot sexuel italien.
51. Boggione-Casalegno, *Dizionario storico del lessico erotico italiano*, Milan, Longanesi, 1996.
52. Louis-Ferdinand Céline, *Mort à crédit* [1936], Gallimard, 1990, p. 261.
53. David Herbert Lawrence, *L'Amant de lady Chatterley*, *op. cit.*, p. 364.
54. Jorge Semprun, *Le Mort qu'il faut*, Gallimard, 2001, p. 126. Son camarade espagnol appelle sa propre verge « Alejandro ».
55. Rabelais, *Pantagruel*, *op. cit.*, chap. XXI, pp. 264 et 261.
56. David Herbert Lawrence, *L'Amant de lady Chatterley*, *op. cit.*, p. 378.
57. *Courrier international*, 4 octobre 2001, explication du nom du héros du roman de V. S. Naipaul, *Half a Life*, 2001.
58. Bharati Mukherjee, *Jasmine*, trad. Martine Béquié, Aix-en-Provence, Alinéa, 1992, p. 40.
59. Rabelais, *Pantagruel*, *op. cit.*, chap. I, p. 173.
60. Sidi Mohammed al-Nafzaoui, *La Prairie parfumée où s'ébattent les plaisirs*, XVe siècle, cité dans Yamina Benguigui, *Le Jardin parfumé,* film documentaire, 2000.
61. *Le Monde*, suppl. *Le Monde interactif*, 10 octobre 2001.
62. San-Antonio, *Queue-d'âne*, *op. cit.*, p. 86 (brise-jet) et p. 87 (pic à glace).
63. Henry Miller, *Sexus*, Éd. Flamingo, 1993. *Sledgehammer* : p. 156 ; *like a hammer* : p. 167.
64. Abdelwahab Bouhdiba est l'auteur de *La Sexualité en Islam*, PUF, 1986.
65. Christelle Taraud, « Jouer avec la marginalité… », *loc. cit.*, p. 81, note 49.
66. Rabelais, *Le Cinquiesme Livre*, *op. cit.*, chap. XXX, p. 839 ; pistolandier : Rabelais, *Le Quart Livre*, *op. cit.*, chap. XLIV, p. 688.
67. Le Roux, *Dictionnaire comique.*

CHAPITRE XI. – Être ou ne pas être… à la hauteur

1. San-Antonio, *Céréales killer*, Fleuve Noir, 2001 ; « j'allumais du kangourou » et « elle commençait à m'faire frémir du bigoudi », p. 167.

2. *Libération*, 31 août 2002.

3. *Trésor de la langue française* : « Littré indique la date de 1562 et la source : A. Paré, I, 32 ».

4. Rabelais, *Le Tiers Livre*, *op. cit.*, chap. XLIII, p. 483.

5. San-Antonio, *Queue-d'âne*, *op. cit.*, p. 335.

6. Le *Trésor de la langue française* indique : 1834 (Boiste).

7. Le caiche roidde : *Gargantua*, *op. cit.*, chap. XXXIX, p. 115 ; bracquemars enroiddys : *Pantagruel*, *op. cit.*, chap. XV, p. 233 ; roidir le bout : *Le Cinquiesme Livre*, *op. cit.*, chap. VII, p. 768.

8. Rabelais, *Gargantua*, *op. cit.*, chap. XI, p. 39.

9. San-Antonio, *Queue-d'âne*, *op. cit.*, p. 51 ; « au caleçon » p. 114.

10. Adolf Loos, *L'Ornement est un crime*, 1908 : « Le premier ornement jamais apparu, à savoir la croix, était d'origine érotique. La première œuvre d'art, le premier geste érotique par lequel le premier artiste donna libre cours à son exubérance en gribouillant sur un mur était érotique. Une ligne horizontale : la femme allongée. Une ligne verticale : l'homme qui la pénètre. » Cité in *Feminimasculin, op. cit.*, p. 372.

11. Hervé Bazin, *Le Matrimoine*, Grasset, 1967.

12. *Libération*, 7 juillet 2002.

13. « T'as la couleuvre qui fait la belle dans ton Éminence », *in* San-Antonio, *Queue-d'âne*, *op. cit.*, p. 203.

14. Henry Miller, *Sexus, op. cit.*, p. 96.

15. Serge Lama, *Nostalgie d'un harem*, 1987.

16. Sade, *Histoire de Juliette*, *op. cit.*

17. Rabelais, *Le Tiers Livre*, *op. cit.*, chap. XXVII, p. 427 : Panurge à frère Jean.

18. Monologue de Molly Bloom, *in* James Joyce, *Ulysse*, *op. cit.*, p. 1064.

19. San-Antonio, *Queue-d'âne*, *op. cit.*, p. 102.

20. *Des animaux et des hommes*, spectacle de Jean-Marie Bigard au Zénith, décembre 2002-juin 2003. J'ai relevé la description de cette scène sur le forum des Chiennes de garde en décembre 2002.

21. Michel Quint, *Aimer à peine*, Joëlle Losfeld, 2002.

22. Louis Aragon, *La Défense de l'infini*, *Le Con d'Irène* [1928], Gallimard, 1986, p. 47.

23. Alain Roehr, *Chambres obscures*, Phébus, 2002.

24. Louise Bourgeois, texte distribué à l'exposition au palais de Tokyo, Paris, octobre 2002.

25. Montaigne, *Essais*, I, 21.

26. San-Antonio, *Queue-d'âne*, *op. cit.*

27. Kelly Purdue, *Au nom des femmes*, Journeyman Pictures, 2000.

28. Molière, *Tartuffe*, acte III, scène II.

29. Ambroise Paré, *Œuvres complètes, op. cit.*, t. I, 1840. Réponse de Paré (se référant à Galien qui décrit le système de génération), p. 3.

30. Affiche dans le métro parisien, octobre 2002, pour le spectacle de Michaël Youn à La Cigale le 7 janvier 2003.

31. Françoise Héritier, interview dans *Libération*, 18 août 2001.

32. Philippe Brenot, *Les Médecins de l'amour*, Zulma, 1998, p. 106 ; cite K. R. Eissler, *Léonard de Vinci, Étude psychanalytique*, PUF, 1980.

33. Rabelais, *Le Tiers Livre*, *op. cit.*, chap. II, p. 337.

34. Dany Laferrière, *Cette grenade dans la main du jeune nègre est-elle une arme ou un fruit ?*, Le Serpent à plumes, 2002.

35. Antonio Fischetti, *L'Angoisse du morpion avant le coït*, Albin Michel, 2002, p. 149.

36. Paul Brouardel, *La Pendaison, la strangulation, la suffocation, la submersion*, Baillière, 1897.

37. Antonio Fischetti, *L'Angoisse…*, *op. cit.*, p. 81.

38. Le *Coran*, sourate 56, trad. Masson, Gallimard, 1967, p. 669.

39. Abdelwahab Bouhdiba, *La Sexualité en Islam*, PUF, 1986.

40. Rabelais, *Le Quart Livre*, *op. cit.*, chap. XXX, p. 621, pour se moquer de Carême prenant.

41. Rabelais, *Le Cinquiesme Livre*, *op. cit.*, chap. XIX, p. 801.

42. Flétris du panais : San-Antonio, *Queue-d'âne*, *op. cit.*, p. 194.

43. *Libération*, 26 mars 1998.

44. Rabelais, *Le Tiers Livre, op. cit.*, chap. XXVII, p. 427.

45. Pascal Perrineau, *Le Symptôme Le Pen. Radiographie des électeurs du Front national*, Fayard, 1997.

46. Christine Bard (dir.), *Un siècle d'antiféminisme, op. cit.*, p. 369.

47. Monologue de Molly Bloom, *in* James Joyce, *Ulysse, op. cit.*, p. 1091.

48. Mahmut Makal, *Un village anatolien. Récit d'un instituteur paysan*, Plon, 1963, p. 105.

49. David Herbert Lawrence, *L'Amant de lady Chatterley, op. cit.*, p. 38.

50. Monologue de Molly Bloom, *in* James Joyce, *Ulysse, op. cit.*, p. 1076.

51. Rideau : San-Antonio, *Queue-d'âne, op. cit.*, p. 85.

52. Louis-Ferdinand Céline, *Mort à crédit, op. cit.*, p. 326.

53. Christiane Rochefort, *Le Repos du guerrier, op. cit.*, pp. 144 et 136.

54. Didier Dumas, *La Sexualité masculine*, Livre de poche, 1990, p. 138.

55. San-Antonio, *Queue-d'âne, op. cit.*, p. 210.

56. Cigare : San-Antonio, *Céréales killer, op. cit.* ; zif-folo : San-Antonio, *Queue-d'âne, op. cit.*, p. 319.

57. San-Antonio, *Queue-d'âne, op. cit.*, p. 131.

58. Montaigne, *Essais*, Livre de poche, 2002. Il s'agit du roi d'Égypte Amasis et de la belle Grecque Laodice.

59. Lettre de Gauguin, lue à France-Culture, 30 avril 2003.

60. Thomas d'Aquin, *Somme théologique, in* Guy Bechtel, *Les Quatre Femmes de Dieu*, Plon, 2000, p. 88.

61. Mahmut Makal, *Un village anatolien..., op. cit.*

62. Nouakchott : Jean-Jacques Mandel in *Géo*, juillet 1998 ; en mars 1997, premier mort à Bamako ; Dakar in *Le Monde*, 3 août 1997.

63. Ghana in *Le Monde*, 9 septembre 2001 ; Cotonou (Bénin), voir *Courrier international*, 13 décembre 2001, *Le Monde*, 22 décembre 2001.

64. Stendhal, lettre à Mareste, 14 novembre 1820, citée in *Trésor de la langue française.*

65. Baudelaire, lettre du 31 août 1857.

66. Christine Bard (dir.), *Un siècle d'antiféminisme, op. cit.*, p. 373.

67. Anna Maria Tato, *Mi ricordi, si, mi ricordi*, *op. cit.* ; il ne se rappelait plus si c'était la marine brésilienne ou argentine ; *Le Bel Antonio*, film de Mauro Bolognini (1960), d'après le roman de Vitaliano Brancati.

68. Communiquée par Éliane Crouzet, que je remercie.

69. Merci à mon frère de cœur Benoît Omont, qui me l'a fait découvrir.

70. Yves Bonnefoy (dir.), *Dictionnaire des mythologies*, *op. cit.*, t. II, p. 69.

71. Katherine et Brian Behan, *Mère de tous les Behan*, *op. cit.*, p. 71.

72. Laure Beaumont-Maillet (éd.), *La Guerre des sexes*, Albin Michel, 1984. Merci à Stéphane Escat qui me l'a offert.

73. *Courrier international*, 28 mars 2002.

74. Françoise Héritier, *Masculin féminin II, op. cit.*, p. 255.

75. Cf. Suzanne Képès, *Le Corps libéré. Psychosomatique de la sexualité*, Syros, 2001.

76. Germaine Greer, *La Femme entière, op. cit.*, pp. 260 et 265.

CHAPITRE XII. – Du gode au phallus

1. *Le Monde* (19 décembre 2001) cite cette publicité pour Ikea.

2. http ://www.laredoute.fr/redoutefr/sBoutique/1,1170,,00.html

3. Mona Larsen, « Dildos et compagnie, ou comment ta quéquette ne vaut pas tripette », *Scum Grrrls*, Bruxelles, nº 1, printemps 2002, p. 15-16.

4. *Dictionnaire de sexologie*, Pauvert, 1962.

5. Colette, *Gigi* [1944], Hachette littératures, 1988, p. 195.

6. Niki de Saint-Phalle, *Mon secret*, La Différence, 1994.

7. Rabelais, *Le Quart Livre*, *op. cit.*, chap. XXXVIII, p. 643 ; voir aussi *Le Tiers Livre, op. cit.*, chap. XIX, p. 396.

8. Par exemple, Yves Bonnefoy (dir.), *Dictionnaire des mythologies*, *op. cit*, t. I, p. 466.

9. *Ibid.*, t. I, p. 3.

10. Jean-Pierre Vernant, *La Mort dans les yeux*, *op. cit.*

11. Interview dans *Charlie Hebdo*, 28 avril 1999.

12. Pasteur Maurice Leenhardt, in *Géo*, août 1998.

13. Ioanna Patera et Athanassia Zagrafou, « Femmes à la fête des Halôa : le secret et l'imaginaire », *Clio, Histoire, femmes et société*, 2001, n° 14, pp. 17-46.
14. Deborah Puccio, « Sainte Agathe, les femmes et le chocolat », *ibid.*, pp. 139-153.
15. Au Chili, *cf. Courrier international*, 14 février 2002 ; en France, *cf. Libération*, 22 juin 2002.
16. Yves Bonnefoy (dir.), *Dictionnaire des mythologies*, *op. cit.*, t. II, p. 311.
17. Pline, *Histoire naturelle*, 33, 1.
18. Walter Kendrick, *The Secret Museum, Pornography in Modern Culture*, New York, Viking Penguin, 1987.
19. *Libération*, 10 juillet 2001.
20. *Le Monde*, 16 mars 2002.
21. Jacques Merceron, *Dictionnaire des saints imaginaires et facétieux*, Seuil, 2002.
22. *Courrier international*, 30 août 2001.
23. Jacques Dutronc, *Il est cinq heures, Paris s'éveille*, paroles de Jacques Lanzmann, 1968.
24. *Libération*, lettre de lectrice, 15 janvier 2002.
25. Taslima Nasreen, *Femmes*, trad. Haas, Librio, 2002, p. 89.
26. Rabelais, *Le Quart Livre*, *op. cit.*, chap. XVI, p. 587.
27. Charles de Brosses, *Lettres d'Italie*, Mercure de France, 1986, t. I, p. 160.
28. *Charlie Hebdo*, 19 septembre 2001.
29. Expression du sculpteur Alain Kirili, *Le Monde*, 8 novembre 2001.
30. Paul Morand, *New York* [1930], Flammarion, 1988, p. 27.
31. Catherine Beaunez, *On les aura !,* Au diable vauvert, 2001, p. 63.
32. Jérôme Baschet, « Images et fantasmes du Moyen Âge », *L'Histoire*, octobre 1997, p. 9.
33. Yvonne Kniebiehler, *La Sexualité et l'histoire*, Odile Jacob, 2002, p. 211.
34. Pierre Drieu La Rochelle, *Une femme à sa fenêtre*, Gallimard, 1996, p. 225.
35. Guillaume Apollinaire, *Lettres à Lou*, *op. cit.*, p. 185.
36. *Le Monde*, supplément littéraire, 6 novembre 1998.
37. Michel Tournier, *La Goutte d'or*, Gallimard, 1985.

38. Montorsi, affiches en France, mai 2001.
39. Samsung, in *Courrier International*, 13 juin 2002.
40. Voir *Trésor de la langue française* : « la nature phallique de cette action symbolique », 1922, in *La Psychopathologie de la vie quotidienne*, trad. S. Jankélévitch, Payot, p. 227.
41. Christian Demoulin, « La Sexualité féminine dans le malaise de la civilisation », Conférence à Liège le 19 février 2000. Les trois textes de S. Freud les plus importants sur la phase phallique sont : « Quelques conséquences psychiques de la différence anatomique entre les sexes », 1925, *Nouvelles conférences sur la psychanalyse*, Gallimard, 1936, pp. 123-132 ; « Sur la sexualité féminine », 1931, *ibid.*, pp. 139- 155 ; « La féminité », *ibid.*, pp. 147-178.
42. Beatriz Preciado, *Manifeste contra-sexuel*, Balland, 2000. Le passage concerne le gode qui « vient occuper une place centrale entre le phallus et le pénis. Il va agir comme un filtre et dénoncer la prétention du pénis à se faire passer pour le phallus ».
43. Jacques Lacan, *Direction de la cure*, in *Écrits*, Le Seuil, 1999, p. 642.
44. *Trésor de la langue française* : « mère phallique », 1926, *in* R. Laforgue, *À propos du surmoi*, Communication, 30 novembre, in *Revue française de psychanalyse*, 1re année, no 1, p. 79 *sqq.* (1927) ; « phase phallique », 1946, Mounier, *Traité de caractérologie*, p. 144 ; « stade phallique », 1950, Maryse Choisy, *Qu'est-ce que la psychanalyse ?*, p. 45.
45. Jean Laplanche et J.-B. Pontalis, *Vocabulaire de psychanalyse*, PUF, 1967, p. 310.
46. *Dream on*, http ://www.panikon.com/phurba/alteng/p.html
47. *L'Express*, 16 août 2001.
48. Interview par Bernard Pivot, cité par Françoise Giroud, *Le Nouvel Observateur*, 23 avril 1997.
49. *Le Nouvel Observateur*, 25 mai 2002.

CHAPITRE XIII. – Témoins de quoi ?

1. Troïka : San-Antonio, *Queue-d'âne*, *op. cit.*, p. 204 ; manche à burnes : *ibid.*, p. 264.
2. Louis Pergaud, *La Guerre des boutons*, *op. cit.*, p. 12.

3. Rabelais, *Gargantua*, *op. cit.*, chap. XXVIII, p. 88.
4. Rabelais, *Le Quart Livre*, *op. cit.*, chap. XVIII, p. 594.
5. San-Antonio, *Queue-d'âne*, *op. cit.*, p. 205.
6. Yves Beauchemin, *L'Enfirouapé*, Montréal, La Presse, 1974, p. 57.
7. Montaigne, *Essais*, I, 23, p. 147.
8. Rabelais, *Le Tiers Livre*, *op. cit.*, chap. II, p. 337.
9. Georges Brassens, *L'Épave*, 1966.
10. Rabelais, *Le Tiers Livre*, *op. cit.*, chap. XXVI, p. 425.
11. San-Antonio, *Queue-d'âne*, *op. cit.*, p. 369.
12. Maurice Maeterlinck, *L'Intelligence des fleurs*, Éditions Fasquelle, 1907.
13. Article dans *Courrier international*, 10 juin 2001.
14. *Trésor de la langue française* : Ambroise Paré, *De l'Anatomie,* livre I, chap. XXVIII, Éd. Malgaigne, 1983, t. I, p. 155 et chap. XXIX, t. I, p. 156.
15. Pierre Perret, *Le Zizi*, 1974.
16. Skis Salomon, affiche sur les bus parisiens, février 2002.
17. Pierre Brûlé, « Les pratiques contraceptives chez les Grecs », *L'Histoire*, novembre 2001, p. 68.
18. Rabelais, *Le Quart Livre, op. cit.*, chap. XXII, p. 603.
19. Antonio Fischetti, *L'Angoisse…*, *op. cit.*, p. 175.
20. Il écrit crémastères : Rabelais, *Le Tiers Livre*, *op. cit.*, chap. II, p. 337.
21. Rabelais, *Le Tiers Livre*, *op. cit.,* chap. VII, p. 353.
22. *Ibid.*, chap. VIII, pp. 355-356 ; Adam et Ève, in Genèse, 3, 7.
23. San-Antonio, *Queue-d'âne*, *op. cit.*, p. 339.
24. Francis Miot, 48 rue Joffre, 64000 Pau. Merci à Annick et Henri qui m'en ont offert une boîte.
25. « Ça t'porte aux glandes » : San-Antonio, *Queue-d'âne*, *op. cit.*, p. 277.
26. Ou « film de cul » selon John B. Root, *Libération*, 29 juillet 2002.
27. Siné, in *Charlie-Hebdo*, 30 juillet 2003.
28. Slips Hom, 1999.
29. Jean Giono, *Le Grand Troupeau* [1931], Gallimard, 1977, p. 266.
30. Francis Ponge, *Comment une figue de paroles et pourquoi*, Flammarion, 1977.

31. Information communiquée par Éliane Crouzet, que je remercie.

32. Rabelais, *Pantagruel*, *op. cit.*, chap. XXVIII, p. 287.

33. Rabelais, *Le Quart Livre*, *op. cit.*, chap. XLVIII, p. 668.

34. Rabelais, *Le Cinquiesme Livre*, *op. cit.*, chap. XVI, p. 794.

35. Apollinaire, *Le Flâneur des deux rives* [1928], Gallimard, 1949.

36. « Nain d'la couille » : Erik Orsenna, *La grammaire est une chanson douce*, Livre de poche, 2001, p. 51.

37. Virginie Despentes, in *Libération*, 7 juillet 2002.

38. *Charlie Hebdo*, 15 janvier 2003.

39. Ce passage doit beaucoup aux informations transmises par Angel Ruiz et Henri Boulbés, que je remercie.

40. James Salter, *Une vie à brûler*, L'Olivier, 1999 ; interview dans *Télérama*, 20 octobre 1999.

41. Rabelais, *Le Quart Livre*, *op. cit.*, Prologue.

42. *Muteen*, septembre 2002.

43. Rabelais, *Gargantua*, *op. cit.*, chap. XIII, p. 44.

44. Rabelais, *Pantagruel*, *op. cit.*, chap. III, p. 181.

45. Rabelais, *Gargantua*, *op. cit.*, chap. XXXIX, p. 114. Il cite mille caresses et embrassements entre frère Jean et Grandgousier qui traite le premier de « couillon ».

46. Rabelais, *Le Quart Livre*, *op. cit.*, chap. XXIX, p. 620 : « couillette » (frère Jan à Pantagruel) ; Panurge à frère Jean : « mon petit couillaud », *Le Cinquiesme Livre*, *op. cit.*, chap. XV, p. 787 ; *Le Tiers Livre*, *op. cit.*, chap. XXIII, p. 412, Panurge à frère Jean : « couillasse » ; *ibid.*, chap. XXI, p. 400 : « couillon » ; *Gargantua*, *op. cit.*, chap. XLI, p. 122 : « mon petit couillaust » Ponocrates à frère Jean ; *Pantagruel*, chap. I, p. 177 : « bons couillaux » ; *Le Tiers Livre*, *op. cit.*, chap. XXI, p. 403, frère Jean à Panurge : « pour l'amour de toi, couillette » (Rabelais écrit soit « frère Jean » soit « frère Jan »).

47. « … claustral et cabalicque » : Rabelais, *Le Tiers Livre*, *op. cit.*, chap. XV, p. 383 ; « …masculinant » : *ibid.*, chap. XXVI, p. 422 ; « … perclus » : *ibid.*, chap. XXVIII, p. 430.

48. Rabelais, *Le Cinquiesme Livre*, *op. cit.*, chap. IX, p. 771.

49. Rabelais, *Gargantua*, *op. cit.*, chap. XXXII, p. 94.
50. Louis Pergaud, *La Guerre des* boutons, *op. cit.*, p. 13.
51. *Libération*, 20 août 2002.
52. *Marianne*, 24 juin 2002.
53. *Libération*, 4 juillet 2002.
54. Match du 11 juin 2002.
55. Denis Crouzet, *Les Guerriers de Dieu*, Champvallon, 1990.
56. Cité *in* Raphaëlle Branche, *La Torture et l'armée pendant la guerre d'Algérie*, Gallimard, 2001, p. 296 note.
57. *Ibid.*, p. 44.
58. Pierre Clastres, *Chronique des Indiens Guayaquil*, Plon, coll. « Terre humaine », rééd. 2001.
59. Philippe Val, *La Corrida*.
60. *Courrier international*, 24 janvier 2002.
61. Rabelais, *Le Tiers Livre*, *op. cit.*, chap. XII, p. 369.
62. Escouiller : *ibid.*, chap. XXXI, p. 439 ; eunuche et escouillé : *ibid.*, p. 440 ; impotens à l'esbatement vénérien : *ibid.*, p. 441 ; éviré : *Le Quart Livre*, *op. cit.*, chap. XXIII, p. 606.
63. Parmi de nombreux exemples, voir Cao Xueqin, *Le Rêve dans le pavillon rouge*, *op. cit.*, pp. 398-399.
64. Entendu sur RTL, 25 février 2003.
65. Louis Pergaud, *La Guerre des boutons, op. cit.*, p. 28.
66. Vladimir Nabokov, *Roi, dame, valet*, *op. cit.*, p. 187.
67. Merci à Irène van de Ponseele, d'Auger-Saint-Vincent (Oise), fondatrice de L'Ânerie picarde.
68. Merci à Claudine de Monfreid, spécialiste de chiens, pour ces informations.
69. Émile Pouget, 19 février 1899 (in *Le Monde libertaire*, n° 1266 du 31 janvier 2002), sur le site http ://jccabanel.free.fr
70. Yves Bonnefoy (dir.), *Dictionnaire des mythologies*, *op. cit.*, t. I, p. 352 ; Hésiode, *Théogonie*.
71. Flaubert, *La Tentation de saint Antoine* [1874], Gallimard, 1983, p. 138.
72. Philippe Borgeaud, *La Mère des dieux*, Seuil, 1996, pp. 70 et 201.
73. Rabelais, *Le Tiers Livre*, *op. cit.*, chap. XLVI, p. 489.
74. Irina A. Tulpe et Evgeny A. Torchinov, « The Castrati ("Skoptsy") Sect in Russia : history, teaching and religious

practice », *The International Journal for Transpersonal Studies*, 2000, vol. XIX, pp. 77-87 (Panigada Press), accessible sur le site http ://etor.h1.ru/castrati.html

75. Christian Blachas, à *CB News*, 14 mai 2001.
76. Philippe Kieffer, in *Libération*, 2 septembre 2002.
77. George Orwell, lettre à Brenda Salkeld, 1934.
78. Jean Lartéguy, *Lettre ouverte aux bonnes femmes*, 1972, *in* Christine Bard (dir.), *Un siècle d'antiféminisme*, *op. cit.*, p. 305.
79. Germaine Greer, *La Femme eunuque, op. cit.*, p. 258.
80. Entretien avec l'auteur.

CHAPITRE XIV. – La bonne taille

1. Henry Miller, *Sexus*, *op. cit.* La citation choisie par Kate Millett se trouve p. 166. Je remercie Annick Boisset qui a recherché et traduit les passages.
2. *Ibid.*, p. 114.
3. Affiche pour le spectacle de décembre 2001, également publiée dans *Le Monde*, 18 août 2001.
4. Rabelais, *Le Cinquiesme Livre*, *op. cit.*, chap. XXVIII, p. 833.
5. Rabelais, *Pantagruel*, *op. cit.*, chap. I, p. 173.
6. Article « Priape », *in* Yves Bonnefoy (dir.), *Dictionnaire des mythologies*, *op. cit.*
7. Rabelais, *Le Quart Livre*, *op. cit.*, Prologue, p. 528.
8. San-Antonio, *Queue-d'âne*, *op. cit.*
9. « Sexualité : si on en parlait ? », M6, 3 décembre 2002.
10. Ambroise Paré, *Œuvres complètes*, *op. cit.*, t. I. Réponse de Paré [référence à Galien qui décrit le système de génération] p. 5.
11. Antonio Fischetti, *L'Angoisse…*, *op. cit.*, p. 134.
12. Louis Pergaud, *La Guerre des boutons, op. cit.*, p. 232.
13. Marque Sagem, publicité publiée dans *Le Monde*, 23 novembre 2001.
14. Montres IWC, in *Le Monde*, 21 octobre 2001.
15. Frédéric Jardin, *Cravate club*, juillet 2002.
16. Chocolats Yves Thuries, télévision, 2001.
17. Mars, panneaux dans la rue, Paris, septembre 2001.
18. Epson, *Télérama*, 24 novembre 2001.

19. Sondage publié dans *L'Écho des savanes*, novembre 2002.
20. Courrier des lecteurs du *Monde*, 30 janvier 2003, lettre de Martine Chérau.
21. *Charlie Hebdo*, 4 mars 1998.
22. L'histoire m'a été racontée par une personne témoin de la scène.
23. À l'émission de Thierry Ardisson *Tout le monde en parle*, mai 2002.
24. Jean-Claude Mourlevat, *Je voudrais rentrer à la maison*, Arléa, 2002.
25. Thomas Laqueur, *La Fabrique du sexe…, op. cit.*, p. 345.
26. Henry Miller, *Sexus, op. cit.*, p. 130.
27. France-Culture, 12 novembre 2002, 13 h 25, émission sur le génocide.
28. Monologue de Molly Bloom, *in* James Joyce, *Ulysse*, *op. cit.*, p. 1080.
29. Michel Houellebecq, *Les Particules élémentaires*, Flammarion, 1998.
30. Apéricube, marque Bel, novembre 2002.
31. Publicité pour la banque Egg, décembre 2002.
32. *Le Nouvel Observateur*, 25-31 juillet 2002.
33. William Masters et Virginia Johnson, *Human Sexual Response*, 1966, trad. fr. *Les Réactions sexuelles*, Robert Laffont, 1968.
34. Paul Veyne, François Lissarrague et Françoise Frontisi-Ducroux, *Les Mystères du gynécée*, Gallimard, 1998, p. 229.
35. Thomas Laqueur, *La Fabrique du sexe…, op. cit.*, p. 50.
36. Aristote, *De la génération des animaux*, cité *in* article « Priape », *in* Yves Bonnefoy (dir.), *Dictionnaire des mythologies*, *op. cit.*
37. Interview dans *Charlie Hebdo*, 28 avril 1999.
38. Monologue de Molly Bloom, *in* James Joyce, *Ulysse*, *op. cit.*, p. 1064.
39. San-Antonio, *Queue-d'âne*, *op. cit.*, pp. 47 et 83.
40. Propos diffusés sur Skyrock, le 12 juin 2001 à partir de 21 h 14.
41. Vatsyayana, *Le Kama Sutra*, trad. Isidore Liseux, 1885, rééd. International Publishing GmbH, Munich, 1991, p. 57.

42. *Le Cabinet satyrique*, 1618, *in* Claude Duneton, *Le Bouquet des expressions imagées*, Seuil, 1990, p. 196.

43. *Le Quotidien du médecin*, 21 octobre 1998 ; *The Lancet*, 17 octobre 1998 p. 1292 ; voir aussi pour le Sénégal, *Lunes*, n° 7, p. 102 ; Germaine Greer, *op. cit.*, p. 99.

44. Claude Humeau, *Procréer, Histoire et représentations*, Odile Jacob, 1999, p. 101.

45. Pierre Louÿs, *Manuel de civilité pour les petites filles*, *op. cit.*

46. Vicki Iovine, *Grossesse. Le Guide des copines*, Calmann-Lévy, 1997.

47. Rabelais, *Pantagruel*, *op. cit.*, chap. III, p. 181.

BIBLIOGRAPHIE

Sauf indication différente, le lieu de publication est Paris.

Outre les ouvrages cités dans les notes, voici les principaux livres consultés.

Ouvrages généraux

La Bible, traduction œcuménique, Alliance biblique universelle-Le Cerf, 1995.

BONNEFOY, Yves (*dir.*), *Dictionnaire des mythologies*, Flammarion, 1981.

Le Coran, trad. Denise Masson, Gallimard, 1967.

LAQUEUR, Thomas, *La Fabrique du sexe. Essai sur le corps et le genre en Occident*, trad. Michel Gautier, Gallimard, 1992.

WALKER, Barbara G., *The Woman's Encyclopedia of Myths and Secrets*, New York, Harper & Row, 1983.

Monde antique

Dictionnaire de grec ancien : BAILLY, Anatole, *Dictionnaire grec-français*, Hachette, 2000.

Dictionnaire de latin : GAFFIOT, Félix, *Dictionnaire latin-français*, Hachette, 2000.

Dictionnaire de mots latins concernant la sexualité, sur Internet :

http ://www.sacred-texts.com/cla/priap/prp98.htm (homme)

http ://www.sacred-texts.com/cla/priap/prp100.htm (femme)

FRONTISI-DUCROUX, Françoise et VERNANT, Jean-Pierre, *Dans l'œil du miroir*, Odile Jacob, 1997.
GRAVES, Robert, *Les Mythes grecs*, trad. Mounir Hafez, Fayard, 1967.
VEYNE, Paul, LISSARRAGUE, François, et FRONTISI-DUCROUX, Françoise, *Les Mystères du gynécée*, Gallimard, 1998.

Mondes juif et arabe

BENKHEIRA, Mohammed H., *L'Amour de la loi. Essai sur la normativité en Islam*, PUF, 1997.
BIALE, David, *Éros juif*, trad. Isabelle Rozenbaumas, Arles, Actes Sud, 1997.
BOUHDIBA, Abdelwahab, *La Sexualité en Islam*, PUF, 1986.

Français

BRENOT, Philippe, *Les Mots du sexe*, Le Bouscat, L'Esprit du temps, 1993.
DELVAU, Alfred, *Dictionnaire érotique moderne* [1864], UGE, coll. 10/18, 1997.
DOILLON, Albert, *Le Dico du sexe*, Fayard, 2002.
DUNETON, Claude, *Le Bouquet des expressions imagées*, Seuil, 1990.
Grand Larousse encyclopédique, 1977.
Grand Robert de la langue française, 2002.
GUIRAUD, Pierre, *Dictionnaire érotique*, Payot, 1993.
MERLE, Pierre, *Florilège des mots de l'amour*, Plon, 2000.
REY, Alain (dir.), *Dictionnaire historique de la langue française*, Le Robert, 1998.
REY, Alain, et CHANTREAU, Sophie, *Dictionnaire des expressions et locutions*, Le Robert, 1984.
Trésor de la langue française, site : http ://atilf.inalf.fr

Français du Québec

BÉLIVEAU, Marcel, et GRANGER, Sylvie, *Savoureuses Expressions québécoises*, Éditions du Rocher, 2000.
BERGERON, Léandre, *Dictionnaire de la langue québécoise*, Montréal, Typo, 1997.

DESRUISSEAUX, Pierre, *Dictionnaire des expressions québécoises*, Montréal, Bibliothèque québécoise, 2003.
LAPOINTE, Ghislain, *Les Mamelles de ma grand-mère, Les Mamelles de mon grand-frère*, Montréal, Éditions québécoises, 1974.

Anglais et américain

ADRIENNE, *Dictionnaire de l'américain parlé*, Carrère, 1988.
KRAMARAE, Cheris, et TREICHLER Paula A., *A Feminist Dictionary*, Londres, Pandora Press, 1985.
MANSION, J. E., *Harrap's Standard French and English Dictionary*, édition révisée de 1940, Harrap, Londres-Paris, Harrap-Bordas.
MILLS Jane, *Sexwords*, Londres, Penguin Books, 1993.
ROBERT et COLLINS, *Dictionnaire anglais-français*, 2000.
site d'étymologies de mots anglais : http ://www.panikon.com/hurba/alteng/

Allemand

LANGE-KOWAL, Dr Ernst Erwin, *Langenscheidts Handwörterbuch Französisch*, Berlin-Munich-Zurich, 1964.
WAHRIG, Gerhard, *Deutsches Wörterbuch*, Berlin-Munich-Vienne, Bertelsmann Lexikon Verlag, 1975.
site d'éducation sexuelle : http ://www.dreix.de/index.htm ?/pussy.htm

Russe

CAREY, Claude, *Les Proverbes érotiques russes*, La Haye-Paris, Mouton, 1972.
LE GUEVELLOU, François, *Dictionnaire des gros mots russes*, L'Harmattan, 2002.

REMERCIEMENTS

Merci à mes enfants – Raphaëlle, Aurélie, Léonore et Renaud –,

à mes sœurs – Ariel, Sylvie, Géraldine et Valérie –,

à mes sœurs et frères de cœur – Annick Boisset, Henri Boulbés, Lucas Chuffart, Regan Kramer, Hélène Marquié, Jean Mulatier et Nelly Trumel-Campo !

Merci à ma bonne ange, qui se reconnaîtra…

TABLE

Achevé d'imprimer en Mars 2005
par Novoprint (Barcelone)

Dépôt légal : Mars 2005

Imprimé en Espagne